メルコ学術振興財団研究叢書⓫

中小企業管理会計の理論と実践

水野一郎【編著】
Mizuno Ichiro

中央経済社

はじめに

　本年4月20日に公表された『2018年版中小企業白書』によれば，わが国の中小企業の企業数は380.9万者であり，これは全事業者数の99.7％を占めており，従業者数では中小企業が3,361万人であり，全体の約7割を占めている。すなわち中小企業は，企業数ではいまなおわが国において圧倒的多数を占めており，従業者も大企業の2.3倍以上で社会的には多くの雇用を担っているのである。

　さらに『2018年版中小企業白書』によれば，2011年の中小企業の付加価値額が，小規模事業者で約33.3兆円（全体の16.1％），中規模企業で79.9兆円（38.5％），大企業で約94.3兆円となっており，全産業の約55％を占めていることが紹介されている。全事業者数の99.7％を占める中小企業が全産業の付加価値の55％しか創出していないという評価もできるが，同時にいまなお55％も付加価値を創出しているのであり，中小企業の生産性を向上すればわが国のGDPの伸びに大きく貢献することにもなるのである。

　このように，中小企業はわが国における経済活動の重要な基盤であり，今後，地方創生を図るとともに，地方における雇用を維持拡大していくためには，中小企業の再生と活性化が欠かせない。この点に関連して，平成28年6月に閣議決定された『日本再興戦略2016』では，今後取り組むべき重要な施策の1つとして「中堅・中小企業・小規模事業者の革新」を掲げ，人口減少が顕在化し，事業者自身の高齢化がますます進展するなど，地域の経済社会の存立そのものが脅かされつつある中で，事業者が持つ潜在力をいかにして最大限に発揮していくか，そうした事業者の挑戦を地域の現場で応援していくことが重要であるとしている。

　そして，このような課題に対処し，中小企業の生産性を向上させるためには管理会計が重要な役割を果たすと考えられる。特に，これまで大規模製造企業の下請依存度が高かった中小加工・製造企業は，経営の自律化と生産性向上を実現するためにも，元請依存型でない自律的な管理会計システムの導入と活用は欠かせないのである。

本書の目的は，中小企業における管理会計の現状と課題を歴史的，理論的，実証的に明らかにすることである。中小企業の会計をめぐっては「中小企業の会計に関する指針」と「中小企業の会計に関する基本要領」を中心にこれまで議論されてきたが，そこでの議論の過程をフォローしてみると，改めて中小企業の会計が経営管理のための会計すなわち管理会計でなければならないことが明らかになってきた。「指針」のように制度会計からの影響が大きかったのは，これまでの中小企業会計研究が主として財務会計の研究者によって担われてきたことも関係していると思われるが，管理会計研究者からの積極的な取り組みが必要な時期にきているのではないだろうか。

このような問題意識をもって我々は中小企業の管理会計について次のようないくつかの共同研究を実施してきた。(1) 日本管理会計学会のスタディ・グループ（2014年～2016年）「中小企業における管理会計の総合的研究」（研究代表者：水野一郎），(2) 中小企業会計学会の課題研究委員会（2016年～2018年）「中小企業会計における管理会計」（研究代表者：水野一郎），(3) メルコ学術振興財団の2015年度研究助成「中小企業における管理会計実践に関する実態調査——産業集積地域を中心に——」（研究代表者：山口直也），(4) メルコ学術振興財団の2017年度研究助成「中小企業における管理会計の導入状況と地域支援機関との協力関係に関する実態調査研究」（研究代表者：水野一郎）である。

こうした共同研究において，我々は中小企業における管理会計・原価計算の現状と課題を歴史的，理論的，実証的に明らかにすることを目的として，共同研究メンバー各自の問題意識に基づく研究を基礎にしつつ，20数回の活発な研究会を開催し，わが国の多様な中小企業へのインタビュー調査を実施し，そして中小企業における管理会計実践に関する実態調査（郵送によるアンケート調査）を2回行ってきた。第1回のアンケート調査は，中小企業の産業集積がある東京都の大田区，新潟県の燕三条，大阪の東大阪地区の中小企業を対象に2015年12月から2016年2月にかけて実施したもので，アンケートの内容は，経営管理手法や管理会計の導入状況から，予算管理，業績評価，原価計算，原価管理，資金管理，投資の意思決定などの利用状況を含んでいた。第2回のアンケート調査は，中小企業の経営者が管理会計を導入・活用する際に相談し，支援を受けることが多い会計事務所を対象に2018年1月から2月にかけて実施し

たもので中小企業における管理会計の導入・活用の支援実態を明らかにするものであった。

　本書は5年間に及ぶ共同研究の成果であり，3編16章から構成されている。第1編では「中小企業管理会計の理論と歴史」をテーマに，第1章　中小企業における管理会計研究の意義と課題，第2章　中小企業の発展段階と管理会計システム，第3章　中小企業政策の変遷と管理会計施策，第4章　『法人事業概況説明書』の活用による中小企業管理会計の可能性，第5章　中小企業における同業者比較を活用した管理会計，第6章　中小企業におけるライフサイクル・コスティングの導入可能性，について論じられている。また，第2編では「中小企業管理会計の実践」をテーマに，中小企業への具体的なインタビュー調査などを踏まえて事例研究を中心にまとめられている。第7章　中小企業の購買管理と生産管理会計：M社の事例，第8章　中小企業の業績管理システム：株式会社エコムの事例，第9章　メタ組織におけるマネジメント・コントロール：京都試作ネットの事例，第10章　中小企業における事業構造の転換と管理会計：株式会社松本鐵工所の事例，第11章　人本主義に基づく中小企業の管理会計：株式会社21の事例，第12章　中小企業の主力製品変更における管理会計の活用：諏訪田製作所の事例，第13章　中小製造業における原価企画の適用可能性と課題：江洲金属株式会社の事例，となっている。そして，第3編では「中小企業管理会計の実態調査」として，これまで実施してきた3つのアンケートによる調査結果をまとめている。第14章　燕三条・大田区・東大阪地域の中小企業における管理会計実践に関する実態調査，第15章　北海道苫小牧地域の中小企業における管理会計実践に関する実態調査，第16章　中小企業に対する管理会計の導入・活用支援に関する実態調査：税理士を対象として，である。

　本書は，このように中小企業管理会計の理論と歴史だけではなく，インタビュー調査に基づく事例研究，アンケート調査による実態調査などをできるだけ多く取り扱っており，研究者だけではなく，実務家の方にも参考になる研究成果ではないかと思っている。

謝　辞

　本書の刊行までには多くの皆さんのご支援とご協力が不可欠でした。インタビュー調査やアンケート調査にご協力をいただいた皆様にまず御礼を申し上げます。またスタディ・グループの発足を認めていただいた日本管理会計学会，課題研究委員会の設立を認めていただいた中小企業会計学会に御礼申し上げます。そして研究助成だけではなく，今回出版助成までご支援をいただいたメルコ学術振興財団には心より厚く感謝申し上げます。最後になりましたが，本書の刊行にご尽力いただいた株式会社中央経済社取締役専務小坂井和重氏，学術書編集部福谷早苗氏に厚く御礼を申し上げます。

　2018年12月

執筆者を代表して　水野一郎

目　次

第1編　中小企業管理会計の理論と歴史

第1章　中小企業における管理会計研究の意義と課題 ………2
（水野一郎）
1　はじめに　2
2　中小企業の会計をめぐるこれまでの状況　4
3　中小企業とは何か　5
4　管理会計とは何か　7
5　管理会計の定義　8
6　中小企業管理会計　9
7　「要領」の意義と内容　10
8　経済安定本部企業会計制度対策調査会報告（1950）『中小企業簿記要領』の意義　12
9　むすび：中小企業管理会計の課題　14

第2章　中小企業の発展段階と管理会計システム ………21
（本橋正美）
1　はじめに　21
2　中小企業の発展段階　22
3　優良企業（長寿企業）と管理会計システムとの関連性　28
4　中小企業における管理会計の要否　34
5　中小企業への管理会計の適用の限界　34
6　中小企業のライフサイクルに対応させた業績管理システム　39

  7　むすび　40

第3章
中小企業政策の変遷と管理会計施策 （成川正晃） ―44

  1　はじめに　44
  2　研究手法と研究対象　45
  3　基本理念の変化と中小企業政策の変遷　45
  4　中小企業政策の変遷と中小企業会計施策　49
  5　むすび　53

第4章
『法人事業概況説明書』の活用による中小企業管理会計の可能性 （香山忠賜） ―55

  1　はじめに　55
  2　財務諸表とは何か　57
  3　法人事業概況説明書とは何か　58
  4　法人事業概況説明書の表面の見方　59
  5　法人事業概況説明書の主要科目を活用した経営分析　64
  6　むすび　72

第5章
中小企業における同業者比較を活用した管理会計 （山本清尊） ―82

  1　はじめに　82
  2　経営革新等認定支援機関制度　82
  3　経済産業省推奨のローカルベンチマーク　84
  4　TKC経営指標　86
  5　早期経営改善計画　89
  6　むすび　90

第6章
中小企業におけるライフサイクル・コスティングの導入可能性（中島洋行）――92

  1 はじめに　92
  2 中小企業におけるLCCingに対する取り組みの現状と課題　93
  3 中小企業におけるLCCing導入に向けた考察　97
  4 中小企業におけるLCCing導入モデルの提案　102
  5 むすび　104

第2編　中小企業管理会計の実践

第7章
中小企業の購買管理と生産管理会計：M社の事例（宗田健一）――108

  1 はじめに　108
  2 M社の沿革と事業構造転換　109
  3 生産戦略の見直しによる高付加価値製品製造への転換　114
  4 M社の購買管理会計　116
  5 M社の生産管理会計　122
  6 むすび　126

第8章
中小企業の業績管理システム：株式会社エコムの事例（本橋正美）――129

  1 はじめに　129
  2 会社の概要　129
  3 業績管理システム　133
  4 事業展開　137

  5 経営目標　137
  6 むすび　138

第9章
メタ組織におけるマネジメント・コントロール：
京都試作ネットの事例 （山口直也） ——140

  1 はじめに　140
  2 京都試作ネットの概要　141
  3 京都試作ネットのビジネス・モデルとマネジメント・コントロール　146
  4 京都試作ネットが会員企業にもたらす外部効果　151
  5 むすび　153

第10章
中小企業における事業構造の転換と管理会計：
株式会社松本鐵工所の事例 （川島和浩） ——157

  1 はじめに　157
  2 松本鐵工所の経営環境　158
  3 松本鐵工所における管理会計実務　164
  4 松本鐵工所における事業構造の転換　169
  5 むすび　172

第11章
人本主義に基づく中小企業の管理会計：
株式会社21の事例 （水野一郎） ——175

  1 はじめに―問題意識と課題―　175
  2 人本主義とは何か　176
  3 人本主義と付加価値管理会計　178
  4 人本主義に基づく中小企業　182
  5 むすび：人本主義に基づく付加価値管理会計の可能性と普遍性　187

第12章
中小企業の主力製品変更における管理会計の活用：諏訪田製作所の事例（大串葉子） ———191

1　はじめに　191
2　これまでの議論と本研究の研究手法　192
3　諏訪田製作所について　194
4　原価分析を利用した経営改革　197
5　考察　202
6　むすび　205

第13章
中小製造業における原価企画の適用可能性と課題：江洲金属株式会社の事例（大槻晴海） ———208

1　はじめに　208
2　中小製造業における原価企画の意義　210
3　中小製造業における組織間関係のコンテクスト　214
4　江洲金属株式会社の事例　216
5　江洲金属株式会社における原価企画の特徴と課題　221
6　むすび　223

第3編　中小企業管理会計の実態調査

第14章
燕三条・大田区・東大阪地域の中小企業における管理会計実践に関する実態調査（山口直也） ———228

1　はじめに　228
2　先行研究と比較した本研究の特徴　229

- 3 質問票調査の概要　230
- 4 回答企業の会社概要　231
- 5 回答企業の経営課題，経営管理手法と経理体制　237
- 6 管理会計の導入の有無と必要性　240
- 7 管理会計手法の導入状況　242
- 8 見直しや導入が必要な管理会計分野　255
- 9 基本的な管理会計手法の導入状況　256
- 10 むすび　257

第15章
北海道苫小牧地域の中小企業における管理会計実践に関する実態調査 〈川島和浩〉 ──260

- 1 はじめに　260
- 2 苫小牧地域における産業構造の特徴　261
- 3 アンケート調査の概要　264
- 4 アンケート調査の回答結果　265
- 5 むすび　287

第16章
中小企業に対する管理会計の導入・活用支援に関する実態調査：税理士を対象として ──291
〈山口直也・水野一郎・香山忠賜・山本清尊〉

- 1 はじめに　291
- 2 質問票調査の概要　292
- 3 回答者の概要　293
- 4 管理会計に関する学習経験　297
- 5 中小企業に対する経営管理手法の導入・活用支援　300
- 6 中小企業に対する管理会計手法の導入・活用支援　303
- 7 管理会計手法の導入支援を行ううえでの課題　307

8 管理会計に関する学習の必要性 308
9 むすび 311

索引 315

第 1 編

中小企業管理会計の理論と歴史

中小企業における管理会計研究の意義と課題

1　はじめに

　これまで筆者は，中小企業における管理会計の研究として，近年では3つの共同研究を組織してきた。一つは日本管理会計学会のスタディ・グループ「中小企業における管理会計の総合的研究」(2014年～2016年) であり，もう一つは中小企業会計学会の課題研究委員会「中小企業会計における管理会計」(2016年～2018年) であり，そして3つ目がメルコ学術振興財団の助成を受けた今回の共同研究「中小企業における管理会計の導入状況と地域支援機関との協力関係に関する実態調査研究」(2017年～2018年) である。

　こうした3つの共同研究において，我々は中小企業における管理会計・原価計算の現状と課題を歴史的，理論的，実証的に明らかにすることを目的として，共同研究メンバー各自の問題意識に基づく研究を基礎にしつつ，20数回の活発な研究会を開催し，わが国の多様な中小企業へのインタビュー調査を実施し，そして中小企業における管理会計実践に関する実態調査（郵送によるアンケート調査）を2回行ってきた。第1回のアンケート調査は，中小企業の産業集積がある東京都の大田区，新潟県の燕三条，大阪の東大阪地区の中小企業を対象に2015年12月から2016年2月にかけて実施したもので，アンケートの内容は，経営管理手法や管理会計の導入状況から，予算管理，業績評価，原価計算，原価管理，資金管理，投資の意思決定などの利用状況を含んでいた。第2回のア

ンケート調査は，中小企業の経営者が管理会計を導入・活用する際に相談し，支援を受けることが多い会計事務所を対象に2018年1月から2月にかけて実施したもので中小企業における管理会計の導入・活用の支援実態を明らかにするものであった（これらの詳細は第3編の山口論文，川島論文参照）。

　本稿では，こうした共同研究の成果を踏まえて，まず中小企業の会計をめぐる状況を確認したうえで，中小企業とは何か，その定義と現状を明らかにし，管理会計の形成やその意義と役割を再考し，中小企業の管理会計とは何かについて考察する。そしてその際に「要領」と1950年に経済安定本部企業会計制度対策調査会報告として公表された『中小企業簿記要領』にも言及し，最後に中小企業の管理会計研究の課題を提示することにしたい。

　なお中小企業会計学会の課題研究委員会では研究テーマにおいて「中小企業における管理会計」ではなく，「中小企業会計における管理会計」とした点について補足説明をしておきたい。一見すると「会計」が重なるところに違和感がもたれるかもしれないが，こうした理由の一つは共同研究が中小企業会計学会の課題研究委員会であることに配慮したことであるが，より積極的な理由は，中小企業における管理会計は，「会計による管理」の側面が強く出ていることにある。中小企業のレベルにもよるが大企業やテキストの中で説明されている管理会計の理論や技法はあまり用いられておらず，むしろ現実に実践されている中小企業会計の中の数値を経営管理に活用されているのである。このことは中小企業のインタビュー調査をした経験がある研究者には周知のことかもしれない。

　管理会計とは何かと問われるときに，管理会計には「会計による管理」と「管理のための会計」という側面があり，前者が管理会計の本質的というか原基的形態ということができる[1]。後者は管理のために開発され，定着されてきた予算管理や標準原価計算，直接原価計算，CVP分析などである。中小企業の管理会計では，前者の「会計による管理」に目を向けることがより重要であると考えて，このようなテーマを設定したのである。

　「中小企業の管理会計研究の意義は，会計の管理機能とは何か，経営に役立

---

[1] こうした管理会計の理解は，青柳（1976）を参照。

つ会計とは何か，すなわち管理会計の本質的特徴とは何かを改めて問い直し，考え直す契機となるものである」（水野 2015，24）。

2　中小企業の会計をめぐるこれまでの状況

　わが国における中小企業の会計については，2002年6月に中小企業庁から「中小企業の会計に関する研究会報告書」が公表されて以来，各方面で注目され，同年12月に日本税理士会連合会が「中小会社会計基準」を，翌年6月に日本公認会計士協会が「中小会社の会計のあり方に関する研究報告」を提案してきた。そしてこれら3つの報告を統合するものとして「中小企業の会計に関する指針」（以下「指針」と略す）が日本公認会計士協会・日本税理士会連合会・日本商工会議所・企業会計基準委員会の4団体から2005年8月に公表された。その後この改正が毎年のように繰り返され，現在では2018年3月12日に改正された2018年版が公表されている。しかしながらこの「指針」は「会社法上，『一般に公正妥当と認められる企業会計の慣行』（会社法431条）の一つとされたものの，その普及状況は決して芳しいものではなかった」（河﨑 2012，25）。

　そのため中小企業庁と金融庁が共同事務局となって2011年2月に「中小企業の会計に関する検討会」が設置され，同年3月に「中小企業の会計に関する検討会報告書」が公表されるに至った。これらを受けて，「指針」が念頭に置かれている中小企業よりも規模が小さく，経理要員も少なく，高度な会計処理が困難なより広範な中小企業の会計のために「中小企業の会計に関する基本要領」（以下「要領」と略す）が2012年2月に提案され，日本税理士会連合会，日本公認会計士協会をはじめ，中小企業庁，金融庁，日本商工会議所，その他中小企業関係金融機関などが積極的にこの「要領」の推進を図っている。

　ここにわが国の中小企業の会計は「指針」と「要領」のダブルスタンダードになってくるのであるが，中小企業の会計に深く関わってこられた万代勝信教授は，中小企業のなかでも中規模企業には「指針」の利用，小規模企業には「要領」の利用を推奨され，そのような「棲み分け」を提案されている（万代 2012，39）。中小企業庁が「要領」の普及ために作成した冊子『中小会計要領に取り組む事例65選』では「要領」は「指針」と比べて簡便な会計処理をする

ことが適当と考えられる中小企業を対象とし,「指針」は中小企業を対象としているものの,とりわけ会計参与設置会社が対象となっていることを説明している（上記冊子，7-8）。

こうした中小企業の会計をめぐる議論と「指針」が作成されてきた背景や経緯，そして「指針」が多くの中小企業の実態とかけ離れていたことから「要領」が出来上がるまでの過程をフォローしてみると，改めて中小企業の会計が経営管理のための会計すなわち管理会計でなければならないことが明らかになってきた。「指針」のように制度会計からの影響が大きかったのは，これまでの中小企業会計研究が主として財務会計の研究者によって担われてきたことも関係していると思われるが，管理会計研究者からの積極的な取り組みが必要な時期にきているのではないだろうか。

中小企業の管理会計研究の意義は，会計の管理機能とは何か，経営に役立つ会計とは何か，すなわち管理会計の本質的特徴とは何かを改めて問い直し，考え直す契機となるものである。

3　中小企業とは何か

中小企業の定義としては一般に中小企業基本法第2条第1項の規定に基づく「中小企業者」をあげている。また小規模企業とは，同条第5項の規定に基づく「小規模企業者」を指している。さらに中規模企業とは，「小規模企業者」以外の「中小企業者」をいうのである。「中小企業者」，「小規模企業者」については，具体的には，図表1－1のように規定されている。

図表1－1　中小企業基本法の定義

業種	中小企業者		うち 小規模事業者　※
	資本金　または　従業員		従業員
製造業 その他	3億円以下	300人以下	20人以下

卸売業	1億円以下	100人以下	5人以下
サービス業	5,000万円以下	100人以下	5人以下
小売業	5,000万円以下	50人以下	5人以下

※中小企業庁によれば，個人事業者も含まれることをわかりやすく事業者に伝えるため，「小規模企業」ではなく「小規模事業者」という。
（出所）　2018年版中小企業白書。

またわが国の中小企業の企業数は380.9万者であり，これは全事業者数の99.7％を占めており，従業者数では中小企業が3,361万人であり，全体の約7割を占めている（図表1－2参照）。すなわち中小企業は，企業数ではいまなおわが国において圧倒的多数を占めており，従業者も大企業の2.3倍以上で社会的には多くの雇用を担っているのである。

図表1－2　中小企業の企業と従業員数

	企業数	従業者数
大企業	1.1万者	1,433万人
中小企業	380.9万者	3,361万人
うち小規模事業者	325.2万者	1,127万人

（出所）　2017年版中小企業白書概要。

さらに2018年版中小企業白書によれば，2011年の中小企業の付加価値額が，小規模事業者で約33.3兆円（全体の16.1％），中規模企業で79.9兆円（38.5％），大企業で約94.3兆円となっており，全産業の約55％を占めていることが紹介されている。全事業者数の99.7％を占める中小企業が全産業の付加価値の55％しか創出していないという評価もできるが，同時にいまなお55％も付加価値を創出しており，中小企業の生産性を向上すればわが国のGDPの伸びしろもまだまだあるとも考えられる。

なお法人税法による定義では資本金1億円以下が中小企業とされている。国税庁では毎年『会社標本調査』が実施されており，平成27年分調査によれば全法人数は264万1,848社で資本金10億円超の会社数は6,216社，1億円超10億円以下の会社数は17,233社となっている。すなわち国税庁の『会社標本調査』に

よる全法人数のうち資本金1億円以下の中小企業は99.1％を占めているのである。

図表1-3　組織別・資本金階級別法人数

区分	1,000万円以下	1,000万円超1億円以下	1億円超10億円以下	10億円超	合計	構成比
（組織別）	社	社	社	社	社	％
株式会社	2,133,099	335,551	16,135	5,694	2,490,479	94.3
合名会社	3,690	181	5	-	3,876	0.1
合資会社	17,728	619	-	2	18,349	0.7
合同会社	49,334	390	69	14	49,807	1.9
その他	58,529	19,278	1,024	506	79,337	3.0
合計	2,262,380	356,019	17,233	6,216	2,641,848	100.0
構成比	(85.6)	(13.5)	(0.7)	(0.2)	(100.0)	-

（出所）　国税庁平成27年度分『会社標本調査』。

4　管理会計とは何か

　管理会計は，アメリカにおいて科学的管理運動の発展を背景に，それまでに開発されてきた標準原価計算，予算統制，財務諸表分析などの管理的会計諸技法を総合・体系化することによって，ほぼ1920年代に成立したとされている。アメリカ会計学会（American Accounting Association，以下AAAと略す）の1958年度「管理会計委員会」報告（以下「1958年報告」と略す）は，当時の日本において権威あるものとして大きな影響を与えた報告である。この報告は，その序文で明らかにされているように管理会計の本質，意義，適用態様の解明を目的としたものであり，「いわば『管理会計とは何か』に応えることをみずからの課題とした」（津曲1979，4）ものであった。
　「1958年報告」では「管理会計は，その言葉のいかなる意味においても新しいものではない。管理会計は，いわゆる科学的管理法の発展と，今日あるような財務会計の全般的機構にその発端がある，多数のよく知られた概念・技術および手続の総体であることを強調したものである」としていた。もちろんこう

した管理会計の成立の時期は，管理会計をいかに理解するかによって異なってくる。すなわち会計が本来的にもつ管理機能をも管理会計に含めて理解すれば，あるいは原価計算ないし工業会計の端緒的な形態をもそれに含めて理解すれば，複式簿記の成立やそれ以前の時代にまで遡ることになるであろう。

上記「1958年報告」においても「歴史の示すところによると，会計はその発生当時やその初期の発展過程においてはもっぱら経営管理志向（management oriented）であった。会計の基本目的は，ジョイント・ベンチャーの資産，負債そして成果を説明するための経営管理者の必要性を満たすことに向けられていた。したがって，会計の初期の歴史は，外部的な要求よりもむしろ経営管理者の内部的必要性を満足させることを目的として発展したことをあらわしている」と述べられている。もちろん標準原価計算や予算統制を基軸とするいわば近代的な管理会計を対象とする限り，多くの論者が指摘するように1920年代に管理会計が制度的に成立したとするのが妥当であるが，中小企業の管理会計を考える場合，会計のもつ管理機能をも管理会計として認識し，注目しておくことは重要であり，上記の報告の指摘も再評価しておく必要がある。

5　管理会計の定義

管理会計とは何かということで前節では管理会計の成立について触れてきたが，ここではそれを受けて管理会計の定義について吟味しておきたい。

定義とは一般に「概念の内容を限定すること」（『広辞苑』1955）であるが，それは，けっして絶対的で固定的なものではなく，研究の進歩や研究対象自体の発展によって豊かにされるものである。したがって，定義とは，いわば研究の出発点であり，かつ研究成果の総括となるものであろう。かつて管理会計の定義について，津曲直躬教授は「それは，『管理会計とはなにか』という根源的な問いに対して，論者が示した簡潔な解答とみることもできる」と述べていた（津曲 1979，3）。管理会計の定義として最も大きな影響を与え，多くの研究者がそれぞれの管理会計を定義づける出発点として引用されてきたのが，前掲の「1958年報告」の次の定義である。

「管理会計とは，経済実体の歴史的および計画的な経済的データを処理する

にあたって，経営管理者が合理的な経済目的の達成計画を設定し，またこれらの諸目的を達成するために知的な意思決定を行うのを援助するため，適切な技術と概念を適用することである」。この定義は，1996年のASOBATや1969年の経営意思決定モデル委員会報告書などのAAAの報告書以外にも管理会計に関する多くの文献，著書で引用され，またアメリカだけでなくわが国でも「現在における管理会計の意義は，おおむねこれによってよいと思う」(青木 1976, 6) あるいは「現在では最も権威ある定義」(西澤 1980, 7) といわれるように高い評価を受けていたものである。

近年管理会計の領域がさらに拡大し，原価企画，BSCそしてマネジメント・コントロール・システムが管理会計で議論されるにつれて，管理会計の定義とその内容，領域が難しくなってきているが，ここで青柳文司教授の次のような見解が我々には参考となるであろう。「しいていえば，会計担当者の整備能力の範囲内にある管理計算が管理会計である，というしかない」(青柳 1976, 50) のである。

6　中小企業管理会計

さて前節で管理会計とは何か，ということでその成立と定義などをみてきたが，それでは中小企業の管理会計をどのように捉えればよいのだろうか。かつて辻厚生教授は「事象，本質の究明は，その完成された姿態の観察よりもむしろ単純かつ素朴な本源的形態に遡り，その生成過程の史的分析によって核心にふれることができる」(辻 1977, 3) と述べておられたが，生成したばかりの小規模企業を含む中小企業の管理会計は，会計の経営管理的利用に注目すれば，それは管理会計の単純かつ素朴な本源的形態として理解することができる。すなわち管理会計の本質を究明する手がかりを得ることができるのではないだろうか。中小企業の管理会計研究は，管理会計とは何かを改めて問い直すことにもなるのである。

1920年代に成立したとされる近代管理会計は科学的管理法を背景に標準原価計算，予算統制，経営分析，損益分岐点分析，直接原価計算から差額収益分析，資本予算，そして原価企画，ABCやBSCなど様々な管理技法と理論を発展さ

せてきた。しかしながら管理会計の本質的なところを端的にあらわせば，管理会計がmanagement accounting, managerial accountingあるいはaccounting for managementと呼ばれてきたように，経営者あるいは経営管理のための会計が管理会計であり，それは企業目的遂行のための会計であり，目的に対する手段の役割を担うものである。岡本清教授は，原価計算とは何かを説明する場合，「原価計算は，経営管理者の経営管理用具（a tool of management）である」と説明したほうがはるかによく，その本質を言い表すことになると述べておられるが（岡本 1994, 1），管理会計もまさにそのように考えることができる。とくに中小企業の管理会計を検討する場合には用いられている管理会計技法だけではなく，簿記・会計がどのように経営管理のために活用されているかを考察する必要がある。

7 「要領」の意義と内容

「要領」は，「要領」の目的や適用対象などを記述したⅠ総論と各種の会計処理手続きを説明したⅡ各論，そして財務諸表などの様式を示したⅢ様式集，から構成されている。本稿では「要領」の意義や目的，特徴を理解するために総論のみを取り上げることにする。

まず「要領」の目的であるが，「要領」は，「中小企業の多様な実態に配慮し，その成長に資するため，中小企業が会社法上の計算書類等を作成する際に，参照するための会計処理や注記等を示すものである」として，「計算書類等の開示先や経理体制等の観点から，「指針」と比べて簡便な会計処理をすることが適当と考えられる中小企業を対象に，その実態に即した会計処理のあり方を取りまとめるべきとの意見を踏まえ」以下のような考えに立って作成されたものである。すなわち「・中小企業の経営者が活用しようと思えるよう，理解しやすく，自社の経営状況の把握に役立つ会計，・中小企業の利害関係者（金融機関，取引先，株主等）への情報提供に資する会計，・中小企業の実務における会計慣行を十分考慮し，会計と税制の調和を図った上で，会社計算規則に準拠した会計，・計算書類等の作成負担は最小限に留め，中小企業に過重な負担を課さない会計」である。

また「要領」の利用が想定される会社として,「金融商品取引法の規制の適用対象会社」と「会社法上の会計監査人設置会社」を除く株式会社が想定されており,「特例有限会社,合名会社,合資会社又は合同会社について」は「要領」を利用することができるとしている。そして「要領」の利用が想定される会社においても,金融商品取引法における一般に公正妥当と認められる企業会計の基準や「指針」に基づいて計算書類等を作成することを妨げないとも述べている。ここで中小企業の会計はダブルスタンダードを容認することになっている。

さらに「要領」により複数の会計処理の方法が認められている場合には,企業の実態等に応じて,適切な会計処理の方法を選択して適用することが可能とされているが,会計処理の方法は,毎期継続して同じ方法を適用する必要があり,これを変更するに当たっては,合理的な理由を必要とし,変更した旨,その理由及び影響の内容を注記することが要請されている。国際会計基準との関係が議論されてきたが,「要領」では「安定的に継続利用可能なものとする観点から,国際会計基準の影響を受けないものとする」と明記されることになった。

このように国際会計基準からの影響を排除することを明確にしたことは「要領」の性格を考えるうえで極めて重要な決断である。なお記帳の重要性については「要領」でも「経営者が自社の経営状況を適切に把握するために記帳が重要」であり,「記帳は,すべての取引につき,正規の簿記の原則に従って行い,適時に,整然かつ明瞭に,正確かつ網羅的に会計帳簿を作成しなければならない」としている。

そして最後に「要領」の利用上の留意事項として,上記の事項に加えて企業会計原則の「真実性の原則」,「資本取引と損益取引の区分の原則」,「明瞭性の原則」,「保守主義の原則」,「単一性の原則」,「重要性の原則」の6つの原則をあげている。このように「要領」が,①中小企業の経営者が活用できるように,理解し易く,自社の経営状況の把握に役立つ会計として,②中小企業の利害関係者(金融機関,取引先,株主等)への情報提供に資する会計として,③中小企業の実務における会計慣行を十分考慮し,会計と税制の調和を図ったうえでの会計として,④計算書類等の作成負担を最小限に留め,中小企業に過重な負

担を課さない会計として，構築されることをめざしたことは中小企業の実態に即した適切なものだといえるだろう。また同時に中小企業の経営者のための会計つまり管理会計としても理解できるものである。

かねてから筆者は，「管理会計は，①調査・診断のための会計，②業績管理会計，③意思決定会計，④私会計としての財務会計ないし外部報告会計つまりパブリック・リレーションズのための会計，として体系づけて整序されることが必要であろう」（水野 1990, 17）と主張してきているのだが，中小企業の管理会計もフレームワークとしては同様である。「自社の経営状況の把握に役立つ会計」とは「①調査・診断のための会計」に相当するものであり，「要領」に入っていないが中小企業でも実施されている予算管理などが②業績管理会計であり，中小企業では明示的ではない受注の可否などの意思決定，設備投資の採算計算などが③意思決定会計になるのである。④私会計としての財務会計ないし外部報告会計とは税務当局を対象とする税務会計であり，金融機関を対象とする資金調達会計などがここに入ってくるのである。両者とも中小企業にとっては重要な会計であり，「私会計の理念，経営者の意図を貫徹しようとする」（青柳 1976, 46）外部報告会計であり，管理会計なのである。

8　経済安定本部企業会計制度対策調査会報告（1950）『中小企業簿記要領』の意義

「指針」から「要領」にいたる議論の中で注目されているのが，1950年に当時の経済安定本部企業会計制度対策調査会が公表した『中小企業簿記要領』（以下「簿記要領」と略す）である。河﨑照行教授は「『中小企業の会計』に関する今日の問題意識」は，この「簿記要領」に「その萌芽がみられる」（河﨑 2009, 7）と述べ，「そこで取り上げられていた中小企業に対する問題意識と中小企業の企業属性に即した簿記の必要性の議論は，今日の『中小企業の会計』をめぐる問題意識や議論と本質的に異なることはない」（河﨑 2009, 10）と評価している。そこでこの「簿記要領」の特徴と歴史的意義をここで確認しておきたい。

「簿記要領」は，その目的や一般原則，特徴を述べた序章，及び現金収支の

記帳から決算までの会計処理を説明した第1章から11章から構成されている。

序章ではまず「簿記要領」の目的として次のように述べている。「この要領は，法人以外の中小商工業者のよるべき簿記の一般的基準を示すものであって中小商工業者がこれを基準し，その実情に応じて記帳方法，帳簿組織を改善合理化し，以て，(1)正確なる所得を自ら計算し課税の合理化に資すること，(2)融資に際し事業経理の内容を明かすことによって中小企業金融の円滑化に資すること，(3)事業の財政状態及び経営成績を自ら知り，経理計数を通じて事業経営の合理化を可能ならしめること」である。

この「簿記要領」はシャウプ税制と青色申告との関係で作成されてきたのだが，「簿記要領」は中小企業の管理会計を発展させる契機にもなったのである。目的の第1は正確な課税所得の計算であるが，これは中小企業経営者の税務計画と税務政策に関心を高め，管理会計としての税務会計を発展させてきた。また第2の中小企業金融の円滑化では中小企業経営者が金融機関への事業と財務内容の開示にとどまるものではなく，そこには金融機関対策の資金調達のための管理会計が発展してくるのである。これらの2つは「私会計としての財務会計ないし外部報告会計」としての管理会計であり，目的の第3は事業の財政状態及び経営成績を中小企業の経営者が自ら知り，経理計数を通じて事業経営の合理化を図る本来の企業内部の管理会計であり，財務諸表の的確な理解から財務諸表の分析，利益計画，予算管理などへと発展してくるのであり，このように理解ができるのである。

また中小企業簿記が従わなければならない一般原則として7つの原則をあげていた[2]。

そしてこの「簿記要領」の特徴として上記の一般原則に基づき，中小商工業者の記帳の実情を深く考慮して定めたものであっておおむね次の点を特徴として挙げている。

① 記帳者が複式簿記の知識なくして容易に記帳できるように，通常の複式簿記の採用する手続，とくにすべての取引を勘定の借方貸方に仕訳すること並びに総勘定元帳に転記することを省略する。
② 原則として現金出納帳を中軸として他の関係帳簿との間に複記の組織を確立し，現金収支を基礎として記帳の照合試算を可能ならしめ，以て複式簿記

の原理とその効果を実現する。

③　簡単な業種においては，現金出納帳の多桁方式を発展せしめた日計表の方式を採用し，これに若干の補助明細簿を配することによって，完全な記帳を行うことができるものとする。

④　帳簿組織全体として，たんに現金収支だけではなく資産，負債及び資本に関するすべての取引を記帳し，決算諸表を作成しうるごとき体系的帳簿組織とする。

⑤　帳簿の記入は，証憑書類又は伝票その他の原始記録に基づいて正確に行われ，帳簿の記入の真実なることがこれも原始記録によって確証されうるものとする。

このように記帳者が複式簿記の知識なくして容易に記帳できるようにしながら，複式簿記の原理とその効果を実現させるような帳簿組織を提案したこの「簿記要領」の特徴は，当時の中小企業の実態を配慮したきわめて重要で画期的なものといえるだろう。

9　むすび：中小企業管理会計の課題

以上本稿では，まず中小企業会計をめぐる現状を把握したうえで，近代管理

2　①「簿記は，事業の資産，負債及び資本の増減に関するすべての取引につき，正規の簿記の原則に従って正確な会計情報を作成するものでなければならない。」これは企業会計原則と共通の正規の簿記の原則であるが，次の真実性の原則の前におかれているのは興味深いところであり，正規の簿記の原則は帳簿記入のより基本的な前提となる原則だからであろう。②「簿記は，事業の財政状態及び経営成績に関して真実な報告を提供するものでなければならない。」これは企業会計原則と共通の真実性の原則である。③「簿記は，財務諸表により，利害関係人に対して必要な会計事実を明瞭に表示し，事業の状況に関する判断を誤らせないようにしなければならない。」これは企業会計原則と共通の明瞭性の原則である。④「簿記は事業に関する取引を明瞭に記録するものとし，家計と区別して整理しなければならない。」これは家計と密接に繋がっている中小企業の会計にとって，事業の会計と家計の会計を区分する重要な原則である。零細な事業者ほどこの点が曖昧になっている。⑤「簿記は，一たん定めた会計処理の方法を継続して適用し，みだりに変更してはならない。」これは企業会計原則と共通の継続性の原則である。⑥「仕入，売上等重要なる費用及び収益は，その支出及び収入にもとづいて計上し，その発生した期間に正しく割当てられるように処理しなければならない。」これは企業会計原則と共通の発生主義の原則である。⑦「簿記は前各号の要請をみたす限り，会計処理の方法及び帳簿組織をできるだけ簡単平易ならしめ，記帳の能率化，記帳負担の軽減をはからなければならない。」この最後の原則は中小企業の会計を考えるうえで，中小企業の実態を踏まえた大変重要な一般原則である。①から⑥までの諸原則と簡単平易な帳簿組織，記帳の能率化，記帳負担の軽減を図ることは中小企業会計の基本的な課題である。

会計の形成やその意義と役割を再考し，中小企業の管理会計とは何かについて考究してきた。その際には「要領」と1950年に経済安定本部企業会計制度対策調査会報告として公表された「簿記要領」にも言及してきた。中小企業の管理会計は，会計の経営管理的利用として管理会計の単純かつ素朴な本源的形態として理解することができ，管理会計の本質を究明する手がかりを得ることができる。中小企業の管理会計研究は，管理会計とは何かを改めて問い直すことにもなるのである。ここに中小企業の管理研究の重要な意義があると考えられる。

これまでの共同研究活動を踏まえて今後の中小企業管理会計の課題として以下の点を最後に提示しておきたい。

第1の課題は中小企業の管理会計についての更なる実態調査の必要性である。我々は3回の共同研究で製造業を中心に様々な中小企業を訪問してきたが，中小企業がきわめて多様な状態で中小企業の管理会計と一言では語れないということをあらためて感じさせられた。これらのうちで中小企業の多様性をあらわしている典型的な企業を挙げてみると次のようになっている（2014年～2015年の時点である）。

A社（東京都大田区）：技術開発ベンチャー型の企業であり，設立は2003年9月で資本金は1,000万円，従業員は7名である。事業内容としては，高周波電源機器・高周波増幅器の輸入・販売，高周波を工業的に利用する装置の開発・製造・販売，真空機器・理化学機器等の製造販売である。同社は独自の技術として誘導加熱を活用した独自装置の開発を行っており，経営面での利点としては，製造設備の投資が不要，製造要員が不要，原材料在庫・完成品在庫を持たないところにある。また特別な会計要員は配置しておらず，総務その他を兼任している。会計的には税務会計が中心で税理士事務所に任せており，管理会計といえるようなところはない。

B社（東京都大田区）：典型的な大田区の下請け型企業であり，設立は1965年6月に資本金200万円で創業し，現在の資本金は1,600万円で従業員は46名である。事業内容としては医療品・食品・化粧品容器のキャップ製造・販売，プラスチック射出成形・金型製作であり，近年は3Dプリンター事業に参入している。太田区の優良工場に平成20年認定された。大手製造業メーカーの下請け業務が大半であり，現在そこからの脱皮を模索中である。

同社は経営理念を設定し，従業員満足度向上を柱に経営改革に熱心に取り組んでいる。会計は税務会計及び金融機関に対する会計が中心となっており，税理士事務所に依頼している。予算管理，原価管理など管理会計としてはまだ不十分である。

　C社（京都市）：長寿企業の典型であり，設立は文禄3年（1594年）で400年を超える歴史を有する企業である。資本金は1,000万円で従業員は26名であり，事業内容としては薫物線香，蝋燭の製造販売である。同社は創業以来，御香の製造・販売を主たる業務とし，原材料の調達から製品に至るまで一貫した工程管理のもとに，伝統的な香りを重んじながらも，つねに新しい香りの創造に努めてきた。このように，脈々と受け継がれてきた伝統を守りつつも，新たな展開を模索し実行している。会計としては税務会計が中心で，設備投資の際には地域金融機関に対する会計が重要となり，税理士事務所からアドバイスを受けてきた。会計を管理に活用する志向はみられるが，管理会計としてはまだ成熟したものではない。

　D社（京都市）：小企業から世界的な中堅企業へ発展している会社である。設立は1977年3月（創業1964年）で資本金は8,200万円である。売上高は約50億円と予想（2016年3月期）され，昨年32億2,900万円（2015年3月期），一昨年37億5,800万円（2014年3月期）となっている。従業員数は135名（2015年8月3日現在）であり，事業内容は鶏卵の自動洗浄選別包装装置・鶏卵の非破壊検査装置の開発，製造，販売，メンテナンスである。同社はこの分野では世界的なメーカーであり，現在国内事業所を8カ所（札幌，東京，九州等）有しており，50カ国に機械を輸出している。マレーシアの現地法人では製造，販売，メンテナンスの業務を展開しており，中国の現地法人ではメンテナンス業務のみ展開している。同社の経営者のリーダーシップは優れており，経営理念もしっかりしている。同社はアメーバ経営を独自に導入し，時間当たり付加価値も計算しているが，製造アメーバがコストセンターにとどまっている。実際原価計算を実施し，標準原価計算の導入を準備しているところである。経営管理本部を設置し，会計要員は3名いる。予算管理も実施しているとのことである。

　中小企業とは資本金と従業員数で区分されただけのことであり，企業経営はそれぞれ大きく異なっているのである。経営者の意識や資質も中小企業の存続

や発展に大きく影響している。実態調査にはアンケート調査とインタビュー調査，さらにアクションリサーチや参与観察なども含まれるが，わが国の中小企業の規定はあまりにも広く規模や業種ごとに調査をしていくことが要請される。すでに部分的ではあるが，飛田（2015），澤邉（2015）などの精力的な調査が実施されているし，吉川（2015），稲垣（2010）の中小企業の再生に関わる管理会計についての先駆的な研究も展開されている。中小企業でのインタビュー調査では管理会計の一般的テキストでは出てこないような独特の概念や表面化しない会計の管理的利用が存在しており，これらを顕在化させ，「見える化」させることが重要である。飛田（2015）が紹介されている佐賀県内の金型メーカーの付加価値に近い概念である「がんばり益」と「がんばり給」という概念の活用も興味深いものである。

　第2は中小企業の管理会計研究にとって避けることができないのが税理士・会計士などの会計事務所の役割である。インタビュー調査でも企業が発展する過程で会計事務所をいくつか変更してきた会社があった。会計事務所と中小企業との関わり方も千差万別であり，年度末の申告納税業務や単なる企業の記帳代行から利益計画，予算管理，標準原価計算，さらにはBSCまでを指導する会計事務所が一部では存在している。中小企業への会計事務所の関わり方の実態調査と中小企業管理会計にとっての会計事務所の役割についての研究が必要である。会計事務所を対象に2018年1月から2月にかけて実施した今回のアンケート調査の詳細な分析は，この課題に対応する有益な示唆を与えることになると考えられる。

　第3は上記と関係するのであるが，中小企業と金融機関との関係である。情報の非対称性があり，両者とも微妙な関係であったが，近年では金融機関が中小企業と密接に関わる中で銀行員を企業に出向させ，事業計画や資金計画を共同で作成する過程で管理会計のアドバイスなどが行われている。とくに地域金融機関である地方銀行，信用金庫や信用組合がどのように関わっているのか，そこでの経営指導が中小企業の管理会計にどのように反映しているのかを調査することも必要である。これまでのインタビュー調査でも月次決算や利益計画を銀行に提出し，地域金融機関と密接に関わっている会社があった。中小企業と密接に関わる中で銀行員を企業に出向させ，事業計画や資金計画を共同で作

成する過程で管理会計のアドバイスなどが行われている。とくに地域金融機関である地方銀行，信用金庫や信用組合がどのように関わっているのか，そこでの経営指導が中小企業の管理会計にどのように反映しているのかをさらに調査することも必要である。

　第4は特定の企業の生成から発展までの管理会計の役割とその変化を辿りつつ，そこにおける管理会計の展開を調査研究することである。パナソニックもホンダも京セラも元は中小零細企業であった。『ビジョナリーカンパニー』でコリンズとポラスは，調査が大企業に偏っているのではないか，という質問に対して，ビジョナリーカンパニーとして選んだ18社がすべて大企業であることを認めたうえで，「しかし，この18社はいずれも，かつては小企業だった。わたしたちは，これらの企業が大企業になってからだけではなく，小企業だった時期のことも調査し，大企業にも小企業にもあてはまる原則を引き出そうとした」と述べている（Collins/Porras 1994, 254, 邦訳400-401）。これは我々の研究視点としても重要である。中小企業における管理会計の研究は，中小企業の法的制度的な枠を超えて，大企業であってもその原点にあった計数管理と労務管理（理念経営）に注目することが重要である。

　周知のように京セラは零細な中小企業から世界的な企業に発展してきた会社であるが，その管理会計は中小企業の管理会計の特徴を色濃く残している。創業者の稲盛和夫名誉会長が著書（稲盛 1998）で明らかにしているように標準原価計算と予算制度は実施しておらず，棚卸資産の評価は売価還元原価法を採用している。京セラ管理会計の根幹は時間当り採算制度であり，時間当り付加価値指標が業績評価の最も重要な計数となっている。この京セラの管理会計については筆者を含めてすでに多くの研究者が取り上げてきている。ただこの時間当り採算制度も初期のものから少しずつ変化してきており，この歴史的な変遷は，挽（2007），潮（2013）に詳しく紹介されている。

［参考文献］
アメーバ経営学術研究会編．2010．『アメーバ経営学―理論と実証―』丸善．
青柳文司．1976．『会計学への道』同文舘．

稲垣靖．2010．「我が国の中小企業再生における管理会計の導入」『経済科学』58(3)：57-74．
稲盛和夫．1998．『稲盛和夫の実学─経営と会計─』日本経済新聞社．
岩邊晃三．1987a．「『中小企業簿記要領』の意義と内容（上）」『社会科学論集』（埼玉大学）61：13-40．
岩邊晃三．1987b．「『中小企業簿記要領』の意義と内容（下）」『社会科学論集』（埼玉大学）62：95-121．
潮清孝．2013．『アメーバ経営の管理会計システム』中央経済社．
河﨑照行．2009．「中小企業における簿記の意義と役割」『會計』176(3)：1-12．
河﨑照行．2012．「『中小会計要領』の全体像と課題」『企業会計』64(10)：25-31．
河﨑照行・万代勝信編著．2012．『詳解中小会社の会計要領』中央経済社．
経済安定本部企業会計制度対策調査会報告．1950．『中小企業簿記要領』財団法人大蔵財務協会．
経済安定本部編．1950．『中小企業簿記要領解説：記帳例題つき』森山書店．
坂本孝司．2012．「中小企業政策および金融政策における『中小会計要領』の意義」『企業会計』64(10)．46-51．
澤邉紀生・吉永茂・市原勇一．2015．「管理会計は財務業績を向上させるのか？─日本の中小企業における管理会計の経済的価値」『企業会計』67(7)：97-111．
中小企業庁．2010．『中小企業の会計に関する研究会（中間報告書）』．
中小企業庁．2012．「『中小企業の会計に関する検討報告書」の公表について』～『中小企業の会計に関する基本要領』の普及・活用策について～」．
中小企業庁．2014．『中小会計要領に取り組む事例65選』．
中小企業庁．2015．『中小・地域金融機関向けの総合的な監督指針』．
中小企業庁．2015．『中小会計要領の未導入先に対する調査』．
中小企業庁事業環境部財務課．2010．『中小企業会計に係る論点について』．
津曲直躬．1979．「管理会計の意義」（横浜市立大学会計学研究室編『管理会計論』同文舘）．
特別座談会．2012．「『中小企業の会計に関する基本要領』取りまとめの背景と意義」『TKC会報』2012年6月号別冊（司会坂本孝司，品川芳宣，河﨑照行，弥永真生）：1-31．
飛田努．2015．「中小企業の管理会計・財務管理研究の現状と課題」『財務管理研究』26：154-160．
挽文子．2007．『管理会計の進化』森山書店．
万代勝信．2012．「『中小会計要領』と『中小会計指針』の棲み分けの必要性」『企業会計』64(10)：32-39．
水野一郎．1990．『現代企業の管理会計─付加価値管理会計序説─』白桃書房．
水野一郎．2008．「付加価値管理会計の展開─京セラアメーバ経営を中心として─」『會計』173(2)：84-94．

水野一郎．2012．「京セラアメーバ経営の展開―JAL の再生を中心として―」『関西大学商学論集』57(3): 129-146．

水野一郎．2015．「中小企業の管理会計に関する一考察」『関西大学商学論集』60(2): 23-41．

水野一郎．2017．「人本主義に基づく中小企業の管理会計」『関西大学商学論集』62(2): 91-107．

本橋正美．2015．「中小企業管理会計の特質と課題」『会計論叢』10: 51-69．

本橋正美．2018．「中小企業の発展段階と管理会計システム」『会計論叢』13: 75-93．

弥永真生．2012．「『中小会計要領』の会社法における位置づけ」『企業会計』64(10): 40-45．

山下壽文．2012．『要説新中小企業会計基本要領』同友館．

吉川晃司．2015．『企業再生と管理会計』中央経済社．

AAA. 1959. Report of committee on management accounting. *The Accounting Review*: 207-214.

Collins, J, J. I. Porras, (1994), *Built to Last : succesful habits of visionary companies*, Harper, Business（山岡洋一訳．1995『ビジョナリーカンパニー：時代を超える生存の原則』日経 BP センター）

（付記）　本稿は，拙稿「中小企業の管理会計に関する一考察」『関西大学商学論集』60(2): 23-41．の一部を加筆修正してとりまとめたものである．

（水野一郎）

中小企業の発展段階と管理会計システム

1 はじめに

　中小企業は，大企業に比べて利用できる経営資源すなわち人，金，物，情報（情報システム）に制約があり，管理会計システムの導入・運用についても制約があると考えられる。筆者は，中小企業の管理会計（管理会計システム）について論じる場合，その前段階（前提）として中小企業の発展段階を考慮する必要があると考えるのである。そして，中小企業の発展段階を踏まえて，中小企業管理会計システムの類型化が必要であることを指摘しておきたい。

　本稿では，まず企業の寿命（ライフサイクル）および優良企業に関する企業観について考察する。それらを踏まえて，優良企業（長寿企業）と管理会計システムとの関連性の論点を取り上げ，管理会計の役割・機能，長寿企業（老舗企業）の比較尺度，長寿企業の特徴について検討する。そして，そうした考察の後に，中小企業における管理会計の要否，中小企業への管理会計の適用の限界，とりわけ中小企業の発展段階および中小企業の管理会計の必要性，中小企業の管理会計・原価計算の実施および会計管理システム・ERP導入に関する実態調査について明らかにする。さらに，中小企業のライフサイクルに対応させた業績管理システムについて若干の考察を行うことにする。

2　中小企業の発展段階

2-1　企業の寿命（ライフサイクル）

　企業の寿命（ライフサイクル，以下省略）については，中小企業も含まれるが企業全般についての企業の寿命について雑誌『日経ビジネス』が年数をおいて3度，特集記事で当該テーマを取り上げているので，本稿では，それについて見ておくことにしよう。

　まず，『日経ビジネス』（1983年9月19日号）では，企業の寿命30年説を発表した。一般的に企業の寿命30年説というのは，ある程度，理解できる年数であると思われる。それは，例えば企業の創業者が20～30歳頃に起業し，その企業を継続する場合，次の世代に事業承継するのは30年ぐらいが通常であると考えられるからである。

　次いで，上記の記事から16年後の『日経ビジネス』（1999年10月4日号）では，2000年以降は，急速なグローバル化・ネットワーク化の進展による様々な分野でのイノベーションによって企業の寿命は10年を切り，わずか5年（繁栄期）であるとした。1990年代のわが国では，1991年にバブルの崩壊があり，約10年間にわたって不況が続いた時期であることから，繁栄期はわずか5年程度であるとしたのであろう。実際に，その記事の中で，その時期の企業の業績ランキングが毎年のように激しく入れ替わっていることからも明らかである。さらに，上記の2つ目の記事から14年後の『日経ビジネス』（2013年11月4日号）では，企業の寿命18年説を発表した。この企業の寿命18年説は，上述の30年説と5～10年説の中間をとって15～18年説としたと考えることもできるが，この記事ではその理由について特に言及しておらず，また，何か決定的な根拠がある訳ではないと思われる。

　いうまでもなく企業の寿命は，いわば個々の企業によって栄枯盛衰の状況は異なり，例えばある業種・業態，大企業，中小企業などの分類をし，それらの企業が反映した（業績が良かった）年数のデータの平均値を計算すれば，大よその数値を算出することができると思われる。しかしながら，企業の寿命に関

して重要なことは，企業（事業）の優れた状態（良好な業績）をどのようにして継続ないし持続させることができるのか，また，それを達成するためには，どのような管理システム（管理会計を含む）を導入ないし構築すべきであるかについて検討することであるのである。

このような企業の寿命に関する見解を踏まえたうえで，次に中小企業の発展段階に関する諸説について明らかにする。図表2－1は，中小企業の発展段階に関する17の諸説（中小企業の発展段階に限定して論じたものもあれば，企業全般について論じたものもある）を一覧表にまとめたものである。

図表2－1　中小企業の発展段階に関する諸説

企業のライフサイクル	創業期	成長期	成熟期	衰退期	
Churchill, N. C.	創業期	生存期	成功期	成長期	資源の成熟期
Gilkey, C.	創業期	成長期	停滞期	再成長期	
Greiner, L. E.	創造性	指揮	委譲	調整	協同
Lester, D. L.	創業期	生存期	成功期	再生期	衰退期
Scott, M.	創業期	生存期	成長期	拡大期	成熟期
小野伸一	起業	成長	成熟	経営不振（廃業）	再生
金融庁	新興	成長	成熟	成長鈍化	衰退
商工総合研究所	企業形成期	企業成長期	新事業展開期	新事業成長期	新事業成熟期
鈴木健介	スタート期	成長期	躍進期	完成期	転換期
中小企業基盤整備機構	創業期	成長期	成熟期		
中小企業政策審議会	創業期	拡大期	再生期		
中小企業庁	創業	成長・成熟	低迷・再生		
柳孝一・山本孝夫	スタートアップ期	急成長期	経営基盤確立期	新成長期	経営革新期
安田武彦	起業（誕生）	起業直後（小児期）	成長（成人期）	退出（死亡）	
山本裕久	スタートアップ期	成長期	成熟期	衰退期	
柳　在相	創業	事業仕組の構築	競争優位の確立	強い企業文化の形成	

（出所）　筆者が参考文献の資料から作成。

図表2－1の最初のものは，企業のライフサイクルに関する一般論であり，創業期，成長期，成熟期，衰退期の4つの発展段階に分類している。企業のライフサイクルに関する一般論における発展段階と比較すると，図表2－1の諸説における表現の相違はあるけれども，中小企業の発展段階を3つ～5つに分類している点が共通している。図表において太字で示しているLester, D. L., 小野伸一，鈴木健介の3つの説について以下で若干の説明を行う。

　Lester, D. L., 小野伸一，鈴木健介の3つの説とも5段階に分類している。すなわち，Lester, D. L.は，図表2－2のような創業期，生存期，成功期，再生期，衰退期の5段階のライフサイクル・モデルを示している。小野伸一は，図表2－3のような起業，成長，成熟，経営不振（廃業），再生の5段階のライフサイクル・モデルである。鈴木健介は，図表2－4のようなスタート期，成長期，躍進期，完成期，転換期の5ステージ①～⑤/6ステップ(1)～(6)ライフサイクル・モデルを示している。

　Lester, D. L.のモデルは，図表2－2の中の1創業期，2生存期は小企業の段階で，1創業期と2生存期を行ったり来たりしていることを示している。そして，3成功期に入ると→4再生期→5衰退期を行ったり来たりして，成功し続ける場合と，再生する場合，また，衰退する場合が考えられる。この3成功期，4再生期，5衰退期は大企業の段階としているので，2生存期から3成功期に発展するには，実際にはかなりの時間ないし年数がかかるものと思われる。

　次に，小野伸一のモデルは，図表2－3のような起業，成長，成熟，経営不振（廃業），再生という5段階の循環するライフサイクル・モデルであるといえる。起業して直ぐに廃業してしまう場合もあれば，成長，成熟へと進むが，ある時点で過剰投資，投資の失敗，経営失敗，環境変化への不適合などから経営不振（廃業）となり廃業（清算）に至る場合もある。うまく再生できれば，また，次の循環サイクルに入っていくのである。

　さらに，鈴木健介のモデルは，図表2－4のような①スタート期，②成長期，③躍進期，④完成期，⑤転換期の5ステージ①～⑤/6ステップ(1)～(6)のライフサイクル・モデルである。このモデルは，5ステージ①～⑤の各段階で，(1)開墾，(2)種付，(3)開花，(4)結実，(5)収穫，(6)休息という6つのステップがあるとし，いわば作物の栽培に例えて説明している点に特徴があるといえる。

図表2－2　5段階のライフサイクル・モデル〔Lester〕

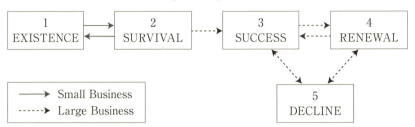

（出所）　Lester, Donald L. and Parnell, John A. (2003) The Progression of Small and Medium-Sized Enterprises through The Organizational Life Cycle, *JBE Outstanding Paper*, 214.

図表2－3　5段階のライフサイクル・モデル〔小野〕

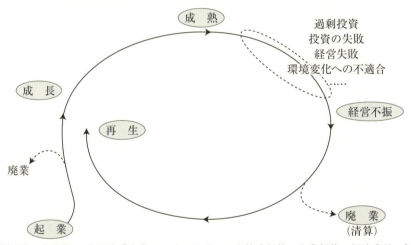

（出所）　小野伸一（2009）「企業のライフサイクルと株式価値，企業価値，経済成長：起業・ベンチャー，事業再生の視点から」『立法と調査』（298）: 73。

図表2－4 5ステージ①〜⑤／6ステップ(1)〜(6)ライフサイクル・モデル〔鈴木〕

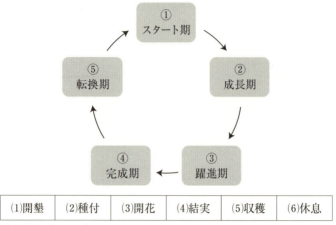

（出所） 鈴木健介（2008）『破産から再起した社長が教える黒字のための「5×6」の法則』光文社，26から筆者が作成。

2-2 優良企業に関する企業観

以下の3つの企業観は，必ずしも中小企業について論じている訳ではないが，たとえ大企業であっても，創業期には中小企業である場合が多いので，優良企業に関する企業観として3つの見解を取り上げ，若干の考察を行う。

2-2-1 エクセレント・カンパニー（〜1980年代）

この見解は非常に著名なもので，ピーターズ＝ウォーターマン（Peters, Thomas J. and Robert H. Waterman）が提唱したもので，以下の8つの基本的な性質から構成されている（ピーターズ＝ウォーターマン 1983）。(1)行動の重視，(2)顧客に密着する，(3)自主性と企業家精神，(4)人を通じての生産性向上，(5)価値観に基づく実践，(6)基軸から離れない，(7)単純な組織・小さな本社，(8)厳しさと緩やかさの両面を持つ。

上記の8つの基本的な性質は，エクセレント・カンパニーに必要不可欠な要素であり，極めて実践的なアプローチであるといっても過言ではない。

2-2-2 ビジョナリー・カンパニー（1980〜1990年代）

コリンズ＝ポラス（Collins, James C. and Jerry I. Porras）の最初の著書は共著，2冊目以降の著書はコリンズ（Collins, James C.）の単著であるが，この見解も非常に著名なものである（コリンズ＝ポラス 1995，コリンズ 2001）。

この見解の要点は3つあり，(1)時を告げるのではなく，時計を作る（鐘をつく，人任せで時を告げるのではなく，「アイデアを持つ」，「ヒット商品を作る」，正確に時を告げる「卓越した仕組み（組織）」を作る）。(2) or（どちらか）の抑圧をはねのけ，and（両方とも）の才能を活かす（安く売る or 旨いものを売る，ではなく，安くて and 旨いものを売る）。(3)社運を賭けた大胆な目標「基軸は理念にあり」→自分たちが熟知している業種こそ基軸ではなく，「基本理念こそ基軸」→未体験の大胆な目標を達成することである。

この見解は，人任せではなく自ら「卓越した仕組み（組織）」を作り，また，一方のことだけではなく両方とも活かす考え方で，社運を賭けた大胆な目標を持ち，そして，自分たちが熟知している業種が基軸ではなく，「基軸は理念にあり」，「基本理念こそ基軸」なのであるとする。ビジョナリー・カンパニーを目指す企業にとっては，非常に重要なことであり，論旨は明快であると思われる。

2-2-3 レジリエント・カンパニー（2000年代〜）

ピーダーセン（Pedersen, Peter David）によって提唱されたもので，レジリエント（resilient）とは，耐性，回復，復元力，柔軟性，適応力，ストレスを跳ね返す性質，打たれ強い，などの意味があり，高いレジリエンスを持った企業が優良企業であるというのである。ピーダーセンの見解の要点は以下の3点である（ピーダーセン 2015）。

(1) 拠り所があること（anchoring）→①価値観と使命を活かす，②信頼を積み上げること。
(2) 自己変革力を持つこと（adaptiveness）→③ダイナミックな学習，④創造性と革新力を引き出す，⑤研究開発を一新する。
(3) 社会性（alignment）→⑥トレードオン（企業と社会との間にトレードオフ

（二律背反）関係が続くことを許さず，経営者は常にトレードオンの実現を経営と事業の両面で，あるいは，良い企業が発展すればするほど社会や自然環境の健全な営みが促進されることを意味する），⑦ブランディング（ブランドを作り変える）。

ピーダーセンによるこうしたレジリエント・カンパニーの考え方も極めて明快であると思われる。上記のレジリエント・カンパニーの考え方により，わが国で『日本再興戦略：未来への投資・生産性革命』が閣議決定され（2015年6月30日），現在，「健康経営」という考え方が国をあげて推進されている。また，そのことと関連して，企業の持続可能性（sustainability）やESG「環境（environment），社会性（social），ガバナンス（governance）」などの評価指標について議論されている。

3　優良企業（長寿企業）と管理会計システムとの関連性

現在では，優良企業（長寿企業）であっても常に業績が良いとは限らず，環境変化への対応が遅れたり，顧客ニーズを的確かつタイムリーに把握できなくなれば，優良企業といえども衰退することは十分にあり得る。その理由は，従来にも増して環境変化が極めて激しく，常に当該企業の業績管理に細心の注意を払わなければ，優れた業績を維持・継続していくことは困難であると思われる。業績の維持・向上のために必要な対策を素早く行うためには，管理会計システムによって戦略や事業活動を継続的に測定・評価し，活動の可視化を行うことが極めて重要である。優良企業（長寿企業）であり続けるためには，優れた管理会計システムが必要であり，その関連性は高いと思われるのである。

3-1　管理会計の役割・機能

管理会計の役割・機能に関して，企業の経営活動・業務活動の測定を行うことは，業績管理・業務管理・意思決定支援などのための情報提供が目的であり，その情報には財務情報・非財務情報（定量情報・定性情報）があり，活動の結果（成果）とプロセスの管理の両方が重要であることは敢えていうまでもないであろう。筆者は，管理会計とりわけ業績管理システムの発展段階は，①実績

の正確な測定・管理（経営分析も含む）→②予算管理・原価管理→③事業別・セグメント別管理→④ ERP・BSC などの導入・運用の順に行われるべきであると考えるのである。

3-2　長寿企業（老舗企業）の比較尺度

　長寿企業（老舗企業）の比較尺度に関しては，神田良によれば長寿企業（老舗企業）の比較は，以下の5つの尺度で行うべきであると考えている（神田良ほか 2000）。
①　年齢（創業からの年数）
②　継承（何代目）
③　資本金（金額）
④　従業員数
⑤　売上高
　他方，安田武彦によれば企業のライフサイクルの比較は，以下の4つの尺度で行うべきであると考えている（安田武彦 2007）。
①　付加価値（額）
②　業績状況（収支状況）
③　売上高成長率
④　従業者数成長（増加）率
　長寿企業（老舗企業）の比較尺度に関する上記の何れの見解も，確かに現実的かつ実務的な比較尺度であると思われる。創業からの経過年数，資本金額や売上高などの財務業績や従業員数などの数値を用いれば，中小企業の発展段階を4～5つ程度の尺度で簡便に比較できると思われる。さらに，業種・業態や経営者の属性（いくつかの項目に絞って），あるいは経営分析の主要項目などを追加すれば，より詳細な比較・分析が可能となる。

3-3　長寿企業の特徴

　長寿企業の特徴に関して，図表2-5は日本の長寿企業ランキングをいくつかの視点からまとめたものである。すなわち，創業1,000年以上の長寿企業，著名企業で創業の古いもの，上場企業での長寿企業である。創業1,000年以上

図表2－5　日本の長寿企業ランキング

日本の長寿企業ランキング　①	創業1,000年以上
①　金剛組	建築・創業578年：旧社は2006年に破産し，現在は高松建設グループとして存続
②　慶雲館	旅館・705年
③　古まん	旅館・717年
④　法師	旅館・718年：ギネスブック認定の世界最古のホテル
⑤　田中伊雅仏具店	仏具・885年頃
⑥　中村社寺	建築・970年
⑦　一和	餅・1000年
日本の長寿企業ランキング　②	著名企業で創業の古いもの
①　虎屋	和菓子・1500年代前半
②　小西酒造	清酒・1550年
③　西川産業	寝具・1566年
④　養命酒製造	薬用酒・1602年
⑤　竹中工務店	建築・1610年
日本の長寿企業ランキング　③	上場企業での長寿企業ランキング
①　松井建設㈱	建設・1586年：社寺建築が発祥
②　住友金属鉱山㈱	非鉄・1590年
③　養命酒製造㈱	薬用酒・1602年
④　丸栄㈱	百貨店・1615年

（出所）www.landscape.co.jp

の長寿企業では，①金剛組（建築・創業578年：旧社は2006年に破産し，現在は高松建設グループとして存続），②慶雲館（旅館・705年），③古まん（旅館・717年），④法師（旅館・718年：ギネスブック認定の世界最古のホテル），⑤田中伊雅仏具店（仏具・885年頃），⑥中村社寺（建築・970年），⑦一和（餅・1000年）である。因みに，金剛組（建築）は，創業578年で世界最古の企

業として知られている。飛鳥時代に，聖徳太子が百済から呼び寄せた3人の宮大工のうち金剛，早水，永路のうちの1人である金剛重光により創業され，江戸時代に至るまで四天王寺お抱えの宮大工となっている。次に，著名企業で創業の古いものでは，①虎屋（和菓子・1500年代前半），②小西酒造（清酒・1550年），③西川産業（寝具・1566年），④養命酒製造（薬用酒・1602年），⑤竹中工務店（建築・1610年）である。さらに，上場企業での長寿企業では，①松井建設㈱（建設・1586年：社寺建築が発祥），②住友金属鉱山㈱（非鉄・1590年），③養命酒製造㈱（薬用酒・1602年），④丸栄㈱（百貨店・1615年）である。

「上場企業での長寿企業ランキング」の補足説明をすれば，2005年まで㈱駿河屋という1461年創業の和菓子メーカーが上場していたが，架空増資を行い上場廃止している。デパートの松坂屋（1611年創業）も，資本変更により2006年に上場廃止している。わが国の場合，創業年の古い企業は，建築・旅館・仏具・菓子・酒造などが多い。16世紀頃，味噌，醬油，清酒などの製造法が定着し，この頃以降はこれらの製造を業とする企業が多く存続している。

後藤俊夫による200年以上続いている長寿企業数の国際比較（2008年の調査：57カ国・地域：長寿企業総数7,212社）では，図表2－6のようになっている。

①番目の日本は3,113社で，②番目のドイツの1,563社の約2倍の数があり，③番目のフランス331社，④番目のイギリス315社，⑤番目のオランダ292社，⑥番目のオーストリア255社の約10倍ないしそれ以上の数である。⑦番目以下の国では，⑪番目のアメリカは建国が1776年で，まだ240年ほどしか経過していないが88社あり，また，⑮番目の中国は3,600年～4,000年の歴史があるといわれているが，200年以上続いている長寿企業数は64社にとどまっている。また，図表2－6には示されていないが，韓国は200年以上続いている長寿企業数はゼロである。200年以上続く長寿企業数の国際比較から考えても興味深い論点であるが，長寿を達成する企業の特徴について後藤俊夫によれば，①環境変化への対応力，②独自性と結束力，③現場型の運営，④保守的な資本運営があげられている。また，後藤俊夫は日本に長寿企業が多い理由として，以下の4つをあげている。

図表2－6 200年以上の長寿企業数の国際比較

①	日 本	3,113社
②	ドイツ	1,563社
③	フランス	331社
④	イギリス	315社
⑤	オランダ	292社
⑥	オーストリア	255社
⑦	イタリア	163社
⑧	ロシア	149社
⑨	スイス	130社
⑩	チェコ	97社
⑪	アメリカ	88社
⑫	ベルギー	75社
⑬	スウェーデン	74社
⑭	スペイン	68社
⑮	中 国	64社
⑯	デンマーク	62社

(出所)　後藤俊夫（2009）『三代，100年潰れない会社のルール：超長寿の秘訣はファミリービジネス』プレジデント社，91。

① 「家制度」の存在
　親族に適切な継承者がいない場合，血ではなく家が優先され養子などによる事業承継が積極的に行われた。
② 「市場経済の継続的発展」があったこと
　長い平和の続いた江戸時代を含め，概ね安定した経済成長が続き，また第2次世界大戦後の時期を除き他国からの占領統治を受けなかった（都道府県別で老舗企業の割合が低いのは沖縄県である）。
③ 「マネジメント・システム」の存在
　顧客の管理は，「富山の薬売り」の時代からあった。従業員の教育や競争原

理は，丁稚から番頭に至る人事制度があった。また近江商人の「三方よし（売り手よし，買い手よし，世間よし）」などの企業倫理感があった。現在のリスク・マネジメントも家訓や準備金制度（埋蔵金）などがあって，現代のマネジメントとほぼ同じものが古くから定着していた。

④ 「商業や職人が尊重されたこと」

何代も商人を続けることや，手作業の仕事を卑しいとする文化を持つ国がある。例えば韓国では200年を超える企業が1社もなく，商業を世代継承することを卑しいこととする文化が背景にある。日本の長寿企業には製造業が多く，それは職人技を継承することを尊ぶ意識があったからであるとする。

これらの後藤俊夫による指摘は，非常に優れた的確なものであると理解することができる。

他方，長寿企業の成功要因に関して山下幸三によれば，「長寿企業が重視する経営要素」として，①高い経営目標・企業理念，②顧客・社会・地域との信頼関係維持，③顧客重視の経営，④「知」の経営，⑤人的資源優先，⑥リスク・マネジメント，の6つの要素があげられている。そして，同様に山下幸三によれば，「長寿企業になった秘訣」として，①本業重視，②信頼経営，③透徹した職人精神，④血縁を超えた後継者選び，⑤保守的な企業運用，⑥外国からの侵略が少なかったこと，⑦職人を尊重する社会的雰囲気があったこと，の7つの秘訣があげられている。さらに，同じく山下幸三によれば，「長寿企業の企業観」として，①社会的責任，②長期的視点，③人材重視，④絶えざる革新，⑤質素・倹約の勧め（企業風土・企業倫理），の5つの企業観があげられている。

これらの長寿企業の成功要因に関する山下幸三の見解は，非常に優れた論点整理がなされており，重要な指摘であると理解することができる。

4 中小企業における管理会計の要否

　管理会計研究は，これまで特に限定しない限り大企業を対象としていた。そのため，どのような新たな技法，例えば戦略管理会計の技法でも企業への提案・適用が可能であった。

　本稿での議論の対象である中小企業に関する実態調査・聞取調査では，管理会計技法（予算管理，原価管理，部門別管理など）が既に導入済の企業やBSCの導入事例も報告されている。しかし，中小企業にどのような管理会計技法が必要なのかについては，一概に論じることはできないであろう。また，中小企業へBSC，ABC／ABM，原価企画，ライフサイクル・コスティングといった技法の適用は困難，または不要な場合があると思われる。どういう条件（業種・業態や要件）があれば，こうした管理会計技法の導入が可能になるのか，また，その目的，役割・機能，適用可能性などを十分に検討する必要があるのである。

　中小企業管理会計の問題点については，既に筆者が指摘したものであるが，中小企業は業種・業態，個々の企業によって異なるけれども，優れた管理会計システムを構築しているとはいえないのが現状である。すなわち，中小企業における典型的な問題は，①経営資源（人，金，物，情報ないし情報システム）が十分でない，とりわけ資金繰り・資金管理に余裕がない，②予算管理などの月次ないし四半期の短いサイクルでの業績管理の仕組みが不十分であり，③正確な売上高や仕入高，売上原価などの管理がきちんと行われていない，④部門別業績管理が十分に行われていない，などの問題があるといえる（本橋2015）。

5 中小企業への管理会計の適用の限界

5-1 中小企業の発展段階および中小企業の管理会計の必要性

　中小企業へ管理会計技法の導入提案を行うことは可能であるが，筆者はその際に，当該企業の発展段階や必要性を考慮すべきであると考える。例えば，以

下の3つの理由からBSCをすべての中小企業に一律に導入提案することはできないと思われる。
① 導入・運用に関わるコスト・ベネフィットの考慮の必要性。
② 導入後におけるBSCシステム・オペレーションの操作（データ入力）とりわけ財務以外の視点（顧客，内部ビジネス・プロセス，学習と成長）はプロセス指標であるため，業務の実行中にその都度データ入力が必要であること。
③ 顧客データ分析が必要な場合，BSCでなくても販売管理ソフトやマーケティング・アナリティクス（ビジネス・アナリティクス：BA）で顧客情報管理は可能である。例えば日本アイ・ビー・エム㈱，㈱シャノン，兼松エレクトロニクス㈱のクラウド型マーケティング・ソリューション（中堅中小企業向けBAソリューション）などを導入することも選択肢である。

5-2 中小企業の管理会計・原価計算の実施および会計管理システム・ERP導入に関する実態調査

中小企業の管理会計・原価計算の実施および会計管理システム・ERP導入に関する実態調査については，以下の図表2－7「中小企業に必要とされる管理会計技法　実態調査①」，図表2－8「中小企業の原価計算に関する実態調査②」，図表2－9「2016年中堅・中小企業における会計管理システム・ERP導入の実態調査③」に示すとおりである。

図表2－7「中小企業に必要とされる管理会計技法　実態調査①」および図表2－8「中小企業の原価計算に関する実態調査②」における調査対象企業は，両方とも中小企業総合研究所というコンサルティング会社からコンサルティング・サービスを受けている企業である。調査期間は2016年6月～11月にかけて行われたものである。そのため，有効回答数はそれぞれ745社，615社であり，実態調査における有効回答数は比較的多いといえる。

図表2－7の中小企業に必要とされる管理会計技法の調査結果からいえることは，従業員数が多い企業ほど予算管理（業績管理），損益分岐点分析，部門別管理の3つの技法とも実施状況が高いことがわかる。それぞれの技法の実施状況は，予算管理（業績管理）のうち月次管理が73.2％，予算管理が30.1％，

図表2－7　中小企業に必要とされる管理会計技法　実態調査①
調査対象企業：中小企業総研からサービスの提供を受けている企業
調査期間：2016年6月1日～8月3日
有効回答数：745社
調査エリア：全国
（調査結果）従業員数が多い企業ほど3つの技法とも実施状況が高い
「予算管理（業績管理）」→月次管理73.2％，予算管理30.1％
「損益分岐点分析」→26.2％
「部門別管理」→部門別営業利益34.2％，製品・サービス別営業利益17.7％
実施している業種（多い順）：小売業，飲食業，不動産業，卸売業，サービス業，運輸通信IT業，製造業

（出所）　中小企業総合研究所（2016）「何を元に経営判断をする？：中小企業の管理会計導入実態」。

　損益分岐点分析が26.2％，部門別管理のうち部門別営業利益まで算出しているものが34.2％，製品・サービス別営業利益まで算出しているものが17.7％である。実施している業種で多い順にあげると，小売業，飲食業，不動産業，卸売業，サービス業，運輸通信IT業，製造業となっている。また，管理会計を導入していない企業で，その理由としては，①部門が1つしかない，②部門間に大差がない，③期末まで売り上げが読めない，④勤務時間を集計しておらず原価計算ができない，⑤固変分解の仕方が分からない，⑥経理担当者が他の業務で手一杯である，⑦現場に時間管理をする余裕がない，などがあげられている。

　図表2－8の中小企業の原価計算に関する調査結果からいえることは，やはり従業員数が多い企業ほど実施状況が高いことがわかる。部門別原価計算の実施状況は，全体の約70％の企業で実施している。実施している業種（多い順）：飲食業，小売業，建設業，製造業，卸売業（ここまでの業種が60％以上），運輸通信IT業，サービス業，不動産業（この3つの業種が60％以下）であり，実施方法としては，税理士に依頼が約15％，自社で市販のソフトを利用が約35％，自社でソフト以外で実施が約50％，そして，卸売業・小売業は，市販のソフトの利用が多い，製造業・建設業は，製品や工事別の原価計算が必要なた

図表2－8　中小企業の原価計算に関する実態調査②

調査対象企業：中小企業総研からサービスの提供を受けている企業
調査期間：2016年9月9日～11月24日
有効回答数：615社
調査エリア：全国
(調査結果) 従業員数が多い企業ほど実施状況が高い
「部門別原価計算」→全体の約70％の企業で実施している
実施している業種（多い順）：飲食業，小売業，建設業，製造業，卸売業（ここまでの業種が60％以上），運輸通信IT業，サービス業，不動産業（この3つの業種が60％以下）
実施方法：税理士に依頼→約15％，自社で市販のソフトを利用→約35％，自社でソフト以外で実施→約50％，卸売業・小売業→市販のソフトの利用が多い
製造業・建設業→製品や工事別の原価計算が必要なため，市販のソフトではなくExcelや工事台帳を用いて対応：2社に1社は会計ソフトを使わず

(出所)　中小企業総合研究所（2017）「2社に1社は会計ソフト使わず：中小企業の原価計算実態」。

め，市販のソフトではなくExcelや工事台帳を用いて対応しているということで，2社に1社は会計ソフトを使っていない状況である。部門別原価計算を実施していない企業の理由としては，①分からない／できない，②時間がない／人がいない，③必要ない，などである。

一方，図表2－9の2016年中堅・中小企業における会計管理システム・ERP導入の実態調査③はノークリサーチ社という調査会社が毎年，いくつかのテーマについて行っている調査のうちの1つである。調査対象企業は，日本全国・全業種の500億円未満の中堅・中小企業であり，対象職責は「情報システムの導入や運用／管理の作業を担当している」，「情報システムに関する製品／サービスの選定または決裁の権限を有している」などの権限を持つ社員である。調査実施時期は，2016年7月～8月で，有効回答数は1,300社である。

図表2−9	2016年中堅・中小企業における会計管理システム・ERP導入の実態調査③

（財務会計ソフト）年商500億円未満の企業全体： 導入済製品／サービス	上位5社 （複数回答可）
① 勘定奉行（クラウド形態も含む）：OBC	16.8%
② 弥生会計（クラウド形態も含む）：弥生	16.4%
③ GLOVIA SUMMIT/smart 会計／きらら会計：富士通	10.2%
④ OBIC 7 会計情報システム：オービック	9.1%
⑤ SMILE シリーズ：OSK（大塚商会）	8.2%
（ERP）年商50億円以上〜100億円未満の企業： 導入済製品／サービス	上位8社
① GLOVIA smart/SUMMIT/GLOVIA ENTERPRISE：富士通	17.1%
② SAP ERP/SAP Business All-in-one：SAP ジャパン	12.2%
③ SMILE シリーズ：OSK（大塚商会）	12.2%
④ 奉行V ERP/ 新ERP（奉行21/ 奉行 i を除く）：OBC	9.8%
⑤ EXPLANNER：NEC	4.9%
⑥ Future Stage（GEMPLANET）：日立製作所	4.9%
⑦ OBIC 7：オービック	2.4%
⑧ SAP Business One：SAP ジャパン	2.4%

（出所）㈱ノークリサーチ（2016）「2016年中堅・中小企業における会計管理システムの導入社数シェアと今後のニーズ」，㈱ノークリサーチ（2016）「2016年中堅・中小企業におけるERP活用の実態と今後のニーズに関する調査」。

　図表2−9は，財務会計ソフトを使用している企業で年商500億円未満の企業全体のうち導入済製品・サービスの上位5社（複数回答可）を示している。
　①勘定奉行（クラウド形態も含む）：OBCが16.8%，②弥生会計（クラウド形態も含む）：弥生が16.4%，③GLOVIA SUMMIT/smart 会計／きらら会計：富士通が10.2%，④OBIC 7 会計情報システム：オービックが9.1%，⑤SMILE シリーズ：OSK（大塚商会）が8.2%である。
　また，ERPを導入している年商50億円以上〜100億円未満の企業のうち導入

済製品・サービスの上位8社を示している。
　① GLOVIA smart/SUMMIT/GLOVIA ENTERPRISE：富士通が17.1%，② SAP ERP/SAP Business All-in-one：SAPジャパンが12.2%，③ SMILEシリーズ：OSK（大塚商会）が12.2%，④奉行V ERP/新ERP（奉行21/奉行iを除く）：OBCが9.8%，⑤ EXPLANNER：NECが4.9%，⑥ Future Stage（GEMPLANET）：日立製作所が4.9%，⑦ OBIC 7：オービックが2.4%，⑧ SAP Business One：SAPジャパンが2.4%である。

6　中小企業のライフサイクルに対応させた業績管理システム

　中小企業のライフサイクルに対応させた業績管理システムに関して，図表2-10はそうした中小企業のライフサイクルに対応させた業績管理システムの例を示したものである。図表2-10から明らかなように，スタートアップ期では，月次決算も部門別損益管理も行われない。まだ創業したばかりの段階では，そのような管理を行う余裕はないものと思われる。次の急成長期になると，1カ月で作成される月次決算が行われ，それは資金繰りが主目的であり，売上を集計し，費用は直接費のみで部門別損益把握が行われるとされる。そして，経営基盤確立期になると，半月（15日程度）で作成される月次決算が行われ，予算・実績を対比させた損益管理，および間接部門費を配賦し，部門別予実管理が行われるとする。さらに，新成長期になると，10日程度で作成される月次決算が行われ，また，それは迅速な経営意思決定に役立てられ，部門別にB/Sを把握し，投資・資金を管理するとされる。最後に，経営革新期になると，1週間程度で作成される月次決算が行われ，かつ迅速な経営意思決定に役立てられ，事業部制やカンパニー制への移行などの管理責任の明確化が行われるとされている。

　この中小企業のライフサイクルに対応させた業績管理システムの例は，中小企業の大よその発展段階を考慮し，月次決算と部門別損益管理の業績管理における2つの技法の観点からまとめられたもので，1つのモデルとして参考になると思われる。あくまでも例示のため，このモデルで，実際に中小企業の発展段階に対応させた業績管理システムの説明としては不十分であるといえる。既

に言及したように，筆者は，中小企業の発展段階を踏まえて，中小企業管理会計システムの類型化が必要であると考えている。そうした研究や実務に適用できる実践的かつ体系的なモデルは，わが国および欧米においてもまだ開発されていない状況である。筆者は今後，研究を積み重ねて，そのような実務に適用できる実践的かつ体系的なモデルの構築を行う予定である。なお，図表2－10の中の月次決算の作成日数は，現在では会計のソフトウェアを使えば，もう少し短い日数で作成できると思われる。

図表2－10　中小企業のライフサイクルに対応させた業績管理システムの例

		スタートアップ期	急成長期	経営基盤確立期	新成長期	経営革新期
月次決算	作成日数	作成しない	1カ月	15日程度	10日程度	1週間程度
	目的	なし	資金繰りが主目的	予算・実績を対比させた損益管理	迅速な経営意思決定に役立てる	迅速な経営意思決定に役立てる
部門別損益管理		行わない	売上を集計，費用は直接費のみで部門別損益把握	間接部門費を配賦，部門別予実管理	部門別にB/Sを把握し，投資・資金を管理	事業部制やカンパニー制への移行など管理責任の明確化

（出所）　柳孝一・山本孝夫編著（1996）『ベンチャーマネジメントの変革：成長段階別の経営戦略とリスクへの対応』日本経済新聞社，179。

7　むすび

　本稿では，中小企業は大企業に比べて利用できる経営資源すなわち人，金，物，情報（情報システム）に制約があり，管理会計システムの導入・運用についても制約があると考える。そのため，中小企業の管理会計（管理会計システム）について論じる場合には，その前段階（前提）として中小企業の発展段階を考慮する必要があると考えるのである。そして，中小企業の発展段階を踏まえて，中小企業管理会計システムの類型化が必要である。

　そうした観点から本稿では，まず企業の寿命（ライフサイクル）および優良

企業の企業観について取り上げた。そして，優良企業（長寿企業）と管理会計システムとの関連性に関して，管理会計の役割・機能，長寿企業（老舗企業）の比較尺度，長寿企業の特徴について考察した。そうした考察の後に，中小企業における管理会計の要否，中小企業への管理会計の適用の限界，とりわけ中小企業の発展段階および中小企業の管理会計の必要性，中小企業の管理会計・原価計算の実施および会計管理システム・ERP導入に関する実態調査について検討を行い，また，中小企業のライフサイクルに対応させた業績管理システムについて若干の考察を行った。

　筆者は，中小企業における管理会計システムの構築は，大企業における管理会計システムと同じ考え方で導入・提案を行うことには限界があると考える。中小企業の発展段階（ライフサイクル）や，どのような業種・業態の企業に対して，どのような管理会計システムが適用できるか，その制約条件などを検討し，中小企業管理会計システムの類型化を行う必要があると考えるのである。その点について筆者は10～15程度のタイプに分類することが可能であると考えているが，本稿では，その前段階としての基礎的な論点の整理を行い，中小企業管理会計システムの類型化の検討については今後の課題とすることにしたい。

（注）　本稿は，本橋正美（2018）「中小企業の発展段階と管理会計システム」『会計論叢』（明治大学）(13): 75-93の一部に加筆・修正を加えたものである。

[参考文献]
小野伸一．2009.「企業のライフサイクルと株式価値，企業価値，経済成長：起業・ベンチャー，事業再生の視点から」『立法と調査』(298): 72-85．
神田良・清水聰・北出芳久・岩崎尚人・西野正浩・黒川光博．2000.『企業不老長寿の秘訣：老舗に学ぶ』白桃書房．
金融庁．2014.「地域金融機関による事業性評価について」1-16，www.kantei.go.jp（2018年4月28日アクセス）．
経済産業省中小企業庁．2013.『日本の中小企業・小規模事業者政策』経済産業省中小企業庁．
後藤俊夫．2009.『三代，100年潰れない会社のルール：超長寿の秘訣はファミリービジネス』プレジデント社．

コリンズ，ジェームズ C. & ジェリー I. ポラス，山岡洋一訳．1995．『ビジョナリー・カンパニー：時代を超える生存の原則』日経 BP 出版センター．
コリンズ，ジェームズ C., 山岡洋一訳．2001．『ビジョナリー・カンパニー②：飛躍の法則』日経 BP 社．
㈶商工総合研究所．2000．『革新的中小企業の成長戦略：企業の発展段階別にみる成長の条件』㈶商工総合研究所．
鈴木健介．2008．『破産から再起した社長が教える黒字のための「5×6」の法則』光文社．
中小企業基盤整備機構経営支援情報センター（独立行政法人）．2011．「ベンチャー企業の人材確保に関する調査」『中小機構調査研究報告書』3 (6): 1-129．
中小企業政策審議会基本問題小委員会金融ワーキンググループ．2016．「中小企業・小規模事業者の事業の発展を支える持続可能な信用補完制度の確立に向けて」1-115, www.chusho.meti.go.jp（2018年4月28日アクセス）．
中小企業総合研究所．2016．「何を元に経営判断をする？：中小企業の管理会計導入実態」www.fmltd.co.jp（2018年4月28日アクセス）．
中小企業総合研究所．2017．「2社に1社は会計ソフト使わず：中小企業の原価計算実態」www.fmltd.co.jp（2018年4月28日アクセス）．
中小企業庁．2016．「中小企業・小規模事業者のライフステージにおける資金需要・リスクと信用補完制度の意義」1-21, www.chusho.meti.go.jp（2018年4月28日アクセス）．
日経ビジネス．1983．「（特集）企業は永遠か：日本の百年に見る生き残りの条件」『日経ビジネス』(355): 40-131．
日経ビジネス．1999．「（特集）新会社の寿命：企業短命化の衝撃：盛期は5年，復活へ5法則」『日経ビジネス』(1010): 26-53．
日経ビジネス．2013．「（特集）最新版　会社の寿命：老化を防ぐ3つの処方箋」『日経ビジネス』(1714): 26-49．
㈱ノークリサーチ．2016．「2016年中堅・中小企業における ERP 活用の実態と今後のニーズに関する調査」www.norkresearch.co.jp（2018年4月28日アクセス）．
㈱ノークリサーチ．2016．「2016年中堅・中小企業における会計管理システムの導入社数シェアと今後のニーズ」www.norkresearch.co.jp（2018年4月28日アクセス）．
ピーターズ，T. J. & R. H. ウォーターマン，大前研一訳．1983．『エクセレント・カンパニー：超優良企業の条件』講談社．
ピーダーセン，ピーター D. 2015．『レジリエント・カンパニー：なぜあの企業は時代を超えて勝ち残ったのか』東洋経済新報社．
本橋正美．2015．「中小企業管理会計の特質と課題」『会計論叢』（明治大学）(10): 51-69．
本橋正美．2017．「中小企業管理会計の事例研究アプローチ」『会計論叢』（明治大学）(12): 29-47．

本橋正美．2018．「中小企業の発展段階と管理会計システム」『会計論叢』（明治大学）(13): 75-93.
安田武彦．2007．「『企業の一生の経済学』とその課題」『中小企業のライフサイクル：日本中小企業学会論集㉖』30-41.
柳孝一・山本孝夫編著．1996．『ベンチャーマネジメントの変革：成長段階別の経営戦略とリスクへの対応』日本経済新聞社．
山下幸三．2009．「長生きする日本の統治：日本の中小企業の卓越性と企業統治モデル」『JSSA 内部統制研究プロジェクト』www.sysaudit.gr.jp（2018年4月28日アクセス）．
山下幸三，植野俊雄，宮城郁美．2009．「長生きする日本の統治：日本の中小企業の卓越性と企業統治モデル」『JSSA 内部統制研究プロジェクト』www.sysaudit.gr.jp（2018年4月28日アクセス）．
山本裕久．2014．「技術の不連続と企業成長」『生産と技術』66(2): 75-79.
柳在相．1999．「ベンチャー企業の成長プロセスと戦略についての一考察：戦略論的視点からの成長プロセスモデルの構築」『情報文化学部紀要（社会科学編）』（新潟国際情報大学）(2): 191-204.
Churchill, Neil C., and Lewis, Virginia L. 1983. The Five Stages of Small Business Growth, *Harvard Business Review*, May-June, 30-50.
Gilkey, Charlie. 2014. *The Small Business Life Cycle : A No-Fluff Guide to Navigating the Five Stages of Small Business*, 2nd ed., Jetlaunch.
Greiner, Larry E. 1998. Evolution and Revolution as Organizations Grow, *Harvard Business Review*, May-June, 55-68.
Lester, Donald L. and Parnell, John A. 2003. The Progression of Small and Medium-Sized Enterprises through The Organizational Life Cycle, *JBE Outstanding Paper*, 202-215.
Scott, Mel and Bruce, Richard. 1987. Five Stages of Growth in Small Business, *Long Range Planning*, 20(3): 45-52.
www.landscape.co.jp（2018年4月28日アクセス）

（本橋正美）

第3章

中小企業政策の変遷と管理会計施策

1 はじめに

　中小企業[1]における，管理会計の重要性が指摘されることがある。「中小企業の管理会計能力・実践が，利益額の増大や利益率の向上に貢献しているのか，貢献しているとすればどの程度貢献しているのかの検証は，理論的にはもちろんのこと，実務的にも，また政策的にも大きな含意を持っている。」(傍点は筆者) という見解がある (澤邉・吉永・市原 2015, 98)。一方で，過去から現在に至るまで，行政機関から様々な政策が提案され，その行政機関を中心に具体的な施策[2]が実行に移されてきている。施策によっては，長期間に渡り継続的に行われてきているし，逆に中止された施策もあろう。どのような施策が中小企業にとって良い施策であるのかということが，本章の根底にある問題意識である。しかしながら，ある中小企業に対する施策が良い影響を中小企業に与えてきたのかという因果を分析するには，ランダム化比較試験 (Randomized Controlled Trial：RCT) 等が必要である。実際のところ，この

1　中小企業の定義は一様ではない。本稿では中小企業基本法第2条による中小企業者を特に断りがない限り中小企業と措定する。
2　本章においては，政策と施策を区別して用いている。政策とは行政機関が一定の分野や問題について，施政上の方針を示すものと理解し，施策とは政策を実現するための様々な取り組みをまとめたものと解している。したがって，政策は行政機関が公表するものであり，施策は場合によっては，その他機関が担う場合もあるという理解である。

ような手法は現実には多くの困難が伴い，従来の研究でもその成果は中小企業を対象にすると寡聞にして見当たらない[3]。

そこで，本章では，施策の効果を厳密に測る代わりに，繰り返し提唱されている中小企業施策があるのか，あるいは若干でも施策に変化が見えるのか，という因果のうちの「因」の側に焦点を当て，その変遷から，仮説を導出する前段階としての種々の実態調査の必要性を指摘していくことを目的とする。

具体的には，Ａという管理会計に関連する施策が継続的に，繰り返し実施されてきているならば，「Ａという施策は，中小企業に与える影響は効果的である」ので，継続的に実施されてきているのか，あるいは「Ａという施策は，所期の目標を未だ達成できないので，継続的に実施」されてきたのかを，別のエビデンスで確認する段階を提示するための実態調査の必要性が指摘できる。

また，このような目的を達成していくためには，中小企業政策との関係で会計施策[4]を浮き彫りにしていかなければならない。

2　研究手法と研究対象

本稿では，文献研究から管理会計施策と考えられるものを抽出し，これの年代的推移からその傾向を把握し，実態調査の必要性の導出を試みる。特に第2次世界大戦後から現代に至る年代を区分したうえで検討を行う。

しかし，中小企業政策に関する会計施策全体を検討対象とするのではなく，中小企業に関する管理会計施策を検討対象としていく。

3　基本理念の変化と中小企業政策の変遷

「これまで中小企業政策は，時代の要請に応じて基本理念が見直されつつ，

3　例えば，依田・田中・伊藤（2017）では，RCTにより，「電力価格の上昇は節電を促す」という因果を説明している。
4　本章において，会計に関する施策を会計施策と呼び，そのうち特に狭義の意味での「管理会計」に関する施策を管理会計施策と呼ぶ。ここで，管理会計と財務会計の関係については，広義の「管理会計」は，財務会計を包含するという広い意味で捉えている。一方で狭義の管理会計は，内部管理目的であり，企業の内部管理目的に資する施策を管理会計施策と理解している。

金融政策，振興政策，指導・組織化政策など，様々な支援施策が整備・充実されてきた」（中小企業庁 2011）といわれる。

政策の時代区分には，多様な整理がなされてきた。例えば，島田（2003）によると，マクロの経済情勢による時代区分として，高度経済成長前期・後期，安定成長期，転換期，新中小政策形成期などがあげられている。本章では，『平成10年版中小企業白書』（中小企業庁 2011）等により，基本理念に基づく中小企業政策は，次の4段階に整理されるものとして捉えておく。

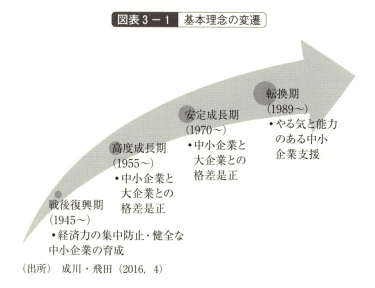

図表3－1　基本理念の変遷

（出所）　成川・飛田（2016, 4）

3-1　戦後復興期（1945～）

経済力の集中防止と健全な中小企業の育成を理念にし，中小企業政策の基礎が形成された時期である。

戦後の1947年に独占禁止法が制定され，同業組合による中小企業の「組織化政策」や組合を利用した「金融政策」が行えなくなり，このような問題に対処するために，その翌年の1948年には中小企業庁が設立された。この時に，中小企業政策の柱として，金融政策，組織化政策，診断指導政策が位置づけられた。

金融面では，1936年に設立されていた商工組合中央金庫に加えて，1949年に

国民金融公庫が設立され，中小企業に対する政府系金融機関として1953年に中小企業金融公庫が設立された。また，中小企業における担保不足等を理由とする資金調達難に対処するため1950年に「中小企業信用保険法」が制定され，1953年に「信用保証協会法」が制定され，信用補完制度の整備が進んだ。

組織化面では，中小企業の組織化を効率的に進めるために，1949年に「中小企業等協同組合法」が制定された。また，民法上の社団法人であった商工会議所の組織・機能を拡充し，国民経済の健全な発展と国際経済の進展への寄与を目的として，1953年に「商工会議所法」が制定された。

指導・診断面では，1948年の中小企業庁設立時に指導部を設置し，企業診断制度を創設した。また，中小企業経営の近代化・合理化を図るために1948年に「中小企業相談所」が設置された。さらに，1953年には，中小企業診断員登録制度も始まった。

以上のように，中小企業を対象とする中小企業政策の基礎は，1950年代前半に出来上がった。

3-2　高度成長期（1955〜）

戦後の復興期を経て1950年代後半には，企業の経済活動は，ほぼ戦前の水準にまで回復する。それに伴い，中小企業の生産活動も活発化し，技術力も向上した。

このような経済復興と高度成長の過程で，当初，中小企業と大企業との間にある種々の格差（例えば賃金格差）を指摘して，二重構造論が展開された。しかし，1960年代前半には，労働需給の逼迫もあり，格差はかなり縮小していく。この時期は，中小企業と大企業の格差が縮小に向かった時期である。

この時期の中小企業政策は，高度成長の裾野を構成する産業分野における，産業別振興政策が進展した時期でもある。1956年には，「機械工業振興臨時措置法」や「繊維工業設備臨時措置法」が制定され，1957年には「電子工業振興臨時措置法」が制定された。高度成長期においては，生産技術の高度化・専門化が進み，製品・部品数の増加や製造工程の複雑化をもたらした。また，生産工程の整理・合理化によるコスト削減を行う視点からも分業体制が進んだ。その結果，企業の重層化が進み，親企業を頂点とする重層構造，すなわち下請分

業構造が形成されていった。わが国中小製造業の多くが下請分業構造に組み込まれていく結果となった。

1950年代後半以降の高度経済成長の過程においては，二重構造論において指摘された諸格差の存在も踏まえ，中小企業の成長発展を図ることは国民経済の均衡ある発展を達成するための責務であるとの認識から，1963年に「中小企業基本法」が制定された。「中小企業基本法」では，中小企業の経済的社会的制約による不利を是正するとともに，中小企業者の自主的な努力を助長し，企業間における生産性等の諸格差が是正されるように中小企業の生産性や取引条件を向上させることを目途に，中小企業の成長発展を図り，あわせて中小企業従事者の社会的地位の向上に資することであるとされた。

中小企業基本法と同じ1963年に，産業構造高度化政策の一環として，「中小企業近代化促進法」が制定された。

3-3　安定成長期（1970～）

わが国経済の高度成長に伴い，中小企業者の範囲を画する資本金規模と従業員規模との関係に変化が生じていることも踏まえ，1973年中小企業基本法の定義を改正し，資本金基準を変更するとともに，商業を卸売業と小売・サービス業として分けて定義することになった。また，1973年の第一次石油危機により高度成長から安定成長に向かう中で，高度成長期に大きく成長した企業と，小規模零細企業との格差の拡大が認識されるようになり，1973年に，「小企業等経営改善資金融資制度（マル経融資制度）」が創設され，1974年には，中小企業庁に小規模企業部が設置された。

また，石油危機後の不況下において，中小企業の事業転換の重要性が認識され，1976年「中小企業事業転換対策臨時措置法」が制定された。

3-4　転換期（1989～）

バブル崩壊以降，わが国経済は完全失業率の上昇が生じるなど，長期的に低迷し，創業や新事業創出の促進などが重要な課題となった。1995年に「中小企業の創造的事業活動の促進に関する臨時措置法」が制定された。

このような中，1999年に中小企業基本法が抜本改正されることになる。従来

の「中小企業と大企業との格差是正」から,「やる気と能力のある中小企業の支援」へと基本理念を大きく転換させた。中小企業政策は,「経営の革新及び創出の促進」,「中小企業の経営基盤の強化」,「経済的社会的環境の変化への適応の円滑化」の3つの基本方針へ変更された。

4 中小企業政策の変遷と中小企業会計施策

中小企業政策の変遷に応じて,中小企業会計施策も変化し,会計基準や実務指針も公表されてきた。中小企業会計施策を年代順にまとめると,次のようになる。

図表3－2　会計施策の公表時期

政策変遷期	公表年	公表物・出版物
(1) 戦後復興期	1949年	青色申告制度
	1949年	経済安定本部企業会計制度対策調査会「企業会計原則」
	1950年	経済安定本部企業会計制度対策調査会「中小企業簿記要領」
	1953年	中小企業庁「中小会社経営簿記要領」
(2) 高度成長期	1956年	中小企業庁『中小企業の財務管理要領』税務経理協会
	1958年	中小企業庁『中小企業の原価計算要領』中小企業診断協会
	1958年	日本生産性本部原価計算委員会『中小企業のための原価計算』日本生産性本部
	1959年	日本生産性本部原価計算委員会『中小企業業種別原価計算』日本生産性本部
	1962年	「原価計算基準」
(3) 安定成長期	1975年	中小企業庁『中小企業の原価計算要領』税務経理協会
	1981年	日本生産性本部原価計算委員会『新訂　中小企業のための原価計算（第2版）』日本生産性本部

(4) 転換期	2005年	「中小企業の会計に関する指針」
	2012年	「中小企業の会計に関する基本要領」

(出所) 筆者作成。

　中小企業に対する会計施策において，管理会計施策は，経営者あるいは経営管理のための会計施策と考えている。近代管理会計が1920年代に成立したと考えられて以降，さまざまな管理会計技法（標準原価計算，直接原価計算，ABCやBSC等）が開発されてきた。しかし，本章では，このような管理会計技法の利活用を推奨することが管理会計施策とだけ考えているのではなく，あくまでも，中小企業の経営管理のための会計施策が管理会計施策であると考えている。

4-1　戦後復興期の会計施策

4-1-1　青色申告制度（1949）

　戦後復興期においては，徴税の公正化は，喫緊の課題であった。徴税の公正化のためには，納税者が帳簿を整備して正しい会計処理を行い，正確な所得を算定して申告することが申告納税制度の基本であった[5]。当時は正確な会計帳簿の整備が急務であると考えられていた。そこで，1949年に，いわゆるシャウプ勧告に基づく青色申告制度の導入が行われた。従来，中小企業者には，所得算定の基礎となる帳簿が整備されていなかったという現状があったが，青色申告制度のために，帳簿の整備が進んだという側面が指摘できる。青色申告制度は，中小企業者に経営管理の基礎である帳簿を整備させる管理会計施策であった。

4-1-2　中小企業簿記要領（1950）

　株式会社の会計処理と会計報告のため，1949年には経済安定本部企業会計制

5　当時の環境では，納税者側に正しい帳簿が備わっていなかった。そのため，徴税側は店舗の外観や扶養家族の数から逆に所得額を推定して更正決定することが多く納税者側には不満が多かった（経済安定本部企業会計制度対策調査会 1950b, 2）。

度対策調査会より「企業会計原則」が公表された。一方で，法人企業形態をとっていない個人商店向けに「中小企業簿記要領」が公表された[6]。「中小企業簿記要領」では，(1)正確な所得を自ら計算し課税の合理化に資すること，(2)融資に際し事業経理の内容を明らかにすることによって中小企業金融の円滑化に資すること，(3)事業の財政状態及び経営成績を自ら知り，経理計数を通じて事業経営の合理化を可能ならしめることの3点を目的とした。これらは，いずれも正確な帳簿の作成を前提としてのものであった。しかし，「このような緊急な諸問題に当面し，この問題を解決する途として，中小企業に適する簿記組織の基準を確立しなければならない」（経済安定本部企業会計制度対策調査会，1950b，4）として公表されたのが「中小企業簿記要領」であった。したがって，「中小企業簿記要領」は中小企業者に経営管理の基礎である帳簿を整備させる管理会計施策であった。すなわち，管理のための簿記組織の普及である。

　一方，1953年の「中小会社経営簿記要領」は，個人向けでもなく大企業向けでもないその中間である中小会社を対象としたものであった。この「中小会社経営簿記要領」とその後の「中小企業の会計に関する指針」と「中小企業の会計に関する基本要領」がいずれも法人を対象とした会計施策であるという点を思慮すると，法人以外の中小企業者に対する会計施策は，1950年の「中小企業簿記要領」以降現代まで示されていないことになる。すなわち，小規模事業者に対する，管理会計施策は，どうなっているのかという実態の把握が必要であろう。ここから，次の実態調査の必要性が指摘できる。

　調査1-1　「個人事業主たる小規模事業者は，税務基準（青色申告制度）に準拠している」

　調査1-2　「個人事業主たる小規模事業者は，「中小企業の会計に関する基本要領」に準拠している」

　これらの実態を調査したうえで，小規模事業者に対する管理会計施策の必要性を論じるべきである。

---

[6]　シャウプ勧告に基づき所得税法上青色申告書の制度が導入され，その前提として大蔵省令で帳簿の記載要件が定められ，「中小企業簿記要領も，この大蔵省令の帳簿基準に照応し，これと表裏をなすもの」（経済安定本部企業会計制度対策調査会　1950b，3）であった。

4-2 高度成長期・安定成長期の管理会計施策

　高度成長期においては，企業の経営合理化や近代化のために生産管理や管理会計技法の導入が図られてきた。この時代には，産業別振興政策がとられたこともあり，管理会計施策として，「業種別」という考え方が出てくるのもこの時代の特徴である。

4-2-1　中小企業の原価計算要領（1958）

　1962年の「原価計算基準」に先立つ，1958年に中小企業庁より「中小企業の原価計算要領」が公表された。これは，当時大企業向けの原価計算の基準であった，物価庁の「製造工業原価計算要綱」を「中小企業にそのまま適用するには向かない」（飛田 2011, 51）として策定されたものであった。この「中小企業の原価計算要領」では，従業員数により，それぞれに適合するであろう，原価計算制度を提示している。また，「業種別原価計算諸例」として11業種[7]の例が示されている。なお，17年後の1975年に再び公表されている。

4-2-2　中小企業のための原価計算（1958）

　「中小企業の原価計算要領」と同じ年に日本生産性本部の原価計算委員会より「中小企業のための原価計算」も公表された。これは，中小企業の統一的原価計算制度確立のための指針であった。青木（1959, 81）によると「基本的な費目の設定や会計処理については統一が行われなければならない」として，一般的な性質を持ったものであったことが示されている。なお，23年後の1981年に「新訂　中小企業のための原価計算（第2版）」が公表されている。

4-2-3　中小企業業種別原価計算（1959）

　「中小企業のための原価計算」が一般指針であるために，一般指針に対する個別の業種ごとの実務指針として，44業種にわたる「中小企業業種別原価計算」なる小冊子が公表された（飛田 2011, 53）。しかし，日本生産性本部原価

7　11業種とは，印刷業，建設業，タクシー業，金融業，注文洋服店，旅館業，美容院，クリーニング業，製材業，問屋，電気機械製造業である。

計算委員会より1959年から数年にわたり公表された「中小企業業種別原価計算」は，その後の再公表はないという実態がある。

したがって，次の実態調査の必要性が指摘できる。

調査2-1 「中小企業事業者は，「中小企業の原価計算要領」に準拠している」

調査2-2 「中小企業事業者は，「中小企業のための原価計算」に準拠している」

調査2-3 「中小企業事業者は，「中小企業業種別原価計算」に準拠している」

いずれも，現在までに，相当の時間が経過していることから，「準拠していない」という実態調査になることが想定されるが，そのうえで，実務指針等に類するこれらの公表物についての必要性に関する議論が求められる。

5　むすび

中小企業会計施策として，会計基準や実務指針に類するものは，いくつも公表されてきている。このような公表がある分野で行われ，またある分野では，近年の公表がないままになっている。例えば，法人を対象として計算書類を作成する会計基準として，2005年に「中小企業の会計に関する指針」が，2012年に「中小企業の会計に関する基本要領」が公表されているが，個人小規模事業者に対しては，1950年の「中小企業簿記要領」以降，何も中小企業会計施策（管理会計施策）は公表されてきていない。小規模個人事業者にとって，管理会計の基礎ともいえる「帳簿の整備」についての必要性をどのように考え，管理会計施策として反映していく必要性について再考しなければならない。

中小企業基本法が抜本的に改正された1999年から数えても20年になろうとしている。会計施策，特に管理会計施策は，不要なのだろうか，それとも単なる無策なだけであるのか，この点を分析的に考える必要がある。

やる気と能力のある中小企業の支援に管理会計の果たす役割を明示的に示す施策の提言のために，因果を合理的に推論できるエビデンスの提示をしていくことが求められている。

[参考文献]

青木茂男．1959．「日本生産性本部　中小企業原価計算の特質―特集　中小企業の原価計算」『企業会計』11(13): 80-83.

清成忠男．2009．『日本中小企業政策史』有斐閣．

経済安定本部企業会計制度対策調査会編．1950a．『中小企業簿記要領』大蔵財務協会．

経済安定本部企業会計制度対策調査会編．1950b．『中小企業簿記要領解説：記帳例題つき』森山書店．

澤邉紀生・吉永茂・市原勇一．2015．「管理会計は財務業績を向上させるのか？―日本の中小企業における管理会計の経済的価値」『企業会計』67(7): 1009-1023.

島田春樹．2003．『戦後の中小企業政策年表』中小企業総合研究機構．

高野学．2017．「『中小企業のための原価計算』における価格計算目的」『西南学院大学商学論集』64(1・2): 21-42.

中小企業庁．1952．『中小会社経営簿記要領』税務経理協会．

中小企業庁．1956．『中小企業財務管理要領』税務経理協会．

中小企業庁．1959．『中小企業の原価計算要領』税務経理協会．

中小企業庁．1998．『中小企業白書平成10年版』中小企業庁．

飛田努．2011．「中小企業の管理会計研究のための予備的考察」『熊本学園大学会計専門職紀要』2：47-64.

飛田努．2013．「中小企業における業種別原価計算～日本生産性本部による「中小企業業種別原価計算」を題材に～」成川正晃編著『業種別簿記実務の研究』日本簿記学会簿記実務研究部会最終報告書：98-106.

成川正晃・飛田努．2016．「中小企業を対象とする会計制度・実務指針設定への提言―歴史的経緯と中小企業庁担当者へのインタビュー調査をもとに―」『中小企業会計研究』2：2-12.

日本生産性本部中小企業原価計算委員会．1958．『中小企業のための原価計算』日本生産性本部．

諸井勝之助．2007．「わが国原価計算制度の変遷（後編）」『LEC会計大学院紀要』6：1-20.

山北晴雄．2016．「中小企業政策の変遷と管理会計の貢献―中小企業支援施策の実行と効果測定の支援」『中小企業会計研究』2：13-25.

依田高典・田中誠・伊藤公一朗．2017．『スマートグリッド・エコノミクス：フィールド実験・行動経済学・ビッグデータが拓くエビデンス政策』有斐閣．

中小企業庁．2011．「日本の中小企業政策」(http://www.mod.go.jp/j/approach/agenda/meeting/seisan/sonota/pdf/08/003.pdf<2015/11/22>)

（成川正晃）

『法人事業概況説明書』の活用による
中小企業管理会計の可能性

1 はじめに

　会社の実態を見るには，財務諸表を見ればわかるとよくいわれる。
　これは，取引の記録・分類・集計という会計システムを通じて作成されるものが財務諸表であり，会社の経営成績と財政状態を表現されているといわれるが所以である。会社に関連する情報として，①数字や金額で表せた情報（定量的情報），②数字や金額以外の表現（活字による文章や口頭で）された情報（定性的情報）に区分される。財務諸表は，この定量的情報に該当する。すなわち，数字や金額で表現されているため，どれだけ利益を獲得したか，債権債務がどれだけあるのかなど，客観的にみることができる。一方，定性的情報は利用する側にとって単に文書等で表現されているだけでは真偽を確かめる手段がほとんどない。
　つまり，会社を経営する側の経営者は，定性的情報だけでは会社の本当の経営実態をつかむことはできない。定性的情報の多くは必ずしも数字や金額の裏づけられたものではないという事である（一概にいえないが感覚的な情報に過ぎない場合がある。）。ここで重要なのは，定性的情報を見極めるにあたって財務諸表などから会計の数字（会社の数字）や金額を把握し，それを利用して定性的情報の真偽を確かめることにより，会社の実態を把握することに重要な意義がある。

財務諸表を読み解くには，かなりの会計の知識と慣れが必要とされる。
　どの国や地域であっても，事実上，ビジネス社会では英語がコミュニケーションツールとして使用されるのと同じで，ビジネスに関わろうとする者は，利害関係者間での共通ツールとして「会計システムを通じた財務諸表が読める力」をマスターしておかなければならない。
　すなわち，英語などの会話するための外国語をマスターしようとするときと同じように，会計システムを「ビジネス社会の共通ツール」として捉え，財務諸表を効果的かつ効率的に読む力をつける必要がある。
　経営実態は必ず財務諸表などに数字で表現されており，投下した資本に対して最大の利益を獲得しているか，債権を滞ることなく回収できているか債務を滞ることなく支払っているか，成果を株主に分配しているか，さらに，継続的に成長し経営を続けられるのかを財務諸表から読み取らなければいけない。
　しかしながら，会計システムの根幹をなしている「複式簿記システム」は，「現金」，「売掛金」，「買掛金」，「売上高」などという誰もが知っている言葉の集合体（勘定科目）で帳簿作成技術であることを忘れてはならない。言い換えれば，財務諸表を理解するために，まず，勘定科目を理解し，会計の数字に慣れることにある。すなわち，勘定科目の「規律づけ」の仕組みを一種の文法として理解することが財務諸表をマスターする近道であるといえる。
　中小企業（税務署所管法人）が法人税を申告する際に付属書類として税務署に提出する法人事業概況説明書は財務諸表をコンパクトにまとめたものであるといえる。
　まずは，経営者はこの法人事業概況説明書を活用して会計に慣れてみてはどうだろうか。
　そして，会計の数字に代表される定量的な情報と定性的な情報を組み合わせ結びつけることで会社の実態を多面的に浮かび上がらせることが可能となり，経営管理にも大いに役立つと考えられる。
　また，経営の成果として，会計の数字に表れるので，これらの数字を分析することで評価することが可能となる。
　つまり，会計の数字を利用すれば，定量的に「見える化」できる。そして，経営戦略を企画，実行する際に，効果分析に必要不可欠なものになる。

そのためにも，法人事業概況説明書に親しんで会計の数字を理解することをお勧めする。

2　財務諸表とは何か

はじめに，財務諸表とは何かを大まかにつかむ必要がある。

株式会社の経済活動は，大会社であれ，中小会社であれ定款に定める「事業の目的」の範囲で営業活動などが行われ利益追求が行われる。この活動は会計学上の取引として認知され，会計システムの簿記（取引の記録・分類・集計の手順）を通じて，最終的に損益計算書と貸借対照表とに集約される。この2つを主な書類として一般に財務諸表といい，わが国の会社法では計算書類と呼んでいる。財務諸表はステークホルダーに伝達され，投資意思決定等に利用される。また，経営者は会社経営の企画・立案・評価に資する資料として利用される。

したがって，経済活動という現実の事象は，取引活動に基づく会計処理の過程を経て，一定期間（例えば，事業年度）ごとに財務諸表という形で貨幣価値として写像される。結局，財務諸表として数的に表現されるものであるから，逆に財務諸表を通じて，現実の会社の状況を判断する材料に利用できるはずである。すなわち，一方で「現実の取引関係→財務諸表」という関係があり，事業活動の善し悪し（儲かっているか，損をしているか）を評価できるはずである。通常，財務諸表分析といわれるものがこれにあたる。

会社の経済活動は利益追求の過程であるから，それを対象として写像された財務諸表は，利益稼得の状況（儲かっているか，否か）を表現しているはずである。財務諸表の一つである損益計算書は，一定期間における会社の利益稼得の状況を写像するものであるから，当該期間にいくらの収益（売上）が実現し，それを稼得するためにいくらの価値犠牲（費用・損失）が払われたかを表したものである。したがって，損益計算書により，企業の収益力（利益稼得の効率性）の程度を分析することが可能となる。

これに対し，貸借対照表は，営業活動にとってどの程度の資金が必要とされ，それをどのように活動に利用したかということを表している。すなわち，一定

時点（決算日）における資金の源泉（資金調達の状況）と資金の使途（資金運用の状況）との関係を一覧表に表示されたものであるから，そこでは，財政状態（資金の源泉と使途との釣合の関係）の一覧が可能となる。

そして，貸借対照表を分析することにより，会社の安全性（例えば固定資産等の長期耐用の資産への投資（資金利用）を，長期の適切な資金で運用されているかということが，企業の財務的体質にとっての安全性を表す）と流動性（債務の支払に対しどの程度の支払手段が準備されているかということを表す）の程度を判断することが可能となる。収益力というのは会社の利益稼得能力を表現するものであるから，収益力がある一定の水準にあるということは，資本主義経済社会において会社として存続することができることを表す。その意味で，企業の長期的存続の要件を示すものである。それに対し，安全性・流動性は企業の支払能力を表現するものであるから，たとえ収益力があったとしても，支払能力に欠けるときは，企業倒産へ追い込まれることになる。その意味で，会社の短期的存続の要件を示すものでもある。

これで，損益計算書および貸借対照表について大まかな理解ができたと考える。

3　法人事業概況説明書とは何か

法人は，事業年度が終了した後に決算を行い，株主総会等の承認を受け，その承認を受けた決算（確定決算）に基づいて所得金額や法人税額等，法人税法に定められた事項を記載した申告書を作成し，これを納税地の所轄税務署長に提出しなければならない（法人税法第74条）とされている。この手続を「確定申告」といい，このようにして作成された申告書を「確定申告書」という。（法人税法第2条第1項第三十一号，会社法第438条）。

この確定申告書の提出の際，法人税法施行規則第35条第1項第4号に「確定申告書の添付書類」が定められたため，現在は財務諸表や勘定科目内訳明細書などと一緒に確定申告書に添付する書類として，法人事業概況説明書の提出が義務付けられている。

したがって，会社経営者は，自分の会社の法人事業概況説明書を容易に入手

できるはずである。

では，法人事業概況説明書とは何か。

法人事業概況説明書では，法人名，納税地，事業内容，支店，海外取引状況，期末従業員数の状況，電子計算機の利用状況，経理の状況，株主又は株式所有異動の有無，主要科目など所定の書式に従い記載するものである。

つまり，会社の1事業年度の事業の状況や経営成績などの定性的な情報（会社の事業概況）から定量的な情報（損益計算書・貸借対照表などの主要科目）をA4（表裏）1枚にまとめられたものである。すなわち，会社の1事業年度の財務諸表のエキスがまとめられたものといえる。

財務諸表を読み解くのは，相当の知識を有するが，まず，一歩としてこの法人事業概況説明書に慣れてみてはどうか。

先に述べたように，財務諸表は，簿記に基づく帳簿記帳技術から成り立っているが，その簿記の知識がなくても読み解けると考える。

そして，この法人事業概況説明書に慣れることは，現在の制度的な会計を「ビジネス社会の共通言語」として捉え，会社経営のツール（経営分析など）として，英語などの外国語をマスターしようとする時と同じように，あくまでも実際に使えるようになることを目的として，効果的かつ効率的に学習することをサポートに繋がれば，本格的な財務諸表を読み解くことができると考える。

なお，今回は，まず法人事業概況説明書を利用して財務諸表に慣れ，簡単な経営分析の手法の基礎を重きにおいており，以下法人事業概況説明書の表面を中心に解説する。

4　法人事業概況説明書の表面の見方

4-1　定性情報を把握

●法人の定性的な情報（法人事業概況説明書「1　事業内容」から「9　役員又は役員報酬の異動の有無」）

図表4-1「定性情報を把握するポイント」のとおり，法人事業概況説明書の表面の上段部分は，法人の事業概況が大まかに把握することができる。

「事業内容」業種において，基本，日本産業分類に沿った業種が記載されており，今後，業種比較する場合のポイントとなるので，記載されている業種が正しいかどうか判断する必要がある。

図表4－1　定性情報を把握するポイント

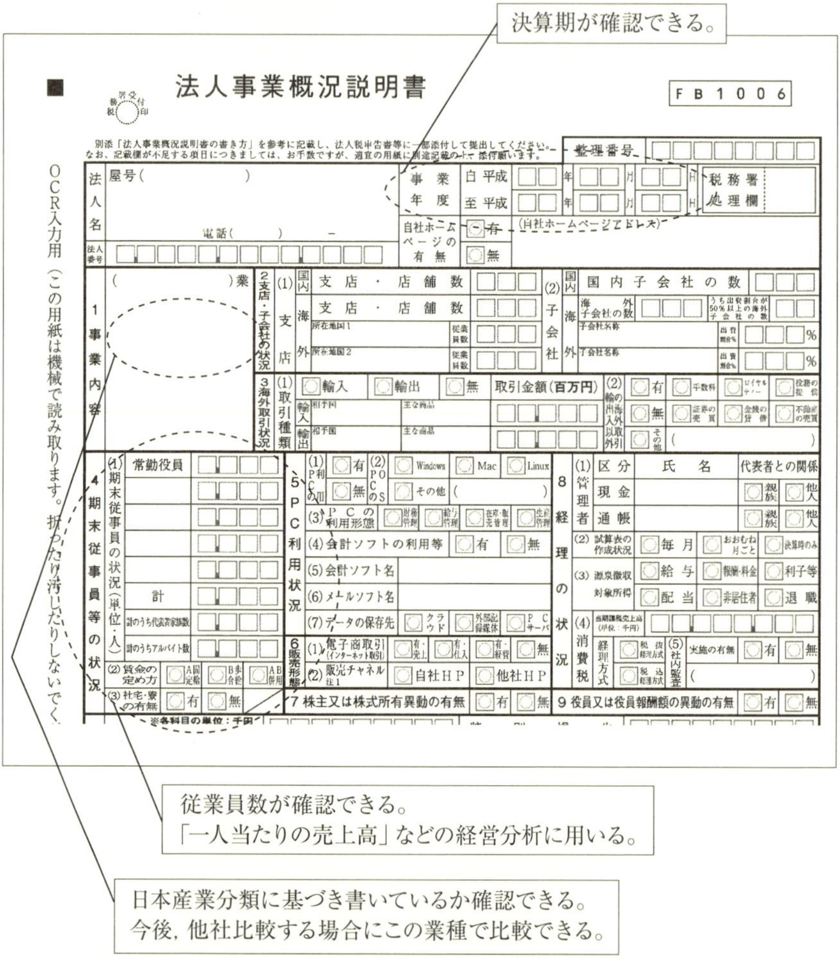

（法人事業概況説明書の画像）

- 決算期が確認できる。
- 従業員数が確認できる。「一人当たりの売上高」などの経営分析に用いる。
- 日本産業分類に基づき書いているか確認できる。今後，他社比較する場合にこの業種で比較できる。

4-2 損益計算情報の把握

●損益計算書（法人事業概況説明書「10　主要科目　左手」～「右手上段」）
　財務諸表の1つ目に取り上げるのは，損益計算書（P/L）である。
　図表4－2「損益計算書を把握するポイント」のとおり，法人事業概況説明書の「売上（収入）高」から「税引前損益」までが「損益計算書の主要科目」である。
　まず，損益計算書は，1年間の取引を記録（簿記の技術による）して集計し，会社が挙げた利益を計算することにある。具体的にいうと，損益計算では取引によって生じた収益（≒売上高）と価値犠牲（費用・損失）を表示している。その売上高と費用などとの差額が利益として計算される。
　一番上に表示されるのが「売上（収入）高」である。これは，商品や製品，サービスなどを販売したことによる売上げ（収入）が表示されている。
　次に表示されているのが「売上（収入）高のうち兼業売上（収入）高」である。本業以外の売上げが表示されている。
　さらに，「売上原価」で，ここは，法人が商品などを売るために，商品や原材料などの仕入や工場での製品製造にかかわる労務費や減価償却費さらには工場の家賃などの費用が表現されている。
　減価償却費とは，減価償却資産（製品を製造する機械など）の取得をするのに掛かった費用を耐用期間（生産貢献期間）にわたって原価配分した期間費用である。
　そして，売上高から売上原価を引いたものが売上総利益である。粗利益とも呼ばれることもあるように，商売などの大まかな採算を把握することができる。
　その下，販売費及び一般管理費である。通称「販管費」いう。販管費は，会社が営業活動を行ううえで必要な売上原価以外の費用を指す。すなわち，人件費，減価償却費や事務所の家賃などがある。
　売上総利益から販管費を差し引いたものが営業利益となる。会社が本業である営業活動で獲得した利益である。
　本来，この後に損益計算書には，営業活動（本業）以外での収入（銀行預金の利息や配当金収入など）や費用（借入金の利息支払など）が記載され，経常

利益が記載されるのであるが、法人事業概況説明書では省略されている。

さらに、その下に、特別利益と特別損失がある。これは、その年限りの臨時的利益と臨時的損失を示す。例えば、保有していた土地を売ったり、東日本大震災などによって生じた損失などが該当する。

最後に、税引前当期損益である。これは、法人税などを納税する前の利益である。

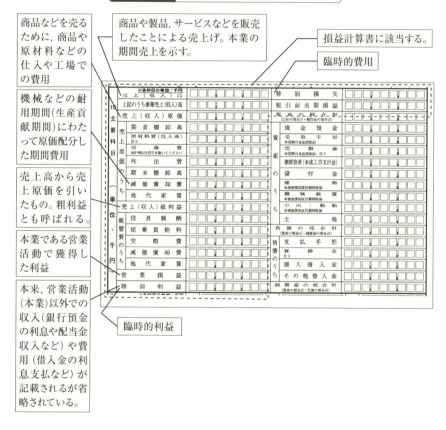

図表4－2　損益計算書を把握するポイント

4-3 貸借対照表情報の把握

● 貸借対照表（法人事業概況説明書「10　主要科目　右手」）

　財務諸表の2つ目に取り上げるのは，貸借対照表（B/S）である。

　法人事業概況説明書の「現金預金」から「純資産」までが「貸借対照表の主要科目」である。

　図表4－3「貸借対照表情報を把握するポイント」のとおり，貸借対照表は，事業投資と投資・融資元や取引先などを表している。つまり，どのような方法で資金を調達し，その集めた資金をどのように投資しているかが表現されているが，事業概況説明書では，定数的な数量でしか見えないが，概略はつかめると考える。まず，資産である。資産は流動資産と固定資産に分類される。「現金預金」から「貸付金」までが流動資産（短期間（多くの場合は1年以内）のうちに現金化される資産が該当する。売上代金の未収入部分である「受取手形」や「売掛金」などである。また，1年以内に売却することを目的とする「棚卸資産」が該当する。

　固定資産は，逆に，短期間のうちに現金化することを想定していない資産である。

　これに該当するのが，「建物」から「土地」になる。

　そして，次に来るのが負債である。負債は流動負債と固定負債に分かれる。流動負債は短期（多くの場合は1年以内）で返済や支払しなければならないものである。具体的には，原材料や商品などの仕入代金の未払い分である「支払手形」「買掛金」が該当する。「個人借入金」や「その他借入金」は，調達した資金の出所を表すものである。

　「純資産」は，将来的に返済する必要がない調達資金となる。

図表 4 − 3　貸借対照表情報を把握するポイント

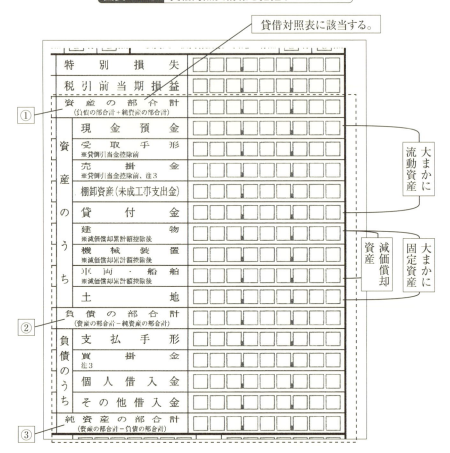

※　次の計算式が成り立つ。

①「資産の部合計」＝ ②「負債の部合計」＋ ③「純資産の部合計」

5　法人事業概況説明書の主要科目を活用した経営分析

　では，法人事業概況説明書の主要科目のデータを利用してどのような財務指標の分析ができるかを見ていく。

　時系列に見ていくためには，過去の法人事業概況説明書を揃える必要がある。

これは，複数年の比較するためである。すなわち，前年対比など対比することによって得られる指標である。例えば，売上高が前年に比べて増加しているか否かなど，成長性などの分析に役立つ。

なお，今回説明した法人事業概況説明書は，平成30年４月１日以後終了事業年度分を使って説明してきたが，平成30年４月１日前終了事業年度分と若干変更されている。大きく変更されている箇所は，損益計算書部分の平成30年４月１日前終了事業年度分では「地代家賃・租税公課」が「地代家賃」へ「支払利息割引料」が省略され，代わりに「特別利益」と「特別損失」が加えられた。

これは，利用する側からは大きな変更点であり，法人事業概況説明書だけでの簡易な経営分析にも影響がある。すなわち，法人事業概況説明書だけでは，付加価値（法人が別法人から購入した材・用役に生産設備や労働力などを使って新たに付加した価値）が計算できない点にある。このために法人事業概況説明書に慣れ，法人の決算書が読めるようになることを期待する。

付加価値の計算式を見てみよう。

　　付加価値 ＝ 人件費 ＋ 利子割引料 ＋ 賃借料 ＋ 租税 ＋ 利益

計算式をみてわかるように，「利子割引料」が計算要因となっているためである。

では，主要科目データを利用して，収益性，安全性，効率性，成長性などを見ていくことにする。

5-1 収益性の分析

法人は営利を目的として活動している以上，利益をどれだけ上げる力があるか，収益力の分析が極めて重要である。

すなわち，売上が利益に結びついているか把握する必要性が高い。

ここでは，売上高利益率を検討しよう。

（計算式）

　　売上高利益率 ＝ 利益／売上高 × 100（％）

　　※　ここでいう利益には，法人事業概況説明書から把握できる「売上高総利益」，「営業利益」，「税引前当期損益」などを利用する。すなわち，段階の利益を検討する必要がある。

本来，日本の会計基準であれば，「売上総利益」，「営業利益」，「経常利益」，「税引当期損益」，「当期純損益」と5段階ある。

(計算式)
　　売上高総利益率 ＝ 売上高総利益 ／ 売上高 × 100（％）

(計算式)
　　営業利益率 ＝ 営業利益 ／ 売上高 × 100（％）

(計算式)
　　税引前総利益率 ＝ 税引前利益 ／ 売上高 × 100（％）

(分析ポイント)
　ここでのポイントは，利益率が高いほど収益力があるといえる。
　なお，税引前総利益率が営業利益率を上回っている場合は，本業以外の収益力があり，本業の収益力が弱いといえるため，営業利益率を注視する必要がある。

5-2　生産性の分析

　いかに法人は効率良く付加価値を生み出したかを生産効率を測定する必要がある。
　なお，先に述べたように，法人事業概況説明書は，平成30年4月1日以後終了事業年度分から変更され，付加価値の計算（加算法）による算出が不可能となったため，別の角度から検討することとする。
◇　付加価値の2種類の方法
　①　控除法
　　　(計算式)
　　　　　付加価値 ＝ 売上高 －（材料費 ＋ 外注加工費 ＋ 通信費
　　　　　　　　　　＋ 運搬費 ＋ 消耗品費 ＋ 光熱費 ＋ 保険料
　　　　　　　　　　＋ 修繕費などの外部購入額）
　②　加算法
　　　(計算式)
　　　　　付加価値 ＝ 人件費 ＋ 利子割引料 ＋ 賃借料 ＋ 租税 ＋ 利益
　　　　　基本的な考え方から検討する。

付加価値の生み出す生産性要素は①資本生産性（総資本投資効率）と②労働生産性である。

（計算式＝なお，法人事業概況説明書から計算できない）

　　総合生産性 ＝ 付加価値／（資本生産性 ＋ 労働生産性）

　　労働生産性をみると，従業員1人当たりがどれだけの付加価値を生み出したかを把握することと同じとなる。

（計算式＝なお，法人事業概況説明書から計算できない）

　　労働生産性 ＝ 付加価値／従業員数

　　そこで，視点を変えてみよう。

　　労働生産性は，次のように展開できる。

（展開）

　　労働生産性 ＝ 従業員1人当たりの売上高（売上高／従業員数）
　　　　　　　　 × 付加価値率（付加価値／売上高）

（分析ポイント）

　　すなわち，従業員1人当たりの売上高がどの程度あるのか把握すれば，生産性の分析ができる。

（計算式）

　　従業員1人当たりの売上高 ＝「売上高」／「従業員数」

5-3　安全性の分析

① 倒産の可能性はあるのか。
② 十分な支払い能力があるか。
③ 長期にわたって使用資産（固定資産）を調達資金でどう投資しているか。
④ 資金調達をどうしているか。

ここでは，流動比率と当座比率及び自己資本比率を検討してみよう。

（計算式）

　　流動比率 ＝ 流動資産／流動負債 × 100％

　　流動資産 ＝（「現金預金」＋「受取手形」＋「売掛金」＋「棚卸資産」
　　　　　　　 ＋「貸付金」）

　　流動負債 ＝（「支払手形」＋「買掛金」）

（計算式）
　　当座比率 ＝ 当座資産 ／ 流動負債 × 100％
　　当座資産 ＝（「現金預金」＋「受取手形」＋「売掛金」）
　　流動負債 ＝（「支払手形」＋「買掛金」）
（分析ポイント）
　　　流動比率の数値が高いほど安全性が高いと判断できる。
（計算式）
　　自己資本比率 ＝ 純資産 ／ 総資産 × 100％
　　　　　　　　＝（「資産の部合計」／「純資産の部合計」）× 100％
（分析ポイント）
　　　自己資本比率の数値が高いほど，会社の安全性は高いと判断できる。

5－4　成長性の分析

成長性を分析するにあたってよく用いられるのが趨勢分析である。
　過去の成長過程とその要因を分析することによって，将来の成長性を予見するための材料が得られる。
　すなわち，売上高伸び率を過去のデータを利用して分析することにある。
（計算式）
　　売上高伸び率 ＝（当期売上高 － 過年度売上高）／ 過年度売上高
　　　　　　　　× 100（％）
（分析ポイント）
　　　法人も成長して規模が大きくなってくると売上高の増加が一定水準（例年増加が同じ）になってくると指標の分母が大きくなってくることにより，売上高伸び率が相対的に低下することになる。
　　　また，この売上高伸び率だけに注目していると売上至上主義になり，資金ショートの恐れもあり，機械装置の増加，減価償却費の増加，従業員数の増加などに目を向けるとともに，売上総利益率，営業利益率に注意しなければならない。

5-5　その他の分析（法人事業概況説明書で可能な分析）

5-5-1　総資産回転率，有形固定資産回転率を検討してみよう

（計算式）

　　総資産回転率 ＝ 売上高 ／ 総資産（回）
　　　　　　　　＝（「売上高」／「資産の部合計」）
　　有形固定資産回転率 ＝ 売上高 ／ 有形固定資産（回）
　　　　　　　　＝（「売上高」／「建物」＋「機械装置」
　　　　　　　　　＋「車両・船舶」＋「土地」）
　　売上債権回転率 ＝ 受取手形＋売掛金 ／ 売上高 ／ 12
　　　　　　　　＝（「受取手形」＋「売掛金」／「売上高」／ 12）

（分析ポイント）

　　売上高の何カ月分の債権を抱えているか，売上債権の回収にどれだけの期間が必要かを把握できる。
　　売上債権回収期間が短いほど効率性が高いことになる。

（計算式）

　　棚卸資産回転率 ＝ 棚卸資産 ／ 売上高 ／ 12
　　　　　　　　＝（「棚卸資産」／「売上高」／ 12）

（計算式）

　　仕入債務回転率 ＝ 支払手形 ＋ 買掛金 ／ 売上高 ／ 12
　　　　　　　　＝（「支払手形」＋「買掛金」／「売上高」／ 12）

5-5-2　原価構成比を検討してみよう

（計算式）
　　材料費率 ＝「原材料」／「売上高」× 100（％）
（計算式）
　　仕入高率 ＝「仕入高」／「売上高」× 100（％）
（計算式）
　　労務費率 ＝「労務費」／「売上高」× 100（％）

（計算式）

　　売上原価率＝「売上原価」／「売上高」×100（％）

（計算式）

　　人件費率＝人件費／「売上高」×100（％）

　　【人件費＝「役員報酬」+「従業員給料」】

（計算式）

　　役員報酬率＝「役員報酬」／「売上高」×100（％）

（計算式）

　　従業員給料率＝「従業員給料」／「売上高」×100（％）

（計算式）

　　販管費率＝販管費／「売上高」×100（％）

　　【販管費＝「売上総利益」-「営業利益」】

（計算式）

　　交際費率＝「交際費」／「売上高」×100（％）

5-5-3　資産の比率など検討してみよう

（計算式）

　　受取勘定回転期間（月）＝受取勘定／「売上高」

　　【受取勘定＝「受取手形」+「売掛金」】

（計算式）

　　支払勘定回転期間（月）＝支払勘定／「売上高」

　　【支払勘定＝「支払手形」+「買掛金」】

（計算式）

　　受取勘定対支払勘定比率＝受取勘定／支払勘定×100（％）

　　【受取勘定＝「受取手形」+「売掛金」】

　　【支払勘定＝「支払手形」+「買掛金」】

（計算式）

　　現預金回転率＝「売上高」／「現金預金」

5-5-4 従業員1人当たりの効率を検討してみよう

(計算式)
　従業員1人当たりの営業利益率＝「営業利益」／「従業員数」
(計算式)
　従業員1人当たりの従業員給料＝「従業員給料」／「従業員数」

5-5-5 法人事業概況説明書の裏面を利用した経営分析

　図表4－4「月別売上高等の状況を把握するポイント」のとおり，裏面の下部分は月別の売上，仕入，外注費，人件費の状況となっている。

　このように，月別のデータも存在しているので，月別の売上，仕入などに注目し，月別の仕入高比率などや売上高の月別比較などを行うなどし，季節商品などの扱いに注目することができる。

図表4－4　月別売上高等の状況を把握するポイント

	月別	売上（収入）金額	仕入金額	外注費	人件費	源泉徴収税額		従事員数
		千円	千円	千円	千円	千円	円	千円	人
18 月別の売上高等の状況	月								
	月								
	月								
	月								
	月								
	月								
	月								
	月								
	月								
	月								
	月								
	月								
	計								
	前期の実績								

　この図表4－4を利用すれば月別の回転期間分析ができ効率が良い。なお，今回は，経営分析の基礎編であるので説明は別の機会とする。

6 むすび

　法人事業概況説明書を見ることにより，簡易な分析ができることが理解できたと考える。

　現時点では，他社比較の可能性は低いが，国税庁が所有する法人事業概況説明書データをビッグデータ化すれば，同業者比較が可能となる，これにより高度な経営分析が可能となり経営者が戦略・立案を作成するにあたってより有効な資料となるであろう。

　すなわち，自社の強み，弱みが把握でき，経営戦略を再構築できる。

　中小企業の経営指標等の信頼性の高い公表データ（統一した規定で作成された共通データ，全中小企業を対象として収集データ）はないため，中小企業において他社比較が容易にできないのでどうしても定性的分析にとどまり，定数的分析に基づく有効な経営改善が進まないのが現状であるため，共通項である「法人事業概況説明書」が活用できればより有効な経営分析ができると考える。

　今後は，可能な限り，中小企業の発展のためにも，国税庁はビッグデータとして開示すべきと考える。

第4章 『法人事業概況説明書』の活用による中小企業管理会計の可能性

【参考資料 Ⅰ-1】

法人事業概況説明書（税務署所管法人用）平成30年4月1日以後終了事業年度分（表面）

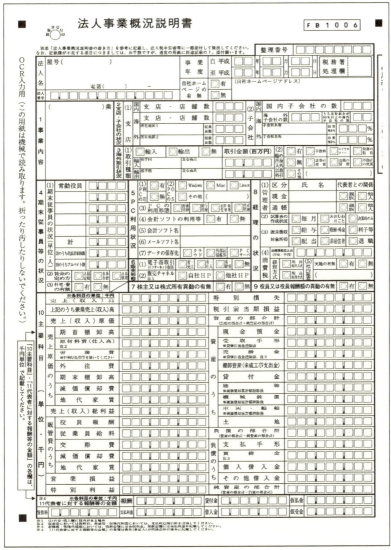

（出所）国税庁ホームページ（2018.4.30アクセス）
https://www.nta.go.jp/law/tsutatsu/kobetsu/hojin/010705/pdf/201601h022.pdf

【参考資料　Ⅰ－2】

法人事業概況説明書（税務署所管法人用）平成30年4月1日以後終了事業年度分（裏面）

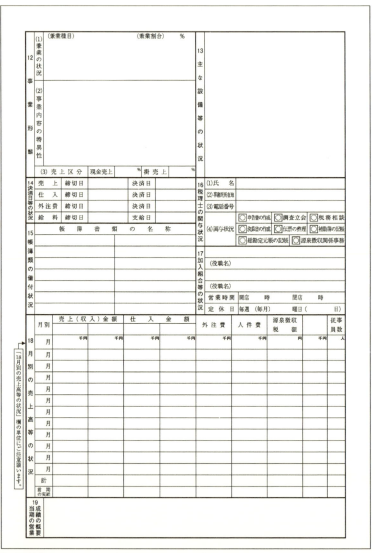

（出所）国税庁ホームページ（2018.4.30アクセス）
https://www.nta.go.jp/law/tsutatsu/kobetsu/hojin/010705/pdf/201601h022.pdf

第4章 『法人事業概況説明書』の活用による中小企業管理会計の可能性　75

【参考資料　Ⅱ－1】
法人事業概況説明書（税務署所管法人用）平成30年4月1日前終了事業年度分（表面）

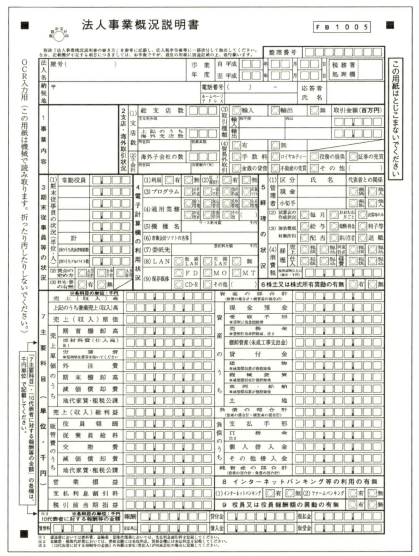

（出所）　国税庁ホームページ（2018.4.30アクセス）
https://www.nta.go.jp/law/tsutatsu/kobetsu/hojin/010705/pdf2/h022.pdf

【参考資料 Ⅱ-2】

法人事業概況説明書（税務署所管法人用）平成30年4月1日前終了事業年度分
（裏面）

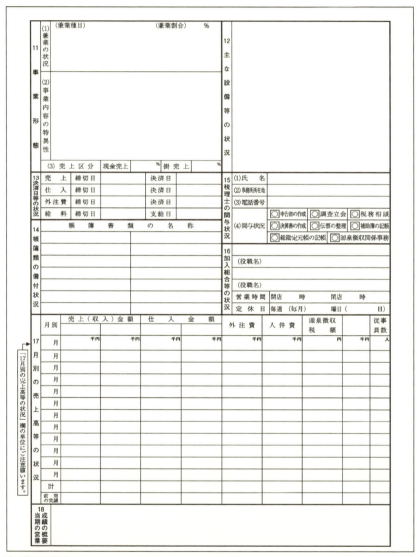

（出所）　国税庁ホームページ（2018.4.30アクセス）
https://www.nta.go.jp/law/tsutatsu/kobetsu/hojin/010705/pdf2/h022.pdf

【参考資料 Ⅲ】

法人税確定申告書を提出する際には、「法人事業概況説明書」を添付してください。

税務署

法人事業概況説明書の書き方

1 はじめに
(1) この「法人事業概況説明書の書き方」は、特に記載要領を明らかにしておく必要があると思われる項目のみを取りまとめたもので、記載事項の全てを説明しているものではありません。
記載に当たりご不明の点がありましたら、税務署へお問合せください。
(2) 記載を了した法人事業概況説明書は、他の書類とホチキス止め等をしないで、申告書に挟み込んでご提出ください。

> 平成30年4月1日以後終了事業年度分から、法人事業概況説明書の様式が改訂されますのでご留意ください。
> なお、改訂後の様式については、平成29年7月に国税庁ホームページ（www.nta.go.jp）に掲載を予定しています。

2 一般的留意事項
次の事項に留意して、黒のボールペン等で丁寧に記載してください。
(1) □の枠が設けられている数字の記載欄は、位取りを誤らないように注意して、1枠内に1文字を、右詰めで記載してください。
なお、桁あふれが生ずる場合は、枠を無視して記載してください。
(2) 金額は、千円単位（千円未満切捨て）で記載してください（「取引金額」欄については、百万円単位（百万円未満切捨て）で、「源泉徴収税額」欄については、円単位で記載してください）。
なお、千円未満（「取引金額」欄については、百万円未満）を切り捨てたことにより記載すべき金額がなくなった場合又はもともと記載すべき金額がない場合には、空欄のままとしてください。
(3) 記載すべき金額がマイナスのときは、その数字の一つ上の桁の枠内に「―」又は「△」を付してください。
なお、「▲」は使用しないでください。
(4) 複数の項目から該当項目を選択する欄については、該当項目の○内に○印を付して表示してください。

3 記載要領

記載欄			記載要領
1	事業内容		営む事業の内容を記載してください。 (注) 詳細は裏面「事業形態」欄に記載してください。
2 支店・海外取引状況	(1) 支店数	・総支店数 ・主な所在地	支店、営業所、出張所、工場、倉庫等の総数を記載するとともに、主要支店等の所在地を記載してください。
		・上記のうち海外支店数 ・所在国 ・従業員数	総支店数のうち、海外に所在する支店の数を記載するとともに、その主な所在国を記載してください。 また、海外支店において勤務する従業員数を記載してください。
	(2) 子会社		海外子会社の数を記載するとともに、その主な所在国を記載してください。 また、海外子会社に対する出資割合を記載してください（海外子会社が複数ある場合は、その出資割合が一番高いものを記載してください。）。
	(3) 取引種類		海外取引の有無（海外取引がある場合は輸入又は輸出の区分）を○内に○印を付して表示するとともに、貿易取引がある場合には、輸入及び輸出の区分ごとに主な相手国名及び取引商品名並びに取引金額を百万円単位で記載してください。 (注) 輸入及び輸出がいずれもある場合には、両方に○印を付してください。
	(4) 貿易外取引		貿易外取引の有無を○内に○印を付して表示するとともに、貿易外取引がある場合には、手数料等の取引内容について○内に○印を付して表示してください。 なお、掲記の貿易外取引以外のものがある場合には、「その他」に○印を付すとともに、（ ）内に取引内容を記載してください。

（出所） 国税庁ホームページ（2018.4.30アクセス）
http://www.nta.go.jp/taxes/tetsuzuki/shinsei/shinkoku/hojin/sanko/11.pdf

記載欄		記載要領
3 期末従事員等の状況	(1) 期末従事員の状況	常勤役員以下の空欄には該当の職種を記載するとともに、それぞれの人数を記載してください。 （職種の記載例） 　工員、事務員、技術者、販売員、労務者、料理人、ホステス等
	・計のうち代表者家族数	期末従事員のうち代表者の家族の人数を記載してください。 (注)　同居、別居は問いません。
4 電子計算機の利用状況	(1) 利用	電子計算機の利用の有無について、該当項目の☐内に○印を付して表示してください。 (注)　電子計算機とは、パーソナルコンピュータ（パソコン）、タブレット端末、オフィスコンピュータ（オフコン）、ワークステーション、メインフレームなどのコンピュータをいいます。
	(4) 適用業務	電子計算機の適用業務について、該当項目の☐内に○印を付して表示してください。 なお、掲記の適用業務以外のものがある場合には、「その他」に○印を付すとともに、（　　　）内に適用業務を記載してください。 (注)　電子計算機の利用形態(自己所有、リース、外部委託)にかかわらず記載してください。
	(5) 機種名	利用している電子計算機の機種の名称を記載するとともに、リースの場合にはそのリース料の月額を記載してください。
	(6) 市販会計ソフトの名称	市販会計ソフトを利用している場合にはその名称を記載してください。
	(7) 委託先	電子計算機の利用形態が外部委託である場合に、その委託先の名称等及び委託料の月額を記載してください。 (注)　電子計算機による処理業務以外の業務を併せて委託している場合で、その電子計算機による処理業務に係る委託料を区分できないときは、委託料の月額の記載を省略して差し支えありません。
	(8) LAN	社内でLANを使用している場合について、該当項目の☐内に○印を付して表示してください。
	(9) 保存媒体	データの保存媒体について、該当項目の☐内に○印を表示してください。 なお、掲記の保存媒体以外のものがある場合には、「その他」に○印を付すとともに、（　　　）内にその媒体を記載してください。
5 経理の状況	(1) 管理者	現金出納及び小切手振出しの管理責任者の氏名を記載するとともに、当該管理責任者と代表者との関係を該当項目の☐内に○印を付して表示してください。
	(3) 源泉徴収対象所得	当期の取り扱った源泉徴収の対象所得について、該当項目の☐内に○印を付して表示してください。
	(4) 消費税 ・経理	掲記の各項目の消費税の経理処理の方法を、それぞれの☐内に○印を付して表示してください。
	・当期課税売上高	当期の消費税の課税売上高を千円単位で記載してください。
6 株主又は株式所有異動の有無		自社の株主の異動又は株主間の持株数の異動の有無について、該当項目の☐内に○印を付して表示してください。

記載欄		記 載 要 領

7 主要科目		基本的には決算額によりますが、申告調整(申告書別表四又は申告書別表五(一)での加減算)がある場合には、「交際費」を除き、その調整後の額を記載するほか、以下に留意してください。
		なお、**千円単位**で記載してください。
		
		(1) 値引き、割戻し等がある場合の該当科目欄の記載は、それを控除した後の額を記載してください。
		(2) 退職金は、掲記の人件費に関する各科目には含めないでください。
		(3) 「労務費」欄には、福利厚生費等を除いた金額を記載してください。
		(4) 「交際費」欄には、交際費等の支出額の合計額を記載してください。
		(5) 「地代家賃・租税公課」欄は、支払地代家賃及び租税公課の合計額を記載してください。
		(6) 「受取手形」、「売掛金」は、貸倒引当金の控除前の額を記載してください。
		(7) 「受取手形」欄には、融通手形の額を含めないでください。
		(8) 「建物」、「機械装置」、「車両・船舶」は、減価償却累計額控除後の額を記載してください。
		(9) 「土地」欄には、借地権等の額を含めてください。
		(10) 「支払手形」欄には、固定資産の購入に係るもので区分可能なもの及び融通手形を含めないでください。
		(11) 「買掛金」欄には、原価性を有する未払金等を含めてください。
		(12) 「個人借入金」欄には、銀行・信用金庫・信用組合からの借入金以外の借入金の合計額を記載してください。
		(13) 「その他借入金」欄には、「個人借入金」欄に記載した以外の借入金の合計額を記載してください。
		(14) 「資産の部合計」欄は、「負債の部合計」欄と「純資産の部合計」欄の計と一致するよう検算願います。
		
		(注)1 不動産賃貸業における原価性を有する支払地代家賃・リース料は、「原材料費(仕入高)」欄に含めてください。
		    2 運送業における原価性を有する燃料費は、「原材料費(仕入高)」欄に記載してください。
		    3 金融業・保険代理業における原価性を有する支払利息割引料は、「原材料費(仕入高)」欄に記載してください。
		    4 金融業・保険代理業における未収利息は「売掛金」欄に記載してください。
		    5 金融業・保険代理業における未払利息は「買掛金」欄に記載してください。

8 利用の有無のインターネットバンキング等	(1) インターネットバンキング	インターネットバンキングの利用の有無について、該当項目の☐内に○印を付して表示してください。 (注) インターネットバンキングとは、インターネットを利用した金融機関の取引サービスをいいます。
	(2) ファームバンキング	ファームバンキングの利用の有無について、該当項目の☐内に○印を付して表示してください。 (注) ファームバンキングとは、1対1の専用(通信)回線を利用した金融機関の取引サービスをいいます。
9 役員又は役員報酬額の異動の有無		役員の異動又は役員報酬額の異動の有無について、該当項目の☐内に○印を付して表示してください。
10 代表者に対する報酬等の金額		同族会社の場合には、代表者に対する「報酬」、「賃借料」、「支払利息」、「貸付金」、「仮払金」及び代表者からの「借入金」、「仮受金」の額を**千円単位**で記載してください。

記載欄		記載要領
11 事業形態	（1） 兼業の状況	2以上の種類の事業を営んでいる場合に、従たる事業内容をできるだけ具体的に記載するとともに、売上（収入）高に占める兼業種目の売上高の割合を記載してください。
	（2） 事業内容の特異性	同業種の法人と比較してその事業内容が相違している事項を記載してください。
	（3） 売上区分	売上（収入）高に占める現金売上及び掛売上の割合を記載してください。
12 主な設備等の状況		事業の用に供している主な設備等の状況について、名称・用途・型・大きさ・台数・面積・部屋数等について以下を参照し、記載してください。 なお、申告書の内訳明細書等に記載がある事項については省略して差し支えありません。 （例） ○ 機械装置の状況には、名称・用途・大きさ・型・台数等について記載してください。 ○ 車両等の状況には、名称・用途・台数等について記載してください。 ○ 店舗等の状況には、店舗名・住所・延床面積・テーブル数・収容人員等について記載してください。 ○ 倉庫等の利用状況には、住所・延床面積・自社所有・賃貸等について記載してください。 ○ 客室等の状況には、広さ（畳）・部屋数・収容人員等について記載してください。 （注） 機械装置の用途は、製造（又は作業）の工程と関連させて記載してください。
14 帳簿類の備付状況		作成している帳簿類について記載してください。 （記載例） 受注簿、発注簿、作業（生産）指示簿、作業（生産）日報、原材料受払簿、商品受払簿、レジシート、売上日計表、工事日報、工事台帳、出面帳、運転日報、注文書、外交員日報、客別売上明細表、出面帳、予約帳、部屋割表、取引台帳、営業日誌等
15 税理士の関与状況		税理士の関与の状況について、該当項目の☐内に〇印を付して表示してください。 （注） 複数の税理士が関与している場合は、主な1名について記載してください。
16 加入組合等の状況		主な加入組合、団体等及び役職名等を記載してください。
17 月別の売上高等の状況		売上（収入）金額、仕入金額等の月別の状況を記載してください。 （注）1 複数の売上（収入）がある場合には、その主なもの2つについて、原価とともに記載してください。 2 「源泉徴収税額」欄の右側の空欄には掲記以外の主要な科目の状況を記載してください。 3 「人件費」欄には、その月の俸給・給与及び賞与の支給総額（役員に対するものを含む。）を記載してください。 4 「源泉徴収税額」欄は、「人件費」欄に記載した支給総額について、源泉徴収して納付すべき税額（年末調整による過不足額の精算をした場合には、精算後の税額）を円単位で記載してください。 5 「従事員数」欄には、その月の俸給・給与及び賞与の支給人員（役員を含む。）を記載してください。
18 当期の営業成績の概要		経営状況の変化によって特に影響のあった事項、経営方針の変更によって影響のあった事項などについて具体的に記載してください。 （注） 同様の内容を記載した別途の書類を作成している場合には、その書類を添付することにより、この欄の記載を省略して差し支えありません。

[参考文献]

大野俊雄．2018．『AIと複式簿記』神戸学院大学経営学論集第15巻第 1 号．
河﨑照行．2016．『最新　中小企業会計論』中央経済社．
坂本孝司．2018．『中小企業の財務管理入門第 2 版』中央経済社．
武田隆二．1994．『会計』税務経理協会．
武田隆二．2008．『会計学一般教程第 7 版』中央経済社．
田中弘編著．1999．『今日から使える経営分析の技法』税務経理協会．
古田清和．2006．『財務諸表の読み方・見方』商事法務．

[参考資料]

国税庁ホームページ　（2018年 4 月30日アクセス）
「法人事業概況説明書（税務署所管法人用）平成30年 4 月 1 日以後終了事業年度分」
https://www.nta.go.jp/law/tsutatsu/kobetsu/hojin/010705/pdf/201601h022.pdf
「法人事業概況説明書（税務署所管法人用）平成30年 4 月 1 日前終了事業年度分」
https://www.nta.go.jp/law/tsutatsu/kobetsu/hojin/010705/pdf2/h022.pdf
「法人事業概況説明書の書き方」
http://www.nta.go.jp/taxes/tetsuzuki/shinsei/shinkoku/hojin/sanko/11.pdf

（香山忠賜）

中小企業における同業者比較を活用した管理会計

1　はじめに

　平成30年10月国税庁発表の「平成29事務年度法人税等の申告（課税）事績の概要」によれば，法人税申告による黒字申告割合は34.2%である。約3社に1社が黒字申告である。中小企業の経営者も，自社の経営を安定させたい思いで必死に頑張っているが，この数値が現状である。

　このような現状において，経済産業省や中小企業庁も，中小企業の経営を支援する施策を出している。その中には，会計を活用して，経営者の意識改革を図ろうとするものがある。そこで，本章においては，中小企業のための初歩的な管理会計導入ともいえる施策の一例を紹介していくこととする。

　もちろん，既に中小企業でも，毎期作成する決算書を用いて，前期比較等で自社の経営数値の趨勢を把握し，経営改善策を検討している企業もある。さらに一歩踏み込めば，同業者との財務数値比較分析による管理会計を行っている企業もある。その詳細について触れていきたい。

2　経営革新等認定支援機関制度

　中小企業に管理会計を用いた視点で，助言をする機関の一つに「経営革新等認定支援機関」がある。中小企業を巡る経営課題が多様化・複雑化する中，中

小企業支援を行う支援事業の担い手の多様化・活性化を図るため，平成24年8月30日に「中小企業経営力強化支援法」が施行された。それにより中小企業に対して専門性の高い支援事業を行う「経営革新等支援機関」を国が認定するものである。この「経営革新等認定支援機関」は，略して一般的に「認定支援機関」といわれていることが多い。以下本文でも，認定支援機関という。

　税務，金融及び企業財務に関する専門的知識や支援に係る実務経験が一定レベル以上の個人，法人，中小企業支援機関等を，国が認定支援機関として認定し，中小企業が安心して経営相談等を受けることができるような環境作りが進みつつある。税理士・税理士法人，商工会・商工会議所，金融機関，公認会計士，弁護士，中小企業診断士のうち，国に申請して認定されたものが認定支援機関となっており，執筆現在の直近では，平成30年10月31日に第52号の認定が行われ，新たに1,070機関が加わり，認定支援機関数は総数31,411機関となっている。

　認定支援機関が提供する主な支援内容には次のようなものがある。
1．経営革新等支援及びモニタリング支援等
　① 経営の「見える化」支援
　② 事業計画の策定支援
　③ 事業計画の実行支援
　④ モニタリング支援
　⑤ 中小企業・小規模事業者への会計の定着支援
2．その他経営改善等に係る支援全般
　中小企業・小規模事業者の経営改善（売上増等）や創業，新事業展開，事業再生等，中小企業・小規模事業者が抱える課題全般に係る指導及び助言
3．中小企業支援施策と連携した支援
　国等による中小企業等支援施策に基づく補助金，融資制度等を活用する中小企業・小規模事業者の事業計画等策定支援やフォローアップ等

　中小企業庁のホームページでは，産業局エリアごとに経営革新等支援機関認定一覧が掲載されている。助言を受けたい中小企業は，その一覧から入っていくことにより，各市町村レベルまで地元の認定支援機関を検索することができる。

(参考) 中小企業庁ホームページ　経営革新等認定支援機関一覧
　　　　http://www.chusho.meti.go.jp/keiei/kakushin/nintei/kyoku/ichiran.htm

3　経済産業省推奨のローカルベンチマーク

　中小企業における管理会計の活用を推進する施策に，経済産業省が推奨するローカルベンチマークがある。これは，同業者との財務数値比較分析による管理会計の活用をしようとするものである。このローカルベンチマークは，企業の経営状態の把握，いわゆる「健康診断」を行うツール（道具）として，企業の経営者等や金融機関・支援機関等が，企業の状態を把握し，双方が同じ目線で対話を行うための基本的な枠組みであり，事業性評価の「入口」として活用されることが期待されている。具体的には，経済産業省のホームページにアップされている「参考ツール」を活用して，「財務情報」（6つの指標）と「非財務情報」（4つの視点）に関する各データを入力することにより，企業の経営状態を把握することで経営状態の変化に早めに気付き，早期の対話や支援につなげていく効果があるとされている。ここでいう6つの指標とは，①売上高増加率（売上持続性），②営業利益率（収益性），③労働生産性（生産性），④EBITDA有利子負債倍率（健全性），⑤営業運転資本回転期間（効率性），⑥自己資本比率（安全性）である。また，4つの視点とは，①経営者への着目，②関係者への着目，③事業への着目，④内部管理体制への着目である。図表5－1の資料がその見本である。

　自社の6つの財務指標が点数化され，その総合評点によりAからDランクに区分される。レーダーチャートで財務分析結果が見える化されている。同業種の基準値とどのくらい乖離があるかを見て，財務数値からみた自社の強み弱みを認識する。さらに，認定支援機関が4つの視点でヒアリング等を実施し，経営者に今後，自社の弱みを克服するためにはどうすればよいか等を考えるきっかけ作りの場を提供する。このようにして，中小企業の経営改善に用いられることが期待されている。

第5章　中小企業における同業者比較を活用した管理会計

図表５−１　ローカルベンチマークの見本

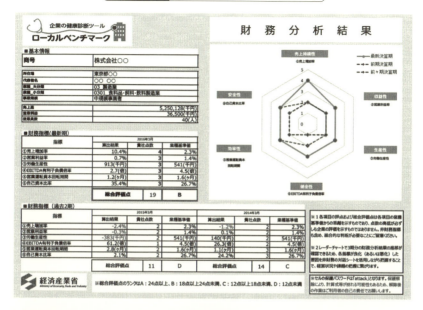

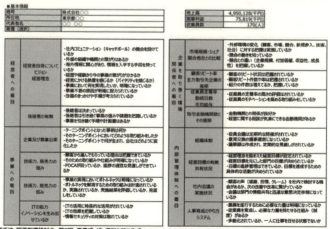

（出所）　ローカルベンチマーク「参考ツール」利用マニュアル（2016年3月）経済産業省経済産業政策局産業資金課。

4　TKC経営指標

　経済産業省推奨のローカルベンチマークのほかにもTKC全国会が発行している『TKC経営指標』(BAST：Business Analyses & Statistics by TKC) を活用した同業者との財務数値比較分析による管理会計活用例もある。ただ，こちらはTKC全国会の会員とTKC全国会との覚書締結金融機関のみ参照することができるデータである。これは，TKC会員が，関与先企業の業種を日本産業分類コードに基づき入力し，TKCシステムを利用して毎期作成する決算書に同業他社比較データが印字される仕組みとなっている。ローカルベンチマークより多数の経営指標があり，しかも日本産業分類の細分類ごとに同業者比較ができるのが特徴である。『TKC経営指標』で使用されている経営分析値とその計算式は図表5－2のようになっている。

図表5－2　『TKC経営指標』で使用されている経営分析値とその計算式

	経営指標名	計算式
収益分析	総資本経常利益率（％）	経常利益÷総資本×100
	売上高経常利益率（％）	経常利益÷純売上高×100
	総資本回転率（回）	純売上高÷総資本
	売上債権回転期間（日）	売上債権÷純売上高×365
	たな卸資産回転期間（日）	たな卸資産÷純売上高×365
	買入債務回転期間（支払基準）（日）	買入債務÷仕入代金支払高×365
生産性分析	1人当り売上高（千円／年）	純売上高÷平均従事員数
	1人当り限界利益（千円／年）	限界利益÷平均従事員数
	1人当り人件費（千円／年）	人件費（当期労務費＋販管人件費）÷平均従事員数
	労働分配率（限界利益）（％）	人件費（当期労務費＋販管人件費）÷限界利益×100
	1人当り経常利益（千円）	経常利益÷平均従事員数

安全性分析	流動比率（％）	流動資産÷流動負債×100
	当座比率（％）	当座資産÷流動負債×100
	預金対借入金比率（％）	預金÷借入金×100
	借入金対月商倍率（月）	借入金÷（純売上高÷12）
	固定比率（％）	（固定資産＋繰延資産）÷自己資本×100
	固定長期適合率（％）	（固定資産＋繰延資産）÷（固定負債＋自己資本）×100
	自己資本比率（％）	自己資本÷総資本×100
	経常収支比率（％）	経常収入÷経常支出×100
	実質金利率（％）	（支払利息割引料－受取利息割引料）÷（借入金－定期預金）×100
債務償還能力	ギアリング比率	有利子負債÷自己資本×100
	自己資本額（千円）	自己資本
	債務償還年数（年）	（有利子負債－運転資金－現預金）÷（経常利益－法人税等＋減価償却費）
	インタレスト・カバレッジ・レシオ（倍）	（営業利益＋受取利息・配当金）÷支払利息割引料
	償却前営業利益（千円）	営業利益＋減価償却費合計
損益分岐点分析	損益分岐点売上高（千円／年）	（固定費）÷｛1－（変動費÷純売上高）｝
	経営安全率（％）	｛1－（損益分岐点売上高÷純売上高）｝×100
	限界利益率（％）	｛1－（変動費÷純売上高）｝×100
	固定費（千円／年）	固定費実績累計額
	固定費増加率（％）	今期固定費÷前期固定費×100

（出所）平成30年版『TKC経営指標』TKC全国会より　筆者加工。

　この日本産業分類の細分類レベルでの同業者数値との自社の財務数値比較は，強み弱みがよくわかる。筆者も認定支援機関として，TKC経営指標を活用し，顧問先の経営助言をすることがある。例えば，同業の製造業者と比較して，限界利益率が悪い場合は，売上高が低いのか，それとも製造原価が高いのかを分

析してみる。さらに製造原価が高いのなら，材料仕入高が高いのか，外注加工費が高いのか，製造原価の減価償却費が高いのか，あるいは製造過程でロス率が高いのか等々，その原因がどこにあるかを見出していく。そして，経営者に質問をして，思い当たる原因を克服するためには，どのような施策があるのかを一緒に考えていく。

ここで注意しなければならないことがある。日本産業分類の細分類がその会社と比較する財務数値に的確に当てはまることもあれば，そうでないこともある。中小企業でも，多角化して複数業種での商売が構成されていたり，多品種の商品を扱っていることも考えられる。例えば，メインの本業は婦人服小売業であるが，店頭で日用品販売も併用していたり，自社所有ビルの一部を他社に賃貸したりしている場合等は，メインの婦人服小売業だけで財務数値比較はできない。このような場合は，部門別会計を実施することを促し，婦人服小売部門，日用品小売部門，不動産賃貸部門等に区分して，数値比較することが有効となる。このような地道な助言活動こそ，管理会計を用いた中小企業における経営改善であると考える。

TKC会計人は，毎月企業に出向いて，企業の方と対話をして，現場で証憑書類と会計帳簿を確認する。そして，毎月，試算表を作成し，その正確性と適法性を検証した会計帳簿の作成を心がけている。そのような指導の結果，中小企業経営者が会計数値に興味を持ち，自身の会社の資産状態，経営状態を振り返りながら経営を行う好循環ができあがる。TKC全国会では，このような活動を推奨し，「会計で会社を強くする」をスローガンとしている。その結果，『TKC経営指標』のデータで見る黒字企業の割合は，平成30年版では，黒字企業52.9％となっている。

さらにこの黒字企業割合を細かく分析してみると，TKC経営指標平成30年版12頁掲載の売上規模別黒字割合は下記図表5-3となっている。

第5章 中小企業における同業者比較を活用した管理会計

図表5－3 『TKC経営指標』平成30年版　売上規模別黒字割合

年	年間売上高区分	0.5億円未満	0.5億円～1億円	1億円～2.5億円	2.5億円～5億円	5億円～10億円	10億円～20億円	20億円～30億円	30億円以上	計
平成29年	構成比（％）	40.3	19.5	20.9	9.7	5.4	2.6	0.8	0.8	100.0
	黒字企業割合（％）	36.4	52.1	62.7	73.1	79.6	83.5	87.0	89.2	52.9
平成28年	構成比（％）	40.4	19.6	20.8	9.7	5.4	2.6	0.7	0.8	100.0
	黒字企業割合（％）	35.6	51.2	62.1	71.9	78.5	82.9	87.6	87.9	52.0

（出所）『TKC経営指標』平成30年版12頁より　筆者一部加筆

　これを見ると，売上規模が大きい企業ほど，黒字企業割合が増加していることが分かる。売上高が少ないと経営も不安定になることが顕著にうかがえる資料である。

5　早期経営改善計画

　ローカルベンチマークを取り入れた中小企業庁の施策に，早期経営改善計画策定支援事業がある。この早期経営改善計画策定支援事業とは，資金繰り管理や採算管理等により基本的な内容の経営改善の取り組みを必要とする中小企業・小規模事業者を対象として，認定支援機関が資金実績・計画表やビジネスモデル俯瞰図等の策定を支援するものである。そして，この計画書を金融機関に提出することを端緒にして，経営者が自社の経営を見直し，早期の経営改善につなげようとするものである。

　筆者は，早期経営改善計画の効果は，経営者が真剣に経営計画を考えるきっかけが創出されるところにあると考える。中小企業は，毎期，決算書を作成し，税務申告をしている。ただこれだけで終わりという中小企業も少なくない。しかし，それだけでは，せっかくの会計から得られた数値が活かされていない。

会計から得られた財務数値を時系列に並べて分析するようになれば，経営者に自社の経営改善への気づきがもたらされる。前期比，前々期比というように財務数値を並べると自社の趨勢がより鮮明に見えてくる。その趨勢から未来の値を想定し，経営計画を作成する。ただ，すべての企業が，経営計画を立て，将来の企業経営の羅針盤となる基礎を作れているかといえばそうでもない。確かに，経営計画が無くても，企業経営は可能である。しかし，行き当たりばったりの経営ではなく，より確実に経営管理をするならば，やはり経営計画や管理会計手法の活用が必要であろう。

そこで，時系列に並べた過去実績をもとに，経営者が，認定支援機関からも助言を受け，今後の行動計画を考え，そこから導き出される売上高の伸びや経費の増減を組み合わせ，経営計画を練る。さらに，経営計画を絵に描いた餅にせず，行動計画も立てる。いつ，社内のどの担当者が，どのように実行するのかのアクションプランを定める。そして，計画が実行されたかどうかを，モニタリングし，PDCAサイクルを回す。経営計画の進捗をモニタリングすることが織り込まれているので，その習慣が身につけば，企業業績は良くなる。早期経営改善計画作成支援事業は，経営計画の活用が不十分だった中小企業が，経営計画の活用に目を向けるきっかけ作りに貢献するものであると考える。

また，その経営計画を外部のメインバンクである金融機関に提出し，モニタリング報告もすることで，経営者が真剣に計画策定や行動計画の遂行に取り組むようになる。同時に，金融機関側も金融庁がいう事業性評価の一環にも対応できることになる。ここでいう事業性評価は，金融庁が出した平成26事務年度金融モニタリング基本方針の重点施策に書かれており，「金融機関は財務データや担保・保障に必要以上に依存することなく，借り手企業の事業の内容や成長可能性などを適切に評価する。」といった趣旨のものである。金融機関も認定支援機関の一つとして，当該企業内容を熟知したうえで，融資や助言を行い，企業の成長を支援することが求められている。

6 むすび

上述してきたように，認定支援機関の支援のもと，中小企業においても管理

会計数値と同業他社比較数値を参考にし，自社を見直すことにより，更なる経営改善をしていこうという動きが，昨今の経済産業省や中小企業庁からの施策にも盛り込まれてくるようになってきた。経営資源に制約があるといわれる中小企業でも，管理会計の手法を用いて経営判断に活用し，安定経営を目指す企業がさらに増加していくことを期待する。

[参考文献]

金融庁．2015.「知ってナットク！中小企業の資金調達に役立つ金融検査の知識」．
経済産業省経済産業政策局産業資金課．2016.「ローカルベンチマーク「参考ツール」利用マニュアル」．
国税庁．2018.「平成29事務年度法人税等の申告（課税）事績の概要」．
TKC全国会．2018．平成30年版『TKC経営指標』．

[参考資料]

中小企業庁ホームページ　経営革新等認定支援機関一覧（2018年11月27日アクセス）
(http://www.chusho.meti.go.jp/keiei/kakushin/nintei/kyoku/ichiran.htm)

（山本清尊）

第6章

中小企業におけるライフサイクル・コスティングの導入可能性

1 はじめに

　ライフサイクル・コスティング（Life Cycle Costing；以下 LCCing という）は1960年代にアメリカ国防総省で開発された原価計算手法であり，日本でも1970年代から日本プラントエンジニア協会（現在の日本プラントメンテナンス協会）が中心となり産業界への普及が図られた[1]。国際電気標準会議（International Electrotechnical Commission：IEC）の定義に従えば LCCing とは，「必要とされる機能上の要求を満たしつつ，所有者が負担するコストを最小化するような調達の意思決定を実現するために，製品ライフサイクルの全体または一部で発生するコストを評価する経済的な分析プロセス」（IEC 2017, 7）と定義される。LCCing を用いて調達の意思決定を実施することによって，取得コストだけではなく，維持管理（メンテナンス）コストや廃棄コストなども含めたライフサイクル・コスト（Life Cycle Cost；以下 LCC という）を考慮した経営意思決定が可能となるだけでなく，LCC を構成するコスト間のトレード・オフ分析を通じたコストマネジメントも可能となる。特に，使用期間が長期間にわたり膨大な維持管理コストが発生する建物や機械設備などへの設備投資では，

---

[1] アメリカ国防総省において LCCing が開発された背景，導入の経緯及び1960年代の動向については岡野（2003），中島（2012）において詳述している。また，日本プラントエンジニア協会を中心としたわが国産業界への LCCing の導入経緯については中島（2014）で詳述している。

LCCingの導入によって得られる効果が高いと考えられる。

　設備投資の意思決定で一般に活用される方法として，回収期間法，内部利益率法，正味現在価値法などに代表される設備投資の経済性計算がある。設備投資によって発生するキャッシュインフローとキャッシュアウトフローを比較して代替案を評価することの意義は十分に認められ，実務にも浸透した手法であることは確かである。しかし，設備投資の経済性計算の諸手法では，キャッシュアウトフローが意味するのは取得コストであり，LCCではない。取得コストに対する維持管理コストの比率が大きい設備投資を行う場合には設備投資の経済性計算だけでは不十分な点があることが否めない。このようなケースでは設備投資の経済性計算と並行してLCCingの導入を検討する意義が十分にあると考えられる。

　ヒト・モノ・カネ・情報の経営資源に制約がある中小企業にとって，LCCingを導入することは決して容易ではない。それは後述する近年実施された各種のアンケート調査の結果からも明らかである。しかしながら，設備投資にLCCingを導入することによって，短期的にはより多くのコストと手間がかかるのは事実だが，長期的に見れば維持管理コストの削減という非常に大きなメリットが期待できるのも事実である。

　本稿の目的は，先行研究レビューをふまえたうえで，特に日本の中小企業にLCCingを導入するための方策について考察することである。具体的には，LCCingの導入に際して，ファシリティマネジメント（Facility Management；以下FMという）を先行導入し，FMに対する取り組みがある程度進展した段階でLCCingの導入を開始し，LCCの計算範囲，適用範囲及び精度を段階的に高めていくモデルを提示する。

2　中小企業におけるLCCingに対する取り組みの現状と課題

2-1　アンケート調査

　中小企業に対して，LCCingを導入及び活用しているかどうかについて調査した研究成果として，本書の第3編で取り上げる3つのアンケート調査，すな

わち「燕三条・大田区・東大阪地域の中小企業における管理会計実践に関する実態調査」(第14章),「北海道苫小牧地域の中小企業における管理会計実践に関する実態調査」(第15章)及び「中小企業に対する管理会計の導入・活用支援に関する実態調査報告:税理士を対象として」(第16章)がある。なお,アンケート調査の詳細については本書の該当章を参照されたい。

「燕三条・大田区・東大阪地域の中小企業における管理会計実践に関する実態調査」では,3地域の中小企業に対して現在導入している管理会計手法について問う質問があり,その中にLCCing(LCC管理)が含まれている。東大阪地域の1社のみがLCCing(LCC管理)を活用していると回答している。

また,「北海道苫小牧地域の中小企業における管理会計実践に関する実態調査」では,「燕三条・大田区・東大阪地域の中小企業における管理会計実践に関する実態調査」と同様の質問票を用いて,苫小牧市の中小企業を対象にアンケート調査を実施している。サービス業の中にLCCing(LCC管理)を活用していると回答した企業が1社あった。

最後に,「中小企業に対する管理会計の導入・活用支援に関する実態調査報告:税理士を対象として」では中小企業の経営を支援する立場にある全国の税理士を対象にアンケート調査を実施し,実際に導入・活用を支援している管理会計手法について問う質問と,税理士の立場で学習が必要だと考えている管理会計手法について問う質問がそれぞれあり,管理会計手法の中にLCCing(LCC管理)が含まれている。前者の質問ではLCCing(LCC管理)の導入支援をしていると回答した税理士は4名(1.32%)であったが,後者の質問では61名(20.07%)がLCCing(LCC管理)の学習が必要と回答している。後者の質問では活動基準原価計算や原価企画を挙げた税理士よりもLCCing(LCC管理)を挙げる税理士が多くなっており,税理士の間でもLCCing(LCC管理)に対する注目が高まりつつあることが明らかになった。

中小企業を対象にした調査ではないが,中小企業におけるLCCingの導入可能性について考察を深めるうえで参考になる研究成果として中島(2017)がある。2016年1月から2月にかけて,LCCingの導入及び活用状況の把握に特化した質問票を用いて,東証一部上場企業から製造業を中心に1,004社を対象にアンケート調査を実施し,回答企業は49社(質問票の回収率4.88%)であった。

第6章 中小企業におけるライフサイクル・コスティングの導入可能性

以下では,紙幅の都合もあるので,LCCingに対する認識(図表6－1),LCCingの活用状況(図表6－2)及びLCCingに取り組んでいない要因(図表6－3)に関する回答結果について検討する。

図表6－1　LCCingに対する認識(Q1-1)(n＝49)

選択肢	回答数
1．具体的な内容も含めてよく知っている	1社
2．用語自体は知っていて,具体的な内容も若干知っている	6社
3．用語だけは聞いたことがある	15社
4．用語自体知らない	27社

(出所)　中島(2017,99)

図表6－2　LCCingの活用状況(Q5)(n＝48)

選択肢	回答数
1．全社的に頻繁に活用している	0社
2．特定の部署等で頻繁に活用している	3社
3．特定の部署等でまれに活用している	6社
4．LCCingという用語は用いていないが実質的に同様のことを行っている	6社
5．活用していない	33社

(出所)　中島(2017,102)

　図表6－1と6－2より,東証一部上場企業のような大企業であってもLCCingに対する認識は低く,活用している企業もごくわずかであることが明らかになった。また,図表6－3より,LCCingを導入するにあたり,具体的な進め方がわかりにくいことやデータが十分に揃わないことが障壁となっていることが明らかになった。中島(2017)は東証一部上場企業を対象とした主に大企業に対する調査であったが,この調査で明らかになった事実は,中小企業にLCCingの導入を検討する場合でも共通する項目が多くあると考えられる。

図表6-3 現状でLCCingに取り組んでいない要因（Q14）（n=39）[2]

選択肢	1番目	2番目
1．具体的な進め方がよくわからない	17社	5社
2．必要なデータが揃わない	2社	8社
3．必要な人材が揃わない	0社	2社
4．企業のトップが理解を示さない	0社	2社
5．LCCingから得られるデータに信頼性が持てない	0社	0社
6．数年以上先のことを考えられない，もしくは考えていない	3社	3社
7．自社が販売する製品や調達する設備等にはLCCingの考え方が適用できない	8社	3社
8．その他	9社	2社

（出所）中島（2017, 107）

2-2 インタビュー調査

　日本国内の先行研究では，中小企業を対象としたLCCingに関するインタビュー調査は筆者が調査した限りでは見当たらないが，海外の研究成果として，ポーランドの中小企業50社に対してインタビュー調査を行ったSelech et al.（2014）と，オランダの中小企業で住宅販売業を営むVeteka社にインタビュー調査を行ったKemps（2012）がある。

　Selech et al.（2014）では非営利組織である"The Polish Centre for life cycle assessment"に加盟するポーランドの中小企業50社に共通の質問項目でインタビュー調査を実施し，LCCの算定を行っていると回答した45社（従業員9名以下が14社，従業員10～49名が22社，従業員50～250名が9社）に対する調査結果をまとめている。この調査結果によれば，LCCの有用性を6段階（0：まったく有用性を感じない～5：有用性を非常に感じる）で評価した質問では平均点が3.48点に達し，多くの中小企業ではLCCに対する関心が高い。また，LCCの算定を行うにあたり最も困難に感じる項目は何かという質問に

---

[2] LCCingに取り組んでいない要因として1番目に該当する項目と，2番目に該当する項目をそれぞれ回答する形式で質問を行っている。

対して，回答企業の約73％は「特にない」と回答し，「ライフサイクル・コストの算定に関するデータ収集」（約18％），「ライフサイクル・コストの考え方の理解」（約11％）が続いているが，この点も中島（2017）の調査結果とは全く異なっており興味深い（Selech et al. 2014, 1119-1124）。

Kemps（2012）ではVeteka社に継続的にインタビュー調査を実施することによって，特に同社が物品の調達を検討するプロセスでLCCingがどのように貢献しているかについて考察し，LCCingは同社の調達プロセスの改善に貢献していることを明らかにしている。また，中小企業にLCCingを導入する場合には，一般的なテキストに記述されているLCCingのプロセスをすべて理解し，マスターしようとすることは避けて，できるだけ計算構造をシンプルにしたうえで，LCCingを実施することによって得られる結果のプレゼンテーション方法を工夫すると成功につながることが示されている（Kemps 2012, 36-48）。

3 中小企業におけるLCCing導入に向けた考察

3-1 段階的適用と選択的適用

本橋（2015）によれば，経営資源が必ずしも十分ではない中小企業に対して管理会計導入を考える場合，当該企業の業種・業態や，投入できる資金に応じて，コンパクトな管理会計システムを導入することが現実的で最も妥当であるという（本橋 2015, 55）。この考え方に従えば，前節の実態調査結果やKemps（2012）の検討でも確認したように，大企業も含めてほとんど活用実績がないLCCingを中小企業に導入する場合，最初からフルスペックのLCCingを導入しようとすることは現実的ではない。ヒト・モノ・カネ・情報の経営資源で制約が大きい中小企業の場合，コンパクトなLCCing，すなわちLCCの算定対象を限定し，算定式も簡略化したLCCingの導入からスタートし，専門知識を有する人材の育成，データベースの蓄積などによって習熟度が高まるにつれて段階的にLCCingに対する取り組みレベルを高めて，フルスペックのLCCingへと近づけていくことが中小企業の実状を鑑みた現実的な対応といえる。

具体的には図表6－4に示すように，LCCingに対する取り組みをレベル別

に5段階に分類して,レベル0からレベル4に向けて順次,段階的に取り組み内容を向上させていくことを提起する。このような段階的な取り組みを進めることで,LCCing の実施に向けて必要となるヒト・モノ・カネ・情報の経営資源も段階的に整備していくことが可能となる。

図表6－4　LCCing のレベル別取り組み

レベル	具体的な LCCing の取り組み内容
レベル0 準備段階	LCCing の基本的な考え方や具体的な LCC の構成要素について学び,LCCing の導入に向けた準備を進める。
レベル1 小規模 LCCing	購入額が小さく,かつ使用期間も比較的短いため,LCC の算定が容易な社用車や小規模な機械設備の調達に際して,LCCing を活用して調達の意思決定を行う。
レベル2 簡易的 LCCing	取得コストと,予測可能な維持管理コスト(定期点検,修繕計画に基づく修繕など)を計算し,両者の対比によってレベル1よりも規模の大きな設備投資の意思決定を行う。
レベル3 標準的 LCCing	維持管理コストをできるだけ詳細に計算し,算定可能な範囲で運用(オペレーティング)コストと廃棄コストも計算したうえで,取得コストとこれらのコストとのトレード・オフ分析を活用しながら設備投資の意思決定を行う。
レベル4 応用的 LCCing	レベル3で算定した各コストについてより精緻な見積りを目指すとともに,環境保全対策コストや安全対策コストも加味したLCC に基づいてトレード・オフ分析を実施して設備投資の意思決定を行う。割引率を適切に見積ることができる場合には,これらLCC の算定に反映させる。

(出所)筆者作成。

Kemps (2012)で指摘されているように,中小企業で LCCing を導入しようとする場合には,経営者が LCCing の導入効果や有用性を実感し,導入に向けたモチベーションを高めることが重要になる。そのためには,導入の初期段階ではできるだけシンプルな計算構造で,かつ導入に向けた障壁が低いと感じられるようなシステムであることが不可欠である (Kemps 2012, 48-49)。

また,LCCing は原価計算の中でも特殊原価調査に相当するものであるから,

必ずしもすべての設備投資の意思決定に対して一律に適用する必要はない。特に維持管理コストや運用コストの負担が大きいと予想される設備投資に対して限定的に適用することも可能である。

3-2 FMへの注目

　中島（2017）の調査結果からも明らかなように，LCCingに取り組む場合の課題として，具体的にどのような手続きによってLCCingを実施するか，そして必要なデータをどのように入手するかという問題に直面する。この問題を解決する手掛かりの一つとして，FMに注目する。

　FMとは，「企業，団体等が組織活動のために施設とその環境を総合的に企画，管理，活用する経営活動」（FM推進連絡協議会編2009，3）と定義され，FMのフレームワークの一つとして，「ライフサイクルマネジメント」が掲げられており，LCCはFMにおける重要な考え方の一つに位置づけられている。FMは主たる適用対象が施設（オフィスビル，工場など）に限定されているものの，コストだけではなく品質，施設利用者の満足度，環境負荷の軽減などの多様な観点から経営効率の向上を目指すものであり，参照すべきマニュアルや情報が豊富に整備されているという特徴がある。また，FMを実践するうえで必要となる保有施設の保全，修繕及び長寿命化等に関する様々な情報は，LCCingにおいて維持管理コストを算定するうえでも活用可能なものが多いことから，FMを導入して取り組みを進めていくことは，結果的にLCCingを実施する体制を整備することにもつながりうる。

　FM推進連絡協議会（2003）によれば，FMはいきなり高度に実施できるものではなく，経験と学習そして自己改革によって成長していくものであるという。同協議会は，FMを進展段階に応じて，図表6-5に示すように第1段階の初期的FM，第2段階の部分的FM，第3段階の統括的FM，第4段階の先進的FMというように分類し，それぞれの段階での具体的な取り組み内容である業務水準と，到達目標である目標水準を示している。第3段階の統括的FMの財務目標の中で「ライフサイクルコストへの注目」という文言が見られるが，同協会によれば統括的FMでようやくFMを実施しているといえるレベルとなり，FMの標準業務で想定している段階であるという（FM推進連絡

協議会編 2003, 76-77)。

　図表6-5より，LCCingの導入に際して，FMを先行的に導入して第1段階の初期的FMと第2段階の部分的FMの取り組みを進めて，FMで得たノウハウやデータをLCCingに活用することが効果的であるとわかる。このことを具体的に表した事例として，地方自治体（地方公共団体）における公共施設マネジメントの取り組みが挙げられる。公共施設の多くが近年更新時期を迎えているため，維持管理コストの削減や長寿命化の観点からFMやLCCに対する注目が集まっている。筆者が2016年から2017年にかけて全国17の地方自治体の公共施設マネジメント担当部署に行ったインタビュー調査では，LCCの取り組みが比較的進んでいる地方自治体では，FM担当部署を設置したうえで専門的知識を有する人材を配置し，FMで得たノウハウやデータをLCCの算定に役立てている事例がみられた[3]。これらは地方自治体の事例であるから必ずしも中小企業にそのまま当てはまるとは限らないが，FMを先行導入することは，FMの実施を通じて得られた知見やデータをLCCingの適用に活かすことができることから，LCCingを単独で導入しようとする場合と比べて有効であると考えられる。

図表6-5　FMの進展段階

	段階	初期的FM	部分的FM	統括的FM	先進的FM
FM業務別水準	戦略・計画	●事業部門要求に伴う計画の策定	●事業別・機能別のFM戦略と計画の策定	●全社的FM戦略・計画の策定 ●FM目標の設定	●経営戦略と連動したFM戦略の策定 ●FM戦略立案手法の確立（シナリオプランニングなど）

3　インタビュー調査の詳細については中島（2018）を参照されたい。

FM業務別水準	プロジェクト管理	●プロジェクト単位の管理体制	●FM部門による部分的な要求条件のまとめとプロジェクト評価	●要求条件のまとめ ●プロジェクトの評価選定手法の確立（基本計画のまとめ）	●知的生産性向上のための要求条件と評価方法の開発 ●オルタナティブワークプレイスの導入
	運営維持	●定常的運営維持 ●課題発生箇所の修理／修繕	●施設別運営維持の標準と仕様の設定 ●主要施設長期修繕計画の策定 ●マニュアル・規程の設定	●全社の運営維持標準の設定 ●主要施設の中長期改修計画の設定と実施 ●全社マニュアル・規程の設定 ●利用者へのサービスの提供	●ファシリティ評価体制の確立（FM品質管理体制） ●LCMなどによる長期運営維持の体制 ●質の高いサービスの提供
FM目標別水準	財務目標	●施設別のファシリティコストの把握と管理	●部分的なファシリティコスト管理（事業部別／要素別） ●投資評価の導入	●コストセンター（ファシリティコストの一元的な把握と管理） ●高度投資評価方法の導入 ●ライフサイクルコストに着目	●プロフィットセンター（戦略的賦課方法）（資産の高度利用） ●高度投資評価方法の確立 ●施設の長寿命化対策
	品質目標	●ファシリティの質の現状維持	●情報化施設装備 ●ファシリティ評価の導入 ●ファシリティ標準の導入	●知的生産性への取り組み ●全ファシリティ標準の制定 ●全ファシリティの定期的評価 ●地域・環境保全への貢献	●知的生産性向上の策定 ●FM品質管理体制の確立（品質評価サイクルが機能） ●ワークプレイスブランディングへの意識
	供給目標	●施設別のスペース有効利用 ●施設別の需給対応	●事業部門別の需給計画 ●事業部門別施設の利用状況と遊休施設把握	●全社需給計画 ●全施設の利用状況と遊休状況の把握	●全社の戦略的需給計画 ●全施設の利用状況と遊休状況の把握（ポートフォリオなど）

(出所) FM推進連絡協議会編 (2003, 76)

4　中小企業におけるLCCing導入モデルの提案

4-1　導入モデルの概要

図表6-4で検討したLCCingのレベル別取り組みと，図表6-5で検討したFMの進展段階を組み合わせることで，中小企業におけるLCCingの導入モデルとして，図表6-6に示すようなモデルが考えられる。

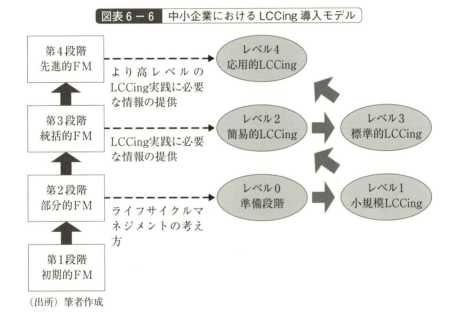

図表6-6　中小企業におけるLCCing導入モデル

(出所) 筆者作成

図表6-6から明らかなように，まずFMを先行導入し，第2段階の部分的FMまで進み，ライフサイクルマネジメントの考え方が企業内に定着した時点でLCCingの導入に着手する。第3段階の統括的FMへと進むための取り組みを進めつつ，LCCingのレベル0の準備段階とレベル1の小規模LCCingを実践する。レベル2の簡易的LCCingへと進んだ時点では，FMが第3段階の統括的FMへと進んでいるため，LCCingを実施するために必要と

なる保全や修繕に関するデータを入手できる体制が整備されていることになる。このようにFMを先行導入することで，LCCingの実施に必要なデータを随時提供することが可能になることに加えて，LCCも含めたファシリティ（施設）に関する様々な情報を一元化して管理することも可能になるメリットがある。

4-2 期待される導入効果

① 取り組みの開始時点を自由に設定できてロードマップが描きやすい

　図表6-6ではFMの第1段階である初期的FMからスタートしているが必ずしもこの限りではない。当該企業のFMに対する取り組み状況をふまえて，経営状況や保有する経営資源の状況に応じて取り組みの開始時点は自由に設定できる。また，段階別になっていることで，現時点で具体的に何をどのように始めればよいかが明確であり，将来に向けたロードマップも描きやすい。

② 導入効果がすぐに得られやすく経営者の理解が得られる

　LCCingを単独で導入した場合，維持管理コストの削減という形でその効果が実際に具現化されるまでに一定のタイムラグがあるため具体的な成果がすぐには得られにくい。したがって，経営者の立場からすると，LCCingの導入効果が実感しにくく，経営資源を割いてまで積極的に導入しようとは思わない可能性がある。一方で，FMの場合には導入効果は財務的な成果に限らず多様な成果が考えられることから比較的早い段階で，導入効果を具体的に把握できる。したがって，FMとセットでLCCingを導入することで経営者の理解が得られやすくなる。

③ 情報の共通化によるコストと時間の削減

　LCCingを単独で導入しようとする場合，LCC算定に必要な情報の収集に要するコストと時間が問題になる。FMを先行導入することで，収集したファシリティに関する様々な情報を一元管理し，FMにもLCCにも共通して利用できる。これによってLCCingを単独で導入する場合と比べて情報収集の効率を高められるだけではなく，情報収集に要するコストも削減できる。

5　むすび

　本稿では先行研究レビューをふまえて，大企業と比べて経営資源に制約がある中小企業にLCCingを導入しようとする場合には，LCCingを単独で導入するよりも，FMを先行導入し，FMの進展段階に応じてLCCingの取り組みを段階的に進めていくことがより有効であることについて考察し，具体的なLCCingの導入モデルとして図表6-6を示した。FMを先行導入することで，LCCingの実践に必要なデータを提供できる体制を整えることが可能になるとともに，段階的にFMやLCCingに取り組むことで経営資源に制約がある中小企業であっても無理なくLCCingの導入が可能になる。また，段階的に実施することでロードマップを描きやすく，具体的な成果および経営者の理解が得られやすくなるメリットも期待できる。

　ただし，本稿ではモデルの骨格を示したに過ぎない。今後の研究課題として，モデルのさらなる精緻化と並行して，実在する中小企業を対象としたアクションリサーチにより本研究で提示したモデルの導入から効果の検証までを一貫して行う研究へと発展させることが必要になる。これらについては今後の研究課題としていきたい。

[参考文献]

FM推進連絡協議会編. 2003.『総解説　ファシリティマネジメント』日本経済新聞出版社.
FM推進連絡協議会編. 2009.『総解説　ファシリティマネジメント（追補版）』日本経済新聞出版社.
岡野憲治. 2003.『ライフサイクル・コスティング―その特質と展開―』同文舘出版.
中島洋行. 2012.「ライフサイクル・コストの生成とロジスティクス・コスト」『原価計算研究』36(2): 25-35.
中島洋行. 2014.「日本におけるライフサイクル・コスティングの生成」『経営論集』61(1): 369-385.
中島洋行. 2017.「日本企業におけるライフサイクル コスティングに対する取り組みの現状と課題―東証一部上場企業アンケート調査結果からの考察―」『明星大

学経営学研究紀要』12：95-110.
中島洋行．2018.「地方自治体におけるライフサイクル・コスト算定の現状と課題―17自治体に対するインタビュー調査結果に基づく考察―」『明星大学経営学研究紀要』13：99-115.
本橋正美．2015.「中小企業管理会計の特質と課題」『会計論叢』10：51-69.
International Electrotechnical Commission. 2017. *IEC 60300-3-3 "Dependability Management-Part 3-3 : Application Guide-Life cycle costing (3rd edition)"*.
Kemps, B. 2012. *Life Cycle Costing : an effective asset management tool-Applying LCC contributes to more cost-effective management control of the production facilities of small and medium enterprises (SMEs)―*. Master of Science in Asset Management Control International Masters School.
Selech, J., K. Joachimiak-Lechman, Z. Klos, J. Kulczycka and P. Kurczewski. 2014. Life cycle thinking in small and medium enterprises : the results of research on the implementation of life cycle tools in Polish SMEs-Part 3：LCC-related aspects. *The International Journal of Life Cycle Assessment*. 19: 1119-1128.

（中島洋行）

第2編

中小企業管理会計の実践

第7章

中小企業の購買管理と生産管理会計：M社の事例

1 はじめに

　鹿児島県枕崎市は，隣接する指宿市（山川地域）とともにかつお節を含む水産加工業の集積地域として知られている。毎年5月には，かつお祭りが開催されその参加者で賑わう土地柄でもある。節製品生産数量が全国1位である鹿児島県には多くのかつお節製造・加工・販売会社があるが，その中で，社員38名，売上高約25億円の中小企業M社は，ひときわ特徴のある株式会社である。

　M社の事業内容は，かつお節，削りぶし製造・加工及び販売である。主力製品は，本枯節を用いた花かつおやかつお節であり，二次調味料も販売している。同社の屋号を用いたパッケージで認知されており，日本全国はもとより，海外でも評価が高いかつお節を製造している。かつお節製造は，昔ながらの伝統的な製法を維持しており，かつ手軽にかつお節を消費者が使えるように，削りぶし加工にも力を入れている。現在は，「かつお節から削りまで」という一貫生産で，高品質かつ安全性の高いかつお節を作り続けており，FDA・HACCPを取得した工場を有している。最新の設備を備えた製造工場も有していることからも先進的な会社であることがうかがえる。

　日本が誇る食文化をかつお節製造という伝統とともに保持し，高品質なかつお節製品・加工品を製造しているM社であるが，10年ほど前の2007年頃までは，多角化した事業へ経営資源が分散されていたという経緯がある。

第 7 章　中小企業の購買管理と生産管理会計　109

　本章では，バブル崩壊を乗り越え，多角化した経営の整理を克服してM社がいかにして経営危機を回避し，その後の経営改革，経営資源の選択と集中を経て地域かつお節製造のトップ企業の一社に成長していったのかを管理会計の実践とともに検討する。とりわけ，購買管理会計と生産管理会計に着目しながら，天然資源に依存する製造業を家族経営により継承し，M社が進めてきた事業構造転換戦略，事業承継戦略，管理会計実務の解明を行う。

2　M社の沿革と事業構造転換[1]

2-1　M社の沿革

　M社は1928（昭和3）年に創業し，水産・水産加工品（かつお節）を取り扱

1　本章のM社に関する記述は，次のインタビュー調査を基礎としている。インタビュアーはすべて筆者である。

回数	日時・場所	①　インタビュイー，②　調査内容
1	2017年5月30日（火） 10時～11時 M社　社長室	①　社長，総務部部長 ②　創業以来の同社の歴史，事業内容，業界の現状，老舗企業の特徴，ファミリービジネスの特徴，利益追求と伝統保持の関係
2	2017年6月14日（水） 13時15分～15時 鹿児島県立短期大学 大会議室	①　社長，常務取締役，営業企画課 ②　事業承継・再編，組織改革，海外事業，財務状況，衛生管理手法，労務管理，ブランディング
3	2017年7月10日（月） 11時～12時，13時～14時 M社　枕崎工場	①　製造部部長（枕崎工場長），営業企画課 ②　原材料調達（入札），製造工程，原価計算手法，キャッシュマネジメント，予実管理，工場内組織，意思決定，設備維持・投資，工場視察
4	2017年7月10日（月） 15時20分～16時40分 M社　鹿児島工場	①　製造部課長（鹿児島工場），営業企画課 ②　製品保管，加工工程，製造ライン，設備維持・管理，衛生管理，品質保証，機械化，FDA・HACCP，工場視察
5	2017年7月10日（月） 16時40分～17時20分 M社　社長室	①　社長，常務取締役，営業企画課 ②　製品特徴，本社工場間関係，製造量・加工量の意思決定，組織改革，工場改革，中期計画，海外事業展開，会計ソフトの利用
6	2018年3月15日（木） 10時～11時30分 M社　社長室	①　製造部部長（枕崎工場長），監査役 ②　事業改革の経緯，輸出事業の現状，フォローアップ調査

う中小企業である。2017年の売上高(単独)は約25億円,資本金88百万円であり,従業員数(社員数)は38名である。同社は一時多角化した経営を整理し,ここ10年ほどで本業(かつお節製造)へ回帰している途上である。また,本業を中心として海外進出・提携を積極的に行い発展している。

　原材料のカツオは,主として枕崎港に水揚げされるカツオとインドネシアから輸入するカツオである。枕崎市内と鹿児島市内にそれぞれ工場を有しており,本社機能は鹿児島市内にある。枕崎工場のカツオの生切り処理能力は1日約7トンであり,かつお節までの加工工程を担っている。鹿児島工場のかつお節削り処理能力は1日2～3トンであり,2つの製造ラインを有している。なお,インドネシアからもかつお節(荒節)を輸入して削りぶし加工している。

　M社は,創業以来,三代にわたって創業家一族が所有しており,法人税法(第2条第10号)に定める同族会社である。以下の図表7－1は,同社の沿革について主な事象を時系列で示したものである。

図表7－1　M社の沿革

年	概　　要
1928	鹿児島県枕崎市(当時の枕崎町)で,OM氏(初代：創業者)が「かつお節」の生産で創業
1935	従業員100名を超す会社に成長
1946	山川町にかつお節製造工場を新設
1959	OK氏(二代目)入社(1963年社長就任)
1972	鹿児島市に削りぶしパック工場を新設
1981	鹿児島市に削りぶしパック工場を移転
1982	M水産より㈱M社に社名を変更
1993	枕崎市にカビ付け工場を新設
1996	インドネシアにおけるかつお節製造に関与
2002	N社(インドネシア)の設立に関与
2005	OT氏(三代目：当代)が社長に就任
2007	山川工場かつお節部門を枕崎工場に移転集約

2015	N社（インドネシア）と業務提携し出資比率を49％とする
2016	枕崎工場を改築，FDA・HACCPを取得
2017	鹿児島工場を改築，FDA・HACCPを取得

（出所）　各回インタビュー調査より作成。

　株式会社M社の創業者であるOM氏は，1928（昭和3）年に枕崎町（現：枕崎市）でかつお節製造卸売りをスタートさせた。これが，現在のM社の始まりである。1935（昭和10）年頃には100人以上が同社の工場で働くほどに成長している。当時（戦前戦後）のM社ではカツオ船を所有し，「カツオ漁からかつお節製造まで」という一貫生産を行っており，積極的な設備投資と高度成長に支えられた経営を行っていた。戦後は息子たちとともに，カツオ漁業，製氷事業，冷凍・養殖事業，削りぶし事業等を多角的に展開し，現在のM社の基礎を築いている。

　二代目のOK氏は，1963年に同社社長を引き継ぎ，M社の発展を支えた人物である。在任中，生産量の増加とともに一部の製造工程を分業することになったそうだが，枕崎でのカツオ水揚げを背景として「かつお節から削りまで」一貫したかつお節製造を継続し海外輸出，生産の基礎を作った。

2-2　OT氏の社長就任前後の経営改革

　三代目のOT氏は，2005年に代表取締役社長に就任している。初代が展開した各事業は，6人の息子がそれぞれ運営を行っていたが，二代目から三代目にかけて，カツオ漁業，製氷事業，冷凍事業，養殖事業，削りぶし事業（水産加工）等の事業を整理して，現在は，かつお節製造・加工に集約している。遊休不動産の売却，資産・工場の整理，不採算部門からの撤退などが継続的に行われた。

　OT氏は，M社の多角化戦略をかつお節製造・加工へと原点回帰させ，本業の拡充を行っている点に特徴がある。OT氏が三代目になってから社内の意思決定プロセスを簡素化して，社長を中心とした事業構造に改組しており，事業構造を転換すると同時に事業承継問題を解決している。とりわけ，山川工場の閉鎖と枕崎工場への統合（2007年），拡充（2016年に枕崎の工場，2017年に鹿

児島の工場で FDA・HACCP を取得）を行い，経営資源の選択と集中を行っている。

「かつお節から削りまで」という一貫生産は維持しながらも，時代の求める安全性と品質（高度衛生管理）に向き合い，高次加工食品や2～3次加工調味料への対応も行っており，オンラインショップも開設し，販売にも注力している。また，新しく「香る伝統，味わう未来を，鹿児島から。」というキャッチフレーズのもと伝統製法と出汁文化を維持継承している。

かつお節製造業にとって，原材料となるカツオの価格高騰，漁獲高の減少は事業継続にとって致命的な影響を与えかねない。そこで，二代目から三代目にかけて，海外からのカツオ輸入やかつお節輸入を模索し，最適な在庫数量の維持，薄利多売な高次加工食品からの撤退，高付加価値製品の自社製造，海外新市場の開拓などを展開し，そのために必要な組織構造変革を行っている。

組織構造変革前の組織図（事業部制組織）と，かつお節製造に集約した後の組織図（職能別組織）をそれぞれ示すと，図表7－2，図表7－3のとおりである。組織が経営戦略に従って転換していることがわかる。

また，初代から三代にかけての経営方針，事業構造，製品の推移を示すと図表7－4のとおりである。

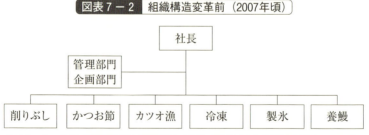

図表7－2　組織構造変革前（2007年頃）

＊なお，カツオ漁，養鰻事業は廃業済みである。冷凍，製氷は別会社となっている。
（出所）　第1回インタビュー調査に基づき筆者作成。

図表7-3　組織構造変革後（現在）

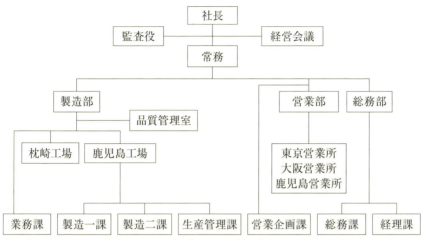

（出所）第3，5，6回インタビュー調査に基づき筆者作成。

図表7-4　事業構造の転換過程

	経営方針	事業構造	製品
初代	カツオ漁からかつお節製造まで	事業部制（カツオ漁，製氷，冷凍，養鰻，かつお節，削りぶし）	かつお節，削りぶし，氷，養鰻など多数
二代目	かつお節から削りまで	事業部制（製氷，冷凍，養鰻，かつお節，削りぶし）海外事業展開開始	かつお節，削りぶし，高次加工食品用原材料（他社麺つゆ用など）
三代目	香る伝統，味わう未来を，鹿児島から。	職能別部門組織（製造，営業，管理部門）海外関連会社保有（インドネシア49％出資）	かつお節，削りぶし（大手量販店も含む），高次加工食品用原材料（自社加工品用）

（出所）各回インタビュー調査に基づき筆者作成。

3 生産戦略の見直しによる高付加価値製品製造への転換

3-1 工場建設計画による生産計画の見直しと製造工程の最適化

　M社は，山川工場の閉鎖や遊休不動産の売却，事業の整理などを通じて，本業であるかつお節製造へ回帰するわけだが，その際に工場建設計画は重要な役割を果たしている。三代目社長の経営改革は，工場の移転や集約，FDA・HACCPの取得に伴う改築から始まったといってもよい。

　FDA・HACCP取得後は，原材料のカツオの搬入から製造物であるかつお節の完成に至るまでの動線が一筆書となり生産効率が向上したとのことである。

3-2 生産の効率化と熟練工の役割

　原材料のカツオは，個体差があることから，機械で処理すると歩留まりが落ちるという特徴がある。そこで，熟練工による生切りを行えば当然ながら歩留まりは良くなるわけだが，熟練工を確保すると必然的に人件費が増大することになる。また，担い手が高齢化している点，一定の経験をつまないと歩留まりの良い生切りを行えない点などから，熟練工はボトルネックの一つであった。

　また，焙乾やカビ付け工程では，季節や天気，カツオのサイズや状態などにより臨機応変に対応する技術が求められ，ここでも熟練工の経験や勘による作業が求められている。カビ付けを行う「ムロ」は数年かけて増設したことにより作業効率が上昇しているものの，天日干しや繰り返し行うカビ付けでは，人手に頼ることになることから熟練した従業員の存在は不可欠である。

　製造工程の入り口である生切りの場合，カツオの大きさや最終的な製品との関係より，熟練工が手で生切りする場合と機械で生切りする場合に工程を見直すことにより，高付加価値製品とそれ以外とに区分して製造活動を行っている。

　ここで，M社枕崎工場におけるかつお節製造を例にとってその工程を概観しておこう。かつお節製造会社では，同一の製造工程で，同一の素材（カツオ）を用いて，種類（かつお節）は同じであるが，等級（形状，大きさ，長さ，重量，品質等）の異なる製品を連続的に製造している点に特徴がある。各工程に

おける加工具合により，なまり節，荒節，裸節，かつお節（狭義），枯節，本枯節等と呼び名が変わることになる。なお製造方法が伝統技術であり製造工数に会社間格差はほぼない。

図表7－5　M社におけるかつお節の製造工程，作業概要，製造物

工程	作業概要	製造物
解凍	冷凍カツオを生カツオに戻す作業	生カツオ（原材料）
生切り・身おろし	カツオの頭切り，身おろし，合い断ちにより切り身状態にする作業 作業は職人が行う場合，機械化されている場合がある	生切り身（仕掛品）
籠立て	切り身を籠に並べる作業	生切り身（仕掛品）
煮熟 放冷	籠立てにしたカツオを煮る作業 カツオを冷やす作業	煮熟後切り身（仕掛品） 煮汁・せんじ（副産物）
骨抜き	煮熟したカツオの骨を一本一本取り去る作業	なまり節（仕掛品）
焙乾	なまり節を燻製にする作業	荒節（半製品・製品） 木灰（副産物）
表面削り	荒節表面のタール部分を削って節を仕上げていく作業	裸節（製品）
カビ付け	「ムロ」でカビ付けする作業	かつお節（製品）
天日干し	カビの付いたかつお節を天日で干す作業	かつお節（製品）

（出所）　第3回インタビュー調査に基づき筆者作成。

3-3　高付加価値製品への転換

　事業構造転換前は，麺つゆなどの高次加工食品の消費量拡大に伴い，M社も多くのかつお節製造会社と同様に加工用原料の提供を行うため操業していた。山川工場での処理能力が15トン，枕崎で同15トンの工場を有していたが，枕崎へ工場を移設した際に，現行の処理能力7トンに変更している。これはインドネシアからの輸入を視野に入れた経営資源の選択と集中の結果であったと理解できる。また付加価値の低い荒節や高次加工食品の原材料としてのかつお節供

給からの離脱でもあった。

現在は，同社内における研究開発に基づき，単なる削りぶしだけではなく，調味料や出汁パック，海外輸出製品などを新たに製造している。M社が本来有していた高度なかつお節製造技術を生かした製品製造戦略を選択しているといえよう。

4　M社の購買管理会計

4-1　原材料の調達と意思決定

M社は，かつお節製造から削りまでを一貫生産している点に特徴がある。原材料となるカツオは，枕崎市漁業協同組合（以下，「枕崎漁協」）を経由して入札で仕入れる場合と，インドネシア関連会社からの輸入に大別される。

図表7－6　原材料（カツオ）の仕入ルート

（出所）　第3回インタビュー調査に基づき筆者作成。

4-1-1　枕崎での入札

まず入札の場合を説明しておこう。カツオ船入港の連絡は枕崎港到着の1週間～5日前（場合によっては2日前）に枕崎漁協から枕崎工場に入るそうである。入港予定日，カツオの量などが情報として提供されるので，それらの情報をもとにして，枕崎工場では入札価格，入札量を検討することになる。工場長は，入札前にキロ当たり入札価格を本社に確認（稟議）して，その価格を上限として入札を進めているとのことであった。ここから権限移譲には一定の制限があり，事前統制されていることがわかる。

入札金額は，銭単位まで行われていることから，たとえばキロ当たり250円40銭といった具合で入札される。なお，入札は単価のみでの勝負となり，1回に入札できる量は100トンと決められている。

入札は，カツオの重さ別に実施される。はじめにカツオ1匹あたり6キロ上から始まり，次第に軽いカツオへと入札が進んでいくという入札システム上の特徴を踏まえて入札していくとのことであった。近年は漁獲量の減少や諸外国での消費量の増加にともなう需要拡大の影響もあり，1年でカツオの値段は1.5倍程度になっており，国内での原材料確保が厳しいとのことである。

入札に成功した場合，落札代金を支払うことになるが，支払は現金のみで，支払期間は落札後10日以内の支払と決められているとのことである。1回あたりの入札額はおおよそ1千万円ほどで，月3～4回の入札を行っているとのことであった。なお，枕崎漁協での一括購入や共同での入札・仕入れなどがないことから，各社独自に入札を行っている。ここから，かつお節製造業では，資金繰りが予算や購買管理において重要であると指摘できる。

4-1-2 入札業務フロー

入札は，年間予定落札数量（予定製造量）と予算額を過去の実績や市場の動向から設定しており，枕崎工場は，その枠内での入札を行っている。当然，競争相手がおり，入札に失敗したり希望する数量を確保できなかったりすることも考えられる。また，不漁が続いた場合は，入札さえ行われない場合も想定できる。そうしたリスクを回避するために原材料在庫については約3カ月分の余裕を持っているとのことであった。これは，原材料調達がサプライチェーン上のボトルネックとなることを避けるためでもある。枕崎工場における原材料の物量管理は工場長が担当しており，実際の入札も行っている。

原材料のカツオは，枕崎水産加工業協同組合（以下，「加工業組合」）が保有する冷凍庫に保管しており（外部委託），必要に応じて製造工場（枕崎市）に配送しかつお節を製造している。産業集積地ならではのメリットを同社は享受しているといえよう。

M社の在庫保持数量は，生切り能力（1日7トン）の約3カ月分であることから，月当たりの操業日数を22日とすると，ひと月に約150トン，3カ月分で

図表7－7　入札の流れと管理会計上の視点

管理会計上の視点	入札業務の流れ	業務の詳細
冷凍カツオ在庫確認 かつお節の在庫管理 生産管理	カツオ船入港情報の把握	枕崎工場から本社へ情報提供
意思決定, 年度予算・必要購入量確認, 入札価格決定	入札する？（No／Yes）	枕崎工場から本社へ入札の必要性の有無を確認, 入札価格の稟議
	入札金額・入札数量を決定（Yes）／入札見送（No）	本社から枕崎工場へキロ当たり入札金額, 入札数量を指示
工場長への権限委譲	入札に参加	枕崎工場の工場長が入札に参加
予実管理	カツオ購入	加工業組合の冷凍庫へ移送
工場物量管理 本社資金管理 倉庫・在庫管理	予定数量確保？（No→入札に参加へ戻る／Yes）	予定数量を購入するまで入札の繰り返し
資材所要量計画の更新	入札業務終了	

（出所）　第3回インタビュー調査に基づき筆者作成。

約450トンの原材料を保持していることになる。冷凍カツオを安定的に確保しつつ，基本的に先入先出により原材料として用い，鹿児島工場での加工状況，営業部から提供される販売状況を勘案して，本社からの指示により，枕崎工場では，かつお節の製造を行っていることになる。物量管理の視点から見ると，原材料が冷凍品で保存がきくこと，製造したかつお節の消費・賞味期限が無いこと[2]は，M社にとって重要なポイントである。

　輸入や入札に伴う支払がキャッシュベースであり，その後，製品（鰹節・加

工品）となるまでに多くの時間を有するためキャッシュマネジメントが大切であることが判明している。入札に伴う支払は10日内での支払，輸入の場合は1カ月内での支払である。

購買管理との関係で，枕崎工場における入札における業務フローを本社との関係で示すと図表7-7のとおりである。

4-1-3 インドネシアからの輸入

コストダウンはもとより枕崎漁協における入札量が物量の視点からも予算の視点からも限られていることから，入札による原材料調達に加えて，M社ではインドネシアからも冷凍カツオを輸入して原材料を確保している。輸入という手段を持つのは，上記の理由に加えてカツオの価格が日本で高騰していることはもちろんのこと，かつお節製造に適した品質のカツオを確保するためでもある。

インドネシアからの仕入は，商社を通じて行っており，必要数量については，本社から商社経由で連絡しているとのことであった。支払は発注当日のレート（ドル建て）で行われていることから，発注費や倉庫の保管費，円安傾向などの為替の状況も勘案して，少し先の予定量を発注することもあるとのことであった。なお，支払期限については，発注後1カ月程度であり現金払いである。

外注企業のN社（インドネシア）へは生産管理，技術指導を頻繁に行い，外注管理を行っているとのことである（第5回インタビューより）。

4-2 予実管理

カツオの仕入れは，入札とインドネシアからの輸入の2通りであることは先述したが，仕入方法の選択は予実管理を伴った意思決定となっている。

M社では，年間生産量を決定したのち，当該生産に必要なカツオ（原材料）の量と購入額を見積もり，予算を設定している。安全在庫量を加味した最低在庫量が約3カ月分倉庫にあるものの，可能な限り倉庫で管理される平均在庫量が少なくなるように入札もしくは輸入を繰り返すことになる。M社の在庫管理

---

2 ただし，削りぶしとなった場合は，消費・賞味期限が発生する（期限は1年）。

は、「小ロット発注（入札もしくは輸入発注）+安全在庫量（約3カ月分）」で行われている。

図表7-7のとおり、入札業務では、本社と工場間で情報が共有され購買活動が行われている。本社は年間購入予算額を基礎に毎回の入札上限額（キロ当たりの単価と購入量）を決定しており、毎月枕崎工場から送られてくる月次報告書を基礎として、実際の年間購入額及び在庫数量を照らし合わせながら予実管理を行っている。ここから事前統制機能が働いていると考えられる。

当初の予定（標準原価）よりも実際原価の発生額が多い場合は、年間購入予算額を上回り、不利差異が生じる可能性があることから、入札を見送ったり、入札上限額を下げたり、インドネシアからの輸入に切り替えたりする意思決定を行っている。月次（もしくは入札後）で予算期間を細分化して差異分析を行っていることから期中統制機能も働いているといえよう。

M社によると、一昨年はカツオの入札と輸入の割合が50対50であったのに対して、昨年は、95対5とほとんど輸入に依存した原材料仕入となっていた（第6回インタビューより）。これは、カツオの品質のみならず、予算期間終了後の予算差異の原因分析の結果でもあるとのことであった。日本での入札価格の高騰は、製品価格に転嫁することが難しいレベルまで達したからという理由である。ここから、事後統制機能も働いていると考えられる。

4-3 在庫管理

これまでM社の購買管理について概説してきたが、これに加えて、在庫管理にも特徴があることから考察していこう。在庫管理は当然ながら製造期間、各種リードタイム、バッファと密接な関係を有している。

M社における在庫管理と製造期間、各種リードタイムを図示すると図表7-8のとおりである。

加工業組合の冷凍冷蔵施設におけるカツオの在庫量はおおよそ450トンであり、製造指図書に基づき、枕崎工場でかつお節を製造している。一日約7トンの処理能力があることから、一週間で約30〜35トンのカツオを原材料として用いていることになる。したがって、新規の入庫がなければ、約15週で原材料は使い切ることになる。適正在庫数量は、これまでの経営から導かれた数量との

図表7-8 在庫・生産管理

	カツオ（鹿児島）	カツオ（インドネシア）	自社製造荒節	インドネシア仕入荒節	枯節・本枯節
加工業組合の倉庫	在庫合計約3カ月分（450トン）を先入先出		－	－	－
枕崎工場の倉庫生産管理	週単位工程で冷凍カツオを解凍して製造（仕掛品在庫）		製品となり次第，移送	－	製品となり次第，移送
外部委託の倉庫（鹿児島市内）	－	－	加工するまで保管	輸入して加工するまで保管	加工するまで保管
鹿児島工場・倉庫	－	－	月単位工程でかつお節を加工　加工後，販売されるまで保管		

（出所）　第3，4，5回インタビュー調査に基づき筆者作成。

ことである（第3回インタビューより）。

　枕崎工場では，週／月単位で工程を管理している。週の初めは一尾あたりの重量が重いカツオから処理していき，週末にかけて軽いカツオを処理することになる。一尾あたりの重量が重いカツオは軽いカツオに比べて作業リードタイムが長いからである。具体的にいえば，焙乾工程で時間を要するからである。もっとも，作業の平準化を図り，手待ち時間を削減することも考慮している。

　鹿児島工場では，月単位で工程を管理している。具体的にいえば，削り加工を行う日は，削る対象によりスケジューリングされており，品質の異なるかつお節を同時に加工しない仕組みとなっている。

　原材料が天然資源に依存していることから，日当たり処理能力の約3カ月分の在庫を保管することはある程度仕方の無いことであるともいえる。また，製造したかつお節を含む節類は，削らない限りJAS法等の消費・賞味期限のない点に製品特性があり，長期保管ができることも製品上の特徴である。これらの特徴を生かして，M社は各工程のバッファを管理している。

　枕崎工場は，鹿児島工場からの受注生産の形態をとっているが，それほど過

敏にならずにかつお節の製造を行えるという点も特徴としてあげられる。削り加工工程の前にバッファとしてかつお節を抱えることにより，生産管理を容易にしている点は，製造物がかつお節であるという点にあろう。しかし，その分，キャッシュが倉庫製品として滞留することになることから，資金管理という視点からはM社の課題として指摘できる。

4-4 小　括

　紙幅の関係で販売管理については詳細に言及できないが，M社の製品は，需要が大幅に増減したり，価格が急上昇・急下落したりするような特性を持たず，得意先（主に県内卸し，小売）からの受注と販売状況（ネット通販等を含む）に応じて加工を行い販売している。

　原材料の価格高騰を販売価格に転嫁することが難しい以上，同社にとって原価計画の果たす役割は他社以上であるといえよう。この意味において，本項で考察してきた購買管理や仕入・外注管理，在庫管理の重要性を指摘することができる。

5　M社の生産管理会計

　M社はカツオという天然資源を用いた製造活動を行っている点に特徴を有する生産企業であることから，生産管理会計の視点からも考察を進めていくことにしよう。

5-1 生産形態

　生産形態は，製品の種類やサイズ，数量や品質などにより異なる。また販売方法，品種と生産量，生産の反復性の視点からもいくつかの形態に区分できよう。上総（1993, 255-284）を参考にM社の生産管理を考察してくことにする。

　M社の場合，かつお節製造は，受注生産で行っており，基本的に少品種多量生産である。また単一製品が長期間にわたって連続的に大量生産される連続生産が基本となる。削りぶしは，受注生産と見込生産の両方があり，品種は比較的少ないことから，少品種多量生産に区分できる。また，顧客の注文に応じて

製品を生産する個別生産、類似製品を一定数量だけまとめて生産するロット生産（バッチ生産），連続生産のいずれのラインも有していることから品種毎切り替えライン方式，同一生産ラインで異なる品種を同時に生産する混流生産も行っているといえる。

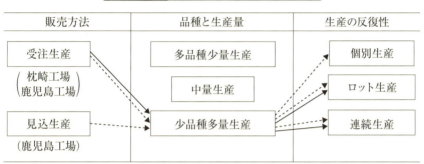

図表7－9　M社における主要な生産形態

＊実線は枕崎工場におけるかつお節製造，破線は鹿児島工場における削りぶし加工。
（出所）上総（1993, 255）を参照して作成。

5-2　事業構造

　次に，現在のM社の事業構造を見てみよう。同社は，かつお節製造工場（枕崎工場）と削りぶし製造工場（鹿児島工場）の2工場を有し，鹿児島工場と同じ敷地内に本社を有している。生産管理は，担当常務が責任を負っており，製造部長（枕崎工場の工場長も兼務）が担当している。必要な製品を必要な数量だけ，必要な時期に，必要な品質で，しかも最低の原価で生産できるように取り組んでおり，とりわけ，物的資源（原材料としてのカツオ），人的資源（パートを含むかつお節・削りぶし製造現場のスタッフ），資金的資源（原材料入札時に発生する現金支払），情報資源（カツオ入港情報，枕崎港を含めた水揚げ漁港における相場情報，かつお節卸売市場の価格情報など）といった経営情報の有効利用を目指している。

5-3 生産戦略・計画

　生産戦略については，全社で策定しているが，とりわけ研究開発，製品計画などを担当常務と製造部長を中心に策定されている。

　生産計画については，将来の需要予測から設定されているが，かつお節の場合，削らない限り，賞味期限，消費期限が設定されないことから，急激な陳腐化をもたらす製品や時間の経過とともに廃棄を伴う製品とは異なり，製品計画に一定のバッファが存在している。

　例年5月ごろやお盆，年末などに削りぶしの販売量は若干増加するが，かつお節は，特定の期間に注文が殺到するような製品ではない。したがって，工場の生産能力をオーバーしたり，生産量が極端に減少したりするような注文や期間は生じず，週単位，月単位で平準化した生産量を予定することができる。したがって，生産の平準化がはかられており負荷計画は削りぶしに関して，上記期間に限定される（当然，過去の販売実績に対応して生産管理も行っている）。

　年次生産計画は，製造部長の助言を得ながら策定されているが，製品在庫計画，材料計画，材料在庫計画，購買計画，外注計画，人員計画などを主として計画している。製品在庫については，おおよそ3カ月分のかつお節在庫の保管を基礎としている。これは，材料在庫計画や材料計画にも影響されるが，天然資源のカツオが原材料であることが理由である。

　材料計画，購買計画は，入札によるカツオの買い付けか，インドネシアからの輸入かを検討する際に計画される。先述したように，輸入と入札の割合は年により大きく異なっている。主な原因は，カツオの価格高騰に起因するが，原材料のカツオの需給関係，漁獲状況，入港水揚げ状況などに左右されている。このような影響を緩和するため，M社では，材料在庫計画として，1日あたりのカツオ生切り処理能力（約7トン）の3カ月分のカツオを冷凍保管している。

　外注計画は，インドネシア産のかつお節を輸入して削る場合に当てはまる。日本でのかつお節製造見通しが悪化する場合（カツオ価格の高騰によりあきらかな不利差異が発生する場合）は，インドネシア（関連会社）からかつお節の状態で輸入し，削りぶしとして販売するという戦略を用いることになる。また，大手量販店向け削りぶし原料としても，一定量のかつお節を輸入している。

5-4 製造予算編成・年次生産計画

製造予算の編成では，かつお節製造，削りぶし製造等の個別計画の金額を見積もり，それらを集約して製造予算として編成している。

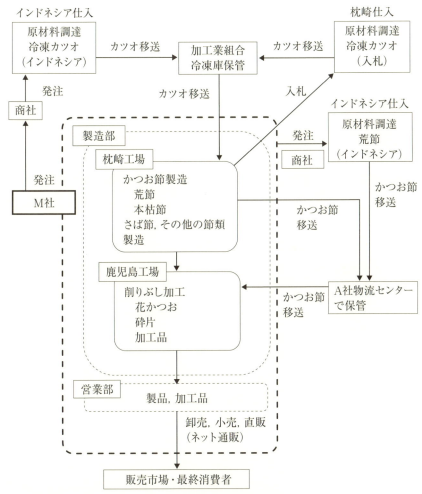

図表7-10 M社の事業構造

（出所）第3，4，5回インタビュー調査に基づき筆者作成。

年次生産計画の全社的調整が必要となるが，M社の場合，生産活動の最適化をはかるため，様々な点でバッファを用いた経営を行っている点に特徴がある。これは，かならずしも企業全体の最適化を満足するものではないだろう。しかしながら，長年の経営による経験の蓄積と原価計算を基礎とした予測に基づき，企業存続に必要な最適バッファを見つけ出して全社的経営を行っていると考えられる。

　以上の説明を基礎として，製造から販売にいたる事業構造を簡単に図示すると図表7-10のとおりである。

6　むすび

　本章は，事業構造転換による組織再編と，購買管理と生産管理会計の実践について，かつお節製造販売を営む中小企業のM社を事例として考察してきた。同社事例の特徴をまとめると次のとおりである。

　まず，事業構造を転換すると同時に，FDA・HACCP取得を視野に入れた工場建設により生産戦略，生産計画，生産統制を見直し，工程や品質の管理にこだわった高付加価値製品の製造に注力してきたことが明らかとなった。

　次に，製品が天然資源に依存した原材料を取り扱う特徴から，予実管理に基づく原材料購買管理を徹底し，コストダウンと原価計画の観点から日本での入札とインドネシアからの輸入という2系統を保有し，安全在庫量を加算した最低在庫量を確保すると同時に発注費や保管費の低減を視野に入れた在庫管理・仕入・外注管理を行っていることを明らかにした。

　さらに生産管理では，削る前のかつお節に消費・賞味期限が設定されていないという特徴を活かし，生産数量計画，負荷計画，年次生産計画，生産予算の編成などを行っていることを明らかにした。

　紙幅の関係で，枕崎工場におけるかつお節製造を中心とした考察となったことから，必ずしも鹿児島工場における削りぶし製造について言及することが出来なかった。また，同社の売上高の多くは鹿児島工場における高付加価値製品によりもたらされていることから，同社の原価計算，社内振替価格の設定，等級別総合原価計算の可能性などについては追加的な調査を行い，改めて研究成

果を公表したいと考えている。

（謝辞）　本章の執筆に際してご協力をいただいた，M社社長OT氏，製造部長T氏，総務部長K氏，監査役T氏及び同社社員の皆様に御礼申し上げます。
　　　　　本章は，中小企業会計学会の課題研究委員会「中小企業会計における管理会計の現状と課題」（部会長：水野一郎教授（関西大学））の研究成果の一部である。また，公益財団法人メルコ学術振興財団研究助成（研究課題名：「中小企業における管理会計の導入実態と地域支援機関との協力関係に関する調査研究」）の研究成果の一部である。
　　　　　研究報告等を通じて有益なコメント・アドバイスをいただいた皆様，とりわけ高橋賢先生（横浜国立大学大学院）と足立洋先生（県立広島大学）に御礼申し上げます。

[参考文献]

有賀裕子訳．2004．『組織は戦略に従う』ダイヤモンド社．
石川純治他訳．1995．『会計学・財務論の研究方法』同文舘出版．
泉川泰博訳．2013．『社会科学のケース・スタディ』勁草書房．
今枝昌宏．2014．『ビジネスモデルの教科書』東洋経済新報社．
大串葉子・上總康行．2017．「諏訪田製作所の経営改革と管理会計：高級爪切りの「切れ味」に賭けた事業構造の転換」『企業会計』69(9), 112-119.
鹿児島県立短期大学チームカツオづくし編．2015．『カツオ今昔物語　地域おこしから文学まで』筑波書房．
上總康行．1993．『管理会計論』創世社．
企業予算制度研究会編．2018．『日本企業の予算管理の実態』中央経済社．
宗田健一・飛田努．2016．「中小会計要領の導入事例研究　～味噌，醤油を製造する老舗中小企業F社の事例～」『商経論叢』67：93-120.
髙橋賢．2016．『テキスト　原価会計』（第2版）中央経済社．
田村正紀．2016．『経営事例の物語分析　企業盛衰のダイナミクスをつかむ』白桃書房．
飛田努．2014．「中小企業を対象とする管理会計研究の意義　—経験的研究を行うための試論として—」『中小企業季報』2014(1), 1-13.
飛田努・宗田健一．2017．「老舗中小企業における直接原価計算の導入と実践　—部門別限界利益管理の展開—」『中小企業会計研究』3：37-49.
藤本隆宏，高橋伸夫，新宅純二朗，阿部誠，粕谷誠．2005．『リサーチ　・マインド　経営学研究法』有斐閣アルマ．

増田正志．2016．『中小企業の経営改革と会計の知識』同文舘出版．
水野一郎．1990．『現代企業の管理会計』白桃書房．
水野由香里．2018．『戦略は「組織の強さ」に従う"日本的経営"の再考と小規模組織の生きる道』中央経済社．
森永泰史．2016．『経営学者が書いたデザインマネジメントの教科書』同文舘出版．

[参考資料]

M社に関するWebサイト（URLは割愛いたします。）

（宗田健一）

中小企業の業績管理システム：
株式会社エコムの事例

1 はじめに

　本稿では，中小企業の業績管理システムすなわち予算管理システムと原価管理システムを実施している企業で優れた業績を達成している事例として，静岡県浜松市の株式会社エコム（ECOM：所在地は浜松市北区新都田4－5－6：浜松テクノポリス内：以下，エコムと略称する）を取り上げる。エコムへの聞取調査は2016年8月3日（水）に工場見学を含めて実施し，その後，エコムの許可を得て参考資料及びエコムのホームページから筆者が最新の内容に加筆・修正を行った。

2 会社の概要

　エコムの会社概要，会社の沿革，および売上の推移は図表8－1～3に示すとおりである。

図表 8 − 1　エコムの会社概要

創立：1985年8月1日
代表者：代表取締役　髙梨智志
業種：先端熱技術総合エンジニアリング
資本金：1億円
従業員数：65名

（出所）　www.ecom-jp.co.jp

図表 8 − 2　エコムの会社の沿革

1985年	湖南工業団地（浜松市馬郡町）に"株式会社正英バンズ"設立
1987年	工業用ガスバーナーのメンテナンス契約を開始
1987年	資本金を3,000万円から5,000万円に増資
1994年	本社を現在の都田テクノポリスに移転
1999年	ISO14001取得
2003年	静岡県中小企業経営革新支援企業に認定
2004年	会社設立20周年を機に社名を"株式会社エコム"に改名
2004年	一般建設業許可を取得
2006年	資本金を5,000万円から8,800万円に増資
2007年	第3エンジニアリング工場A棟完成
2008年	省エネルギーバーナー「エコネクスト120」発売
2009年	「ものづくり中小企業製品開発等支援事業」に採択
2009年	代表取締役に髙梨智志が就任
2010年	第3エンジニアリング工場内に「熱処理テストセンター」を開設
2011年	「熱流体解析ソフト」を導入
2013年	「ガスバーナーのメンテナンスセミナー」を定期実施
2015年	会社創業30周年
2016年	資本金を8,800万円から1億円に増資，第3エンジニアリング工場B棟完成

2017年	札幌支店を開設,「エコムテクニカルセンター (ETC)」を本社に開設
2018年	関西支店を開設

（出所）www.ecom-jp.co.jp

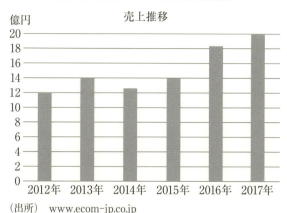

図表8－3　エコムの売上の推移

（出所）www.ecom-jp.co.jp

　エコムの社是である「共育」は、エコムと関わるすべての人々と共に育ち成長していくことを意味している。「ECOM WAY」については、エコムの社員は「ECOM WAY」を等しく共有し、日々の活動でこれを実践し、さらなる企業価値の向上を目指すとされている。

図表8－4　ECOM WAY

① お客さま第一の行動をとる。～自分の都合を優先しない。
② 発言、行動の前によく考え、少なくとも3つ先まで、対応・対策を文章にして考える。
③ 社員間のコミュニケーションを行う。
④ 世界レベルの高性能な装置を、安くお客様に提供し、国際競争に勝つ。

（出所）www.ecom-jp.co.jp

　ECOM（エコム）の社名の由来はEcology 環境 & Combustion 燃焼の造語で

あり，エコムのロゴマークは下記のとおりである。

図表8－5　エコムのロゴマーク

（出所）www.ecom-jp.co.jp

　「弊社は創立以来培われた燃焼技術を用いて，CO_2やVOCの削減といった環境問題に積極的に取りくみ，社会貢献する事をめざします。またeをデザインしたシンボルマークは，大地に架かる大きな虹をイメージしています。エコムの社名とシンボルマークは静岡文化芸術大学デザイン学部によるデザインです。」

　代表取締役の髙梨智志氏によれば，「2018年，エコムは創業33年を迎えます。これもひとえにお客様，取引先様をはじめとする皆様のお陰と深く感謝申し上げます。さて，弊社はガスバーナーのメンテナンスを出発点に発展してきましたが，現在では全国500社を超えるお客様設備のメンテナンスに携わっております。またその技術を基に，一品一様の受注生産をベースとした熱設備の開発・設計・製作を行っております。

　昨今，日本企業の生産工場はますます海外に移り，国内拠点はR&Dやプロセス改善による生産性の向上など，より高度な機能を担うようになってきました。弊社は2017年に開設した「エコムテクニカルセンター（ETC）」をより一層充実させることで，お客様のニーズである「時短」・「省エネ」・「環境対策」といった，より付加価値の高い設備提案を行い，熱設備業界におけるオンリーワン企業をめざします。

　また2018年，低NOx省エネルギーバーナー「エコネクスト」の開発が完了しました。今後海外への事業展開も含めた中長期的な戦略商品として早期の事

業化をめざします。具体的には，2022年までの中期経営計画である売上高24億円，社員80名体制を確立し，より安定した企業基盤を築くことが当面の目標です。社是である「共育（きょういく）〜共に育つ〜」の旗を掲げ，エコムがこの環境社会で必要とされ，そして上場する夢と希望を持ち，社員と共に邁進して参ります。今後ともご支援，ご鞭撻の程，心よりお願い申し上げます。」

　以上の記述（一部分，表記の統一のため筆者が加筆・修正を行った）はエコムのホームページからの引用であるが，非常に意欲的な内容のものであり，企業としての成長・発展が期待されるということができる。

3　業績管理システム

　エコムの管理会計システムとしては，月次の予算管理システム，および受注製品ごとの原価管理システムが導入されている。受注製品は，一品一様（注文製品ごとに異なる仕様の製品）であるため，受注品は，それぞれ注文製品ごとに個別の原価計算・原価管理システムによって管理されている。以下では，エコムの管理会計システムとしての予算管理システムおよび受注製品ごとの原価管理システムについて明らかにしておくことにする。

3-1　予算管理システム

　エコムの予算管理システムでは，部門別の月次→四半期→半期→年次のそれぞれの期間で管理が行われ，そして，予算管理システムは，短期利益計画（期別の経営計画）および中期経営計画と連携させている。その業績管理においては，月次および四半期での事業分野別のPDCAサイクルが行われ，経営方針の数値目標については，リアルタイムで数値の管理が行われている。予算編成に際しては，各部門長が部門の計画を立案し，会社全体の予算との調整は役員会で決裁する。また，短期利益計画の損益分岐点分析に関しては，直接原価率というエコムの1つのKPIを用いて，その数値を月次で追っている。直接原価率とは，P/Lの製造原価の中の材料費，部品購入費，外注費などで外部に支払われる金額である。すなわち，直接原価率には社内で発生する直接労務費が含まれていないことから変動製造原価（あるいは変動売上原価）とは異なり，

そのため，売上高から変動製造原価を差し引いて計算される変動製造マージンとは異なる。また同様に，変動販売費が含まれていないので，売上高から変動費（変動製造原価・変動販売費）を差し引いて計算される限界利益率とは異なるのである。換言すれば，直接原価率とは売上高対仕入外注比率である。直接原価率というKPIは，管理会計では一般的には使われていないが，非常に分かり易い指標であり，全社員にこのKPIの目標値を達成するように情報共有ができていることは優れた管理指標であるということができる。

エコムでは，少ない人数でオペレーションしている一方で，可能な限り内製率を上げれば，その分粗利益が増加するので，内製率を上げることに全社で取り組んでおり，直接原価率の目標は対売上高で55％以下を目指している。設計・購買・製造側からは1％のコストダウンにより1,000万円強の粗利益の改善が得られ，営業側からは1％の高い価格での契約や受注増により1,000万円強の粗利益の改善が得られることになる。こうした製造や販売などの部門のわずか1％の努力で粗利益が2,000万円増加するため，全社のKPIとすることで粗利益改善を目指しているのである。

エコムは，熱処理関係の装置の製造を行ういわば設備業という側面上，月次での予算数値のバラツキは致し方ないところもあるため，四半期での差異分析を重視している。環境変化への対応については，例えば，材料費の値上がり（高騰）などの大きな環境変化が期中にあれば，諸経費等の値上げ交渉することはあるが，あまり実施したことはない。期中に変更するのは，予算の目標値に関して半期で業績と照らし合わせて再編成することがある。

注文の引受可否の意思決定は，営業部門主導の商談の先行管理を参考にして，6カ月先ぐらいまでの引合いについて部門長会議で話合いが行われる。最終の意思決定は売上責任のある営業部門が決定するが，製造側の工場負荷状況と利益率を鑑みて最終決定が行われている。これは，毎週開かれている営業・設計・製造などの各部門長会議で話し合われている。各部門の設備投資計画は，各部門長からの予算申請をもって，役員会で決議し，全社的な計画は社長を筆頭とした役員会ですべて合議により決定されている。

販売費・一般管理費については，可能な限り無駄なものは使わない方針で，売上総利益を上げて，それとの対比で，その分販管費も増やすことを意識して

いる。それは，やはり従業員の給与や待遇を上げたいからである。基本的には，販管費を上げた分は粗利益でカバーする考えである。粗利益40％以上，対売上高で販管費20％以上ぐらいが当面の目標である。

3-2 原価管理システム

　エコムにおける受注製品は，一品一様（注文製品ごとに異なる仕様の製品）であるため，受注品は，それぞれ注文製品ごとに個別の原価計算・原価管理が行われている。具体的には，図表8-6に示す株式会社テクノアのTECHS-S（テックス・エス）という個別受注型の受注システムで原価管理を行っている。TECHS-Sとは，テクノア社により個別受注型の機械・装置業向けに開発された中小中堅企業のための生産管理システムである。TECHS-Sの導入効果についてテクノア社によれば，進捗・納期管理の強化と原価低減効果，利益体質（会社の品質）への改善と継続効果，OA（オフィス・オートメーション）効果があるとされている。すなわち，TECHS-Sの導入によりPDCAやQCDが可能となり，①OA効果による事務改善，②原価管理，納期管理，負荷調整による現場改善，③利益体質改善，営業力強化，社員のやる気向上などに役立つと思われる。エコムでは，TECHS-Sを用いた受注製品の試算は設計部が行い，受注したら材料費・外注費・設計費・組立費などの予算書を作成して，リアルタイムで予算書と照らし合わせた原価把握ができるシステムとなっている。エコムにおける原価管理は，トータルでの原価管理が中心である。そして，個別受注型の製品製造であるため，部品や製作の標準化を進めていて，誰が設計しても同じ部品，同じ設計になることで最終的な原価低減を目指している。

　標準化することにより原価改善を推進し，購買部門の業務における交渉努力もある。リードタイムの管理については，営業部門の先行管理を参考にして工場の技術管理課が行っている。限られた工場スペースで効率的な受注活動と工程管理を目指しており，現在はExcelベースでの工程管理を行っているが，将来はTECHS-Sと連携できるシステムを導入予定である。また，製品価格決定のために直接原価率により事業別に管理している（製品は60％，メンテナンス工事は40％など）。当然のことながら，直接原価率の低い案件を優先して受注を行っている。

図表8-6　TECHS-S（テックス・エス）のシステムフロー概念図

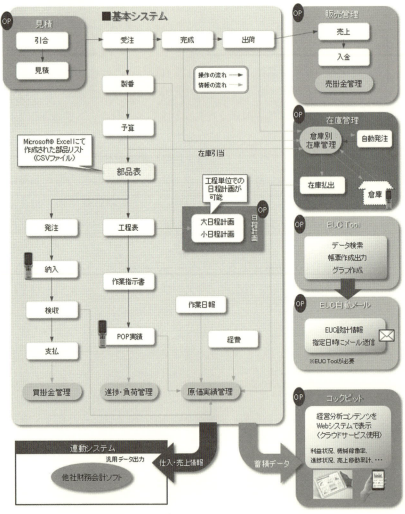

（出所）　www.techs-s.com

4 事業展開

　エコムの第32期（2017年）の実績における事業構成比率は図表8－7のとおりである。図表8－7から明らかなように，エコムの事業は装置の製造を中心として5つの事業に分散すなわち多角化して運営されており，事業の推移の点でリスク管理が行われているとみることができる。

　エコムの業績は，上記の図表8－3から明らかなように，売上高はほぼ順調に推移しており，資本金1億円，従業員数65名の中小企業としては優れた業績を上げているといえる。因みに，第32期（2017年）の資本（自己資本）回転率は20回であり，資本効率は優れていると思われる。また，売上高経常利益率は，最近ではほぼ10数％～20％程度を達成しており，収益性の観点からも優れた業績であるといえる。

図表8－7　エコムの事業構成比率

項　目	％
装　置	75.4％
点　検	8.9％
工　事	9.4％
機器売り	5.9％
その他	0.4％

（出所）　エコムの内部資料から筆者が作成。

　なお，エコムの取引先は日本国内に数百社あり，また，アメリカ，メキシコ，ブラジル，韓国，中国，インド，インドネシア，タイなどの世界各国に納入実績がある。

5　経営目標

　エコムの次年度（第33期：2018年）の経営計画は，図表8－8のとおりであ

る。今後の中期経営計画でも,さらなる成長・発展を意図した戦略経営を目指しているとと理解することができる。図表8－8から明らかなように売上高目標20億円,経常利益3億円であり,売上高経常利益率は15％以上を目指している。

図表8－8　エコムの第33期経営計画の項目例

売上高・利益目標の達成：売上高目標20億円,経常利益3億円
脱自動車への営業展開と新規顧客の獲得
ITマーケティングの強化と営業データベースの整備
プロジェクト管理における原価管理の明確化
「エコム働き方改革」の促進

（出所）エコムの内部資料から筆者が作成。

6　むすび

　以上の考察からエコムが好業績を維持している背景には,先端熱技術総合エンジニアリング業界の特徴があると思われる。すなわち,先端熱技術総合エンジニアリング業界では,少なくともわが国において,それほど多くの競合他社がある訳ではなく,工業用ガスバーナーのメンテナンス事業を皮切りに,徐々に事業を拡大し多角化したことに成功要因があるといえる。そのことは,事業環境の変化に対して事業の多角化によるリスク管理ができており,その結果,当該事業分野において,企業としての独自の進化を達成したことにあると考えられる。また一方で,創業者である髙梨允氏から二代目の代表取締役である髙梨智志氏へ事業承継ができたことも中小企業の存続にとって非常に重要なことである思われる。

　エコムでは,第33期に今後5年間の経営計画を策定し,5年後には年間の売上高24億円,営業利益3.6億円,社員80人の体制を達成することを目指している。そこでは,「生産性向上」と「働き方改革」を重視し,一層の会社の発展と従業員の働き易さに取り組むことを提案している。さらに今後10年後には,売上高40億円,社員100人の体制を達成することを目指し,株式上場を視野に

入れている。このことは，中小企業が成長・発展していく過程で全社的な管理システムを整備すると共に，優れた業績達成のために不可欠である管理会計システムの一層の高度化へ向けた取り組みが必要である。エコムは現在，その道を着実に歩んでいるとみることができるのである。

(謝辞) 株式会社エコムの聞取調査において，代表取締役の髙梨智志氏，総務・経理の髙梨今日子氏，顧問の髙梨允氏にご協力いただきました。ここに記して感謝いたします。

[参考文献]

本橋正美．2015．「中小企業管理会計の特質と課題」『会計論叢』(明治大学) (10): 51-69.

本橋正美．2017．「中小企業管理会計の事例研究アプローチ」『会計論叢』(明治大学) (12): 29-47.

[参考資料]

株式会社エコムホームページ www.ecom-jp.co.jp (2018年4月28日アクセス)
株式会社テクノアホームページ www.techs-s.com (2018年4月28日アクセス)

(本橋正美)

メタ組織における マネジメント・コントロール： 京都試作ネットの事例

1　はじめに

　内需低迷と海外生産の拡大による国内製造業の空洞化に伴い，わが国の産業集積の多くが存続の危機に直面している。そのため，集積内企業個々の取り組みのみならず，地域ブランドの確立，成長産業の取り込みや新産業の創出に向けたクラスターの構築といった，産業集積自体の活性化に向けた取り組みも各地でみられるようになってきた。

　本章では，このような取組みの中から，「京都試作ネット」と呼ばれる，試作プロセスに特化した，中小企業による水平分業ネットワークを取り上げる。同ネットワークは，中小企業による組織間ネットワークに基づく革新的なビジネス・モデルを構築した点で独自性を有している。

　Gulati *et al.*（2012）は，それ自体の目標を有する，雇用関係によらない結びつきによる企業もしくは個人のネットワークのことを「メタ組織（Meta-organization）」と呼び，「法的に自治権を有している複数の構成員から構成される組織」と定義している。本章は，この概念を用いて，単一のメタ組織としての京都試作ネットのマネジメント・コントロールの特徴を明らかにする。

2　京都試作ネットの概要

2-1　京都試作ネットの経緯

　京都試作ネットは，2001年7月に京都府南部に所在する機械金属関連の中小企業10社が共同で立ち上げた，部品加工から装置開発まで「試作に特化したソリューション提供サービス」を専門とするネットワークである。同ネットワークは，京都機械金属中小企業青年連絡会に所属するメンバーによる学習交流を通じて生まれた。

　京都機械金属中小企業青年連絡会は，1982年に発足した，京都府内における機械金属工業及び関連業界で事業活動を行う中小企業の経営者による交流機構である。1990年代のバブル経済崩壊後，同連絡会OBを中心にこれからの経営はどうあるべきかという議論をする中で，真剣に悩むメンバーが集まり，ドラッカーの著書に基づいて勉強会を開始した。

　勉強会を通じて，企業経営の基本は「マーケティング」と「イノベーション」であり，「顧客の創造」が最も重要である（Drucker（1954）），という共通認識に至った。その後，顧客創造の実践方法についての議論を重ね，陳腐化する事業の再定義を行い，強みを活かした新たな経営を模索した。その結果，インターネットを活用した新たな顧客創造の仕組みづくりに取り組むこととなった。

　また，「日本国内では大量生産は機能しない」，「京都で持続可能なモノづくりを行っていくためには，価値連鎖の上流に焦点を当て，頭を使った業務を展開していく必要がある」，という認識を共有し，試作に特化した事業を展開することとなった。勉強会に参加したメンバーの中から，確固たる意志を持ったメンバー10社が，京都府と中小企業支援機関である公益財団法人京都産業21の支援を受け，試作に特化したネットワークである京都試作ネットを設立した。

　その後，京都試作ネットの成功を受けて，京都府内に相次いで試作グループが誕生したが，京都試作ネットを筆頭に10の試作グループが乱立した結果，顧客はどの試作グループに発注すればよいか迷ってしまい，探索コスト負担が重

くなってしまった。このことは，試作グループ側にとってもマイナスであることから，顧客の要望を踏まえ，2012年10月に，京都試作ネットが他のすべての試作グループを束ねて単一の試作グループとなった。

2-2 京都試作ネットの使命と理念

京都試作ネットは，使命と理念を以下のとおり定義している。さらに，現在では，「京都を試作の一大集積地にする」というビジョンも掲げている。

● 使命
 1．開発者に，期待を超える試作品をどこよりも速く提供する。
 2．試作発注者の手間を省く。

● 理念
 1．商品開発初期段階から顧客と一緒に参画し，加工業者からの提案をし，顧客の開発の効率化を図る。
 2．企業連合で知恵を出し合って創発し，顧客にソリューションを提供し，新しい価値を創造する。
 3．試作という高度なものづくりを通じて，それに携わる人々に人としての成長の機会を提供する。

京都試作ネットは，「中小企業の自立化」を果たすための基盤（platform）として，会員企業に対し，事業機会と学習機会を提供することを目的としている。同ネットワークは，試作ビジネスを通じた事業機会の拡大を目指して設立された。しかし，理念の3番目に掲げているとおり，同ネットワークは，単に受注件数・売上高・利益といった実利ありきではなく，会員企業が，試作ビジネス及び会員企業相互のコミュニケーションを通じた様々な「学び」によって成長することを重視している。そのため，同ネットワークは，実利だけを目的とした事業者の入会を認めていない。

2-3 京都試作ネットの事業内容

京都試作ネットは，京都府内に所在するものづくり中小企業による，試作ビジネスに特化した水平分業ネットワークである。

京都試作ネットは，コスト競争力ではなく，開発段階で最重視されるスピードを最優先している。顧客からの相談や問い合わせには，2時間レスポンスを約束している。なお，外国顧客からの相談や問い合わせには，24時間レスポンスを約束している。

Webサイトの入力フォーム，EメールやFaxを通じて顧客から試作依頼を受け取ったら，会員企業に対し，依頼内容を即座にEメールで転送する。その後，依頼内容に応じて，会員企業の中から最適な企業が事務局を通じて見積もりを返信し（図表9-1），顧客と打ち合わせを行う。そして，商談が成立すれば，業務を受注する。

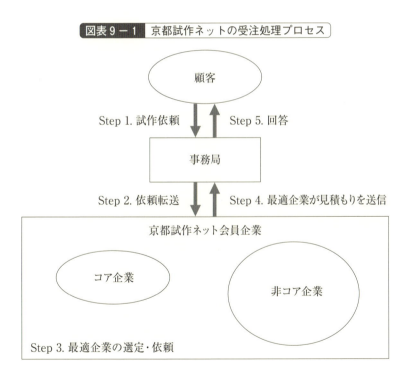

図表9-1　京都試作ネットの受注処理プロセス

なお，2時間レスポンスを保証するために，理事企業の中から週ごとに3社が輪番で週当番となり，事務局とともに注文を処理し，受注企業を決定する。受注企業の選定について特定の基準はなく，受注を希望する企業に依頼するこ

ともあれば，週当番が適任と考えた企業に依頼することもある。受注企業は，売上高の5％を賦課金として京都試作ネットの本部に納める。京都試作ネットは，この賦課金と後述する年会費を収益源としている。

受注内容については，従来は「試作加工」が中心であり，パーツ単位での依頼が大半だった。しかし，試作グループの統合に伴い，事業領域を拡張し，現在は「試作開発」にも積極的に取り組んでいる。試作加工は顧客企業が開発する製品の試作業務のみを請け負うのに対し，試作開発は，試作業務を基盤としながらも，顧客の要望に応じて，製品企画，概念設計，基本設計，詳細設計，製造プロセス設計といった製品開発プロセスをトータルに支援する。

試作加工の場合，単一の加工業務のみの場合には会員企業が単独で，複数の加工業務が必要な場合（例えば，金属加工＋表面処理）には複数の会員企業が共同で受注する。これに対し，試作開発では，複数の会員企業による対応が必要な複合案件が多い。

顧客との取引関係についてはケース・バイ・ケースであるが，一般に，京都試作ネットを利用した経験のある顧客が別の試作業務を発注する場合，以前と同様の業務（リピート・オーダー）であれば，京都試作ネットを経由することなく，実際に担当した会員企業に直接発注する場合が多い。

これに対し，以前とは異なる業務を発注する場合，(1)京都試作ネットにオーダーを出す場合もあれば，(2)以前発注した会員企業に対して，適切な企業を探すよう依頼する場合もある。(2)の場合には，(A)依頼を受けた会員企業が直接，適切な企業を探す場合もあれば，(B)依頼を受けた会員企業が顧客企業に代わって，京都試作ネットに適切な企業を探すよう依頼することもある。このうち，(2)(B)を「代理投稿」と呼んでいる。代理投稿の場合には，京都試作ネットへの相談件数として計上されるが，(2)(A)の場合には計上されない。しかし，これも京都試作ネットがもたらす経済効果（波及効果）である。

品質保証については，京都試作ネットはあくまでマッチング・サイトにすぎず，法的主体ではないことから，試作ネット自体に品質保証機能はない。しかし，試作ネットのブランドを汚さないように，コア企業に対して，試作ネット経由の仕事を最優先し，顧客が求める品質を保証するよう要請している。

営業活動については，「バーチャルとリアルの使い分け」を重視しており，

Webによる広告宣伝と受注処理（バーチャル）だけでなく，顧客開拓のための訪問活動や展示会といったFace to Faceの活動（リアル）も重視している。

2-4 京都試作ネットのマネジメント

　京都試作ネットは，代表理事，常任理事会，理事会，営業活動会議，週当番，事務局といった機関及び会議体を擁している。

　代表理事は最高責任者であり，これまで5年おきに交代している。なお，事務局は代表理事が所属する会社が担当する。

　最高意思決定機関である理事会は月1回開催され，京都試作ネットとしての戦略を策定する。理事会は，コア企業から選任された理事のみで構成される。各コア企業から1名が理事に就任するが，自身が所属する企業において決裁権限を持つ者でなければならない。理事会には，京都府と公益財団法人京都産業21からそれぞれ数名がオブザーバーとして出席する。なお，京都府は，試作産業を含む5分野を「新京都ブランド」に指定し，府内中小企業によるこれら新分野への進出やこれら新分野におけるベンチャーの育成を支援している。

　常任理事会は月3回程度開催され，理事会に諮る議案などを検討する。常任理事会は，理事から選任された5名の常任理事から構成される。構成は，代表理事，副代表2名，企画部長，国際営業部長である。

　営業活動会議は営業担当者による会議体であり，月1回開催されている。各コア企業から最低1名以上が営業担当者に就任し，現在40名程度である。営業活動会議では，営業担当者が受注状況（売上高）を報告するとともに，理事会で策定された戦略を受けて戦術を策定する。週当番は，前述したとおり，コア企業が週ごとに輪番で担当し，事務局とともに注文を処理し，受注企業を決定する。

　前述したように，京都試作ネットでは「バーチャルとリアルの使い分け」を重視しているが，会員企業相互のコミュニケーションを通じた「学び」の機会を提供するために，マネジメントに関してはリアルを重視している。そのため，常任理事会，理事会，営業活動会議といった公式的な会議体はもちろんのこと，コア企業同士による非公式なミーティング，コミュニケーションも頻繁に行っている。

2-5 京都試作ネットの戦略

現在,京都試作ネットは,以下の2つを重要な戦略として位置付けている。
○事業領域の拡大:試作加工から試作開発へ
○地理的範囲の拡大:日本国内から欧米諸国へ

事業領域の拡大については,前述したとおり,2012年10月の新生京都試作ネットのスタートに伴い,事業領域を拡張し,これまでの試作加工に加えて試作開発にも積極的に取り組んでいる。

地理的範囲の拡大については,2012年4月に国際事業部を立ち上げ,2012年秋に米国シカゴで初の展示会を開催するとともに,英語版ホームページを作成し,外国,特に欧米圏での知名度を高めるための取り組みを進めている。京都試作ネットはアジア諸国よりも欧米諸国を重視しているが,それはより難しい案件に挑戦したいと考えているからである。また,欧米企業との事業をより一層拡大するため,将来的には,欧米企業の開発拠点を京都地域に誘致したいと考えている。

3 京都試作ネットのビジネス・モデルとマネジメント・コントロール

Gulati et al. (2012) は,それ自体の目標を有する,雇用関係によらない結びつきによる企業もしくは個人のネットワークのことを「メタ組織 (meta-organization)」と呼び,「法的に自治権を有している複数の構成員から構成される組織」と定義している。

京都試作ネットは,法的に独立したコア企業群を核としたネットワークであり,会員企業がネットワーク自身の使命,理念及びビジョンを共有する。同ネットワークの取組みは,複数の中小企業によるメタ組織を活用した「第二の創業」と捉えることができる。同ネットワークのメタ組織としてのマネジメントの特徴として,「試作に特化したビジネス・モデル」と「信条システムを基盤とするマネジメント・コントロール」の2つをあげることができる。

3-1 試作に特化したビジネス・モデル

　京都試作ネットは，試作プロセスに特化し，異なる専門性を有する京都地域におけるモノづくり中小企業がネットワークを組み，独自ブランドとして体系化し，可視化することで，競争優位性を確立してきた。試作は，製品設計と工程設計の適切性を検証する手段であり，一般に，試作品は単品もしくは小ロットで生産される。そのため，試作企業には，大量生産能力は求められていないが，様々な試作ニーズに対応するために，高度な技術力に加え，素材，形状，加工方法等に応じて柔軟に対応する能力が求められる。

　そのため，試作企業においては，キャパシティよりもケイパビリティの重要性が高い。京都試作ネットは，異なるケイパビリティを有する企業がネットワークに参加することで，「技術の多様性」と「技術の補完性」を実現している。技術の多様性と補完性を活かして，会員企業のケイパビリティを組み合わせることで，様々な試作ニーズに対応するとともに，個々の会員企業は自社のケイパビリティに特化することができるため，独自ケイパビリティを追求することが可能となっている。

　伊丹（1998）は，分業集積群が柔軟性を保有できるための基礎要件（柔軟性要件）として，「技術蓄積の深さ」，「分業間調整費用の低さ」，「創業の容易さ」の3つをあげている。京都試作ネットにおいては，会員企業が異なるケイパビリティを有していることから，「技術蓄積の深さ」と「分業間調整費用の低さ」を活かして，多様な試作ニーズに対応することができる。ここで，分業間調整費用とは，細かく分かれて分業を担当している企業間の取引の調整費用であり，分業相手を見つける費用から，実際に分業した加工をきちんとやってもらうための話し合いの費用，分業開始後の設計変更などの費用，代金回収までの取引完結に必要な費用など，複雑な分業を前提として整合的に実行していくために必要な費用の総体のことである。

　また，末松（2002）は，ネットワークが追求する要素として，「資源共有」，「機能分散」，「負荷分散」の3つをあげている。京都試作ネットは，会員企業が持つ多様なケイパビリティを共有し（資源共有），技術の多様性を実現できることから，会員企業は各々，自社のケイパビリティに特化するとともに，独

自ケイパビリティの追求に邁進することができる（機能分散）。さらに，受注，展示会や海外展開等，一社ではコストが高い，あるいは不可能なことを共同で行うことで，会員企業ごとのリスクとコストを低減している（負荷分散）。

京都試作ネットでは，試作業務を試作加工と試作開発とに区分している。試作加工の場合，部品単位での受注が大半であるため，複数の加工業務が必要な場合には，ある会員企業が金属加工を行い，その後，別の会員企業が表面処理を行うといったように，バトンタッチ方式によって，上流工程から下流工程へと順送りで業務を遂行することができるため，分業間調整費用は低い。

これに対し，試作開発では，複数の会員企業が相互に調整しながら業務を行う複合案件が中心である。複合案件においては，一般に分業間調整費用が高く，企業間連携の確保が不可欠である。京都試作ネットの場合，後述する，信条体系の共有を前提とした会員企業間での質の高いコミュニケーションがこれを支えている。

試作とは新しいものを初めて作る行為であり，あらかじめ解答は用意されていない。会員企業は，厳しい納期と予算制約の下で，未経験のことに取り組み，自ら解を生み出していかなければならない。そのため，会員企業は，各々が保有するコア・ケイパビリティを基盤としながらも，顧客ニーズへの対応力を強化するために，実践を通じて独自ケイパビリティを獲得し，自社のケイパビリティを拡張し続けなければならない。

独自ケイパビリティを獲得するためには，未経験のものに対するチャレンジ精神が何よりも重要であり，試作開発においてはその重要性がより一層高い。この点について，京都試作ネットは，ドラッカーの経営理論・経営哲学の共有を通じて，顧客を創造するためのイノベーションの重要性をコア企業間で共有している。

外国展開においても，イノベーションの機会を探求するために，欧米諸国からの難しい案件を受注すべく，欧米諸国における知名度を高めるための取り組みを進めている。

また，京都試作ネットは，ネットワークと独自ブランドを活かして，販売プロセスを強化している。マーケティング力を強化するために，Webを活用して受注処理業務を効率化する一方で，マーケティング活動に人材を投入して，

その強化を図っている。

　顧客開拓については，コア企業の経営者自らが顧客訪問を行うとともに，展示会に参加し，プレゼンテーションを行うことにより，京都試作ネットの知名度を上げるとともに，受注の拡大を図っている。さらに，月１回開催する営業活動会議において，受注状況を定期的にチェックするとともに，受注拡大のための戦術を立案して，速やかに実施に移している。

3-2　信条システムを基盤とするマネジメント・コントロール

　Simons（1995, 2000）は，マネジャーが組織を統制する手段として，「信条システム（Belief systems）」，「境界システム（Boundary systems）」，「診断型統制システム（Diagnostic control systems）」，「双方向型統制システム（Interactive control systems）」の「4つのレバー」を挙げている。

　メタ組織の場合，各構成員は法的に独立しており，雇用契約による縛りもないため，メタ組織の活動にどの程度参画するかは各構成員の自由裁量に委ねられている。そのため，構成員を直接統制することはできないことから，診断型統制システムによる統制には制約がある。このことから，メタ組織としての成果向上へと導くためのマネジメント・コントロール機能としては，信条システムと境界システムによる価値観と行動原則の共有及び，双方向型統制システムに基づく継続的な議論と対話による新たな戦略の創発が重視されるものと思われる。

　京都試作ネットのマネジメント・コントロールの特徴は，信条システムを非常に重視していることである。Simons（1995, 2000）によれば，信条システムとは，経営者が組織としての基本的価値観，目的，方向性を公式に伝え，強化するための「組織としての明確な定義」のことであり，その第一義的な目的は，「組織ぐるみの機会探索・開拓を奨励し，正しい方向へと導くこと」にある。さらに，Simons（1995）は，公式的な信条システムを構築することによる効用は，信条（Credo）やステイトメント（Statement）そのものからではなく，むしろ，それらの信条を伝え，理解を促すための議論の中から生じることが多いと論じている。

　京都試作ネットは，図表9-2に示すような信条体系を，入会手続きと入会

後の公式的・非公式的なコミュニケーションを通じて，コア企業間で共有し，かつ，強化を図っている。

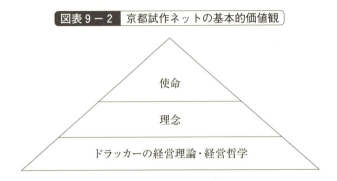

図表9－2　京都試作ネットの基本的価値観

京都試作ネットに入会するための資格要件は，以下のとおりである。2012年10月の試作グループ統合後は，コア企業として入会するための資格要件となっている。

(1)　京都府内に所在する会社であること
(2)　モノづくりを行う会社であること
(3)　京都試作ネットの使命と理念に共感していること
(4)　経営者自らが試作ネットの活動に積極的に参加し，従業員任せにしないこと
(5)　年会費を60万円納めること

コア企業として入会を希望する会社は，以下のステップを経なければならない。

Step 1：コア企業1社による推薦を受けた上で，代表理事と顧問（第2代代表理事山本昌作氏）の2名による面接を受ける。
Step 2：面接に合格すると準会員（最低6カ月）となる。準会員は，理事会や営業活動会議にオブザーバーとして参加する。準会員になった会社は，会社の代表者が，京都試作ネット主催の「ドラッカー講座（全6回）」

を受講しなければならない。
Step 3：ドラッカー講座受講後，代表理事と相談役（初代代表理事）の2名による最終面接を受け，合格すれば，コア企業（正会員）として認められる。

　このように，コア企業として入会を希望する企業の経営者は，京都試作ネットのトップによる2度の面接を通じて，(3)と(4)についての自身の認識を厳しく問われる。また，準会員となってからも，各種会議体へのオブザーバーとしての参加とドラッカー講座の受講を通じて，経営者は，ドラッカーの経営理論・経営哲学と京都試作ネットの使命と理念を深く理解し，それに基づいて，自身の意識を変革することが求められる。
　コア企業として認められてからも，公式的な機関や会議体だけでなく，非公式なミーティングやコミュニケーションを通じて，京都試作ネットの使命と理念への理解を深めるとともに，同ネットワークの活動への責任感を醸成することが求められる。
　このような公式・非公式のコミュニケーションを通じたコア企業間での基本的価値観の共有が，京都試作ネットにおけるオペレーションのアラインメント（Alignment）とイノベーションのエンパワーメント（Empowerment）を支えている。コア企業間でのコミュニケーションは，戦略の不確実性への対処と新たな戦略の創発を促進する，双方向型統制システムとしての機能も果たしている。

4　京都試作ネットが会員企業にもたらす外部効果

　京都試作ネットのようなメタ組織は，雇用関係によらない結びつきによるネットワークを基盤としており，構成員はそれぞれ法的に自治権を有している。程度の差はあれ，構成員はそれぞれ自社固有の顧客と業務を抱えている。そのため，構成員は，自らの組織にとって有益であると考えるからこそ，メタ組織に参加する。
　したがって，メタ組織の考察にあたっては，メタ組織そのものだけでなく，

メタ組織がその構成員にもたらす外部効果にも着目する必要がある。Kaplan and Norton（2001, 2004）による戦略マップ（Strategy Maps）のフレームワークを参考に，京都試作ネットが会員企業，特にコア企業にもたらす外部効果を図示したものが，図表9－3である。

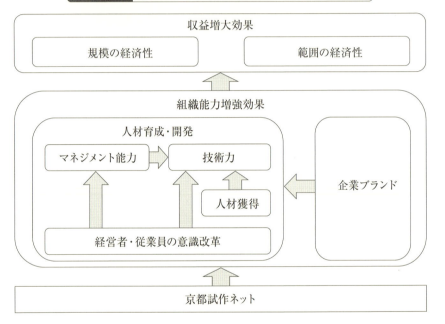

図表9－3　京都試作ネットが会員企業にもたらす外部効果

外部効果は，収益増大効果と組織能力増強効果の2つに大別することができる。収益増大効果は，規模の経済性（会員企業が直接請け負っている受注だけでなく，試作ネット経由での受注を請け負うことで受注総量が増加する）と範囲の経済性（事業領域の拡張によって受注総量が増加する）の2つの源泉から得られる。このうち，後者は，その前提として独自ケイパビリティの獲得による自社ケイパビリティの拡張が不可欠であることから，組織能力増強効果を通じて得られるものである。

一方，組織能力増強効果は，人材育成・開発と企業ブランドの確立とに大別することができる。前者は，京都試作ネットでの活動を通じて，新たな事業に

挑戦するとともに，他の会員企業と質の高いコミュニケーションを行うことで，(1)経営者・従業員の意識が変革し，その結果，(2)経営者のマネジメント能力が高まるとともに，(3)組織レベルあるいは個人レベルでの技術力が向上する，というものである。後者は，京都試作ネットでの活動を通じて，会員企業の知名度が高まることである。さらに，企業ブランドの向上は，従業員の会社に対する忠誠度（loyalty）を高めるとともに，優れた潜在能力を有する人材を新規採用することができるため，組織あるいは個人レベルでの技術力の向上にとってプラスに作用する。

そして，チャレンジ精神，人材育成・管理能力，プロジェクト管理能力といった経営者のマネジメント能力を技術に結び付け，果敢に新しい案件に取り組むことで，組織全体あるいは個人レベルの独自ケイパビリティを拡張・増強し，その結果，範囲の経済性に基づく収益増大効果を得ることが可能となる。

5 むすび

Porter（1998）は，クラスターを「特定分野における関連企業，専門性の高い供給業者，サービス提供者，関連業界に属する企業，関係機関（大学，規格団体，業界団体など）が地理的に集中し，競争しつつ同時に協力している状態」と定義している。

京都試作ネットの活動がきっかけとなって，京都地域において試作グループが相次いで誕生し，京都府，公益財団法人京都産業21，京都試作センター株式会社といった官民支援も拡充していった。同ネットワークは，大西（2010）が指摘するように，クラスター・コアとして，京都地域における試作クラスターを形成し，発展させていった。同ネットワークは，現在，他の試作グループを統合し，試作クラスターの中核組織として活躍している。

最近，日本国内において，産業集積を活かした地域産業の活性化への取り組みとしてクラスターが注目されているが，十分な成果を上げられない取り組みが多い。その理由の一つとして，クラスター形成主体が自治体であり，ビジネスを直接担う企業による主体的かつ長期的なコミットメントが欠如していることが挙げられる。自治体主導の地域産業活性化策は，競争力強化よりも弱者救

済色の強い財政支援策に偏りがちであり，中小企業の自立を阻むという問題もある。

京都試作ネットは，最初からクラスターの構築を意図していたわけではない。自らの生き残りをかけ，独自のビジネス・モデルを確立し，成長していく過程で，他の試作グループの誕生や官民支援の拡充といった波及効果を引き出し，結果として，京都地域において試作クラスターが確立されていったのである。京都試作ネットのビジネス・モデル，マネジメント・コントロール及び，会員企業にもたらす外部効果を統合して整理したものが，図表9－4である。京都試作ネットの成功要因は，技術の多様性と補完性を活かしたビジネス・モデルと，これを支える，メタ組織としての信条システムに基づく自律的なマネジメント・コントロールにある。

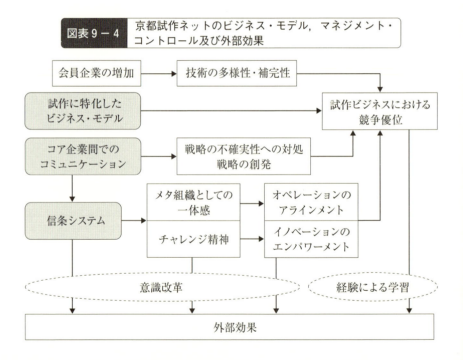

図表9－4 京都試作ネットのビジネス・モデル，マネジメント・コントロール及び外部効果

試作ビジネスの事業規模を拡張するためには，高度かつ多様なケイパビリティが求められる。京都試作ネットは，異なるケイパビリティを有する中小企

業がネットワークを組むことで技術の多様性と補完性を実現し，様々な試作ニーズに対応するとともに，個々の会員企業による独自ケイパビリティの追求を促進することが可能となっている。

　同ネットワークは，信条システムを重視し，ネットワークの使命・理念・ビジョン及び，これらの基礎をなすドラッカーの経営理論・経営哲学といった，メタ組織としての基本的価値観を共有することで，会員企業による同ネットワークへの理解と参加意欲を高めてきた。

　コア企業間での公式・非公式の頻繁かつ質の高いコミュニケーションが基本的価値観の共有を促進し，メタ組織としての一体感とチャレンジ精神を醸成する。このことが，同ネットワークにおけるオペレーションのアラインメント（Alignment）とイノベーションのエンパワーメント（Empowerment）を支えている。コア企業間でのコミュニケーションは，戦略の不確実性への対処と新たな戦略の創発を促進する，双方向型統制システムとしても機能している。

　さらに，同ネットワークは，実利だけでなく学びも重視することで，成長意欲の高い企業を呼び込むとともに，会員企業の成長を促している。期待される外部効果がネットワーク参加への意欲を高め，ネットワークでの活動を通じて実現した外部効果が組織を活性化させるという好循環を生み出している。

　2012年10月の試作グループ統合に伴い，京都試作ネットの会員企業は大幅に増加し，組織規模が拡大するとともに，多様なケイパビリティを取り込むことができ，より一層，技術の多様性と補完性を高めることができた。しかし，新たに加わった会員企業の大半は非コア企業であり，コア企業とは異なり，同ネットワークの基本的価値観を十分に共有できているとは限らない。今後，京都試作ネットが，持てる規模と技術の多様性・補完性を十分に活用し，試作ビジネスにおける発展を遂げるためには，同ネットワークの基本的価値観の浸透を通じて，非コア企業による積極的な参加をどれだけ促すことができるかが重要な鍵となる。

（謝辞）　本章の内容は，2013年3月に，京都試作ネット3代目代表理事（当時）の竹田正俊氏（株式会社クロスエフェクト代表取締役）に対して行った半構造化インタビューに基づいている。本章の執筆にあたっては，竹田氏から貴重なお

話をうかがうことができた。ここに記して心より感謝の意を表したい。

[参考文献]

伊丹敬之．1998．「第 1 章　産業集積の意義と論理」伊丹敬之・松島茂・橘川武郎編著『産業集積の本質柔軟な分業・集積の条件』有斐閣．

大西辰彦．2010．「産業クラスターの成長プロセスと中小企業ネットワーク」『京都学園大学経済学部論集』20(1): 1-23．

末松千尋．2002．『京様式経営―モジュール化戦略』日本経済新聞社．

山口直也．2017．「メタ組織におけるマネジメント・コントロール―京都試作ネットの分析―」『管理会計学』25(1): 19-33．

Drucker, P. F. 1954. *The Practice of Management*, Harper & Brothers.（上田惇生訳．1996．『現代の経営（上）（下）』ダイヤモンド社）

Gulati, R., P. Puranam, and M. Tushman. 2012. Meta-Organization Design: Rethinking Design in Interorganizational and Community Contexts, *Strategic Management Journal,*. 33: 571-586.

Kaplan, R. S. and D. P. Norton. 2001. *The Strategy-Focused Organization*, Harvard Business School Press.（櫻井通晴監訳．2001．『キャプランとノートンの戦略バランスト・スコアカード』東洋経済新報社）

Kaplan, R. S. and D. P. Norton. 2004. *Strategy Maps*, Harvard Business School Press.（櫻井通晴・伊藤和憲・長谷川恵一監訳．2005．『戦略マップ』ランダムハウス講談社）

Porter, M. E. 1998. *On Competition*, Harvard Business School Press.（竹内弘高訳．1999．『競争戦略論Ⅰ』『競争戦略論Ⅱ』ダイヤモンド社）

Simons, R. 1995. *Levers of Control*, Harvard Business School Press.（中村元一・黒田哲彦・浦島史恵訳．1998．『ハーバード流「21世紀経営」4つのコントロール・レバー』産能大学出版部）

Simons, R. 2000. *Performance Measurement & Control Systems for Implementing Strategy*, Prentice Hall.（伊藤邦雄監訳．2003．『戦略評価の経営学－戦略の実行を支える業績評価と会計システム－』ダイヤモンド社）

（付記）　本章は，山口（2017）を再編集したものである。

（山口直也）

第10章

中小企業における
事業構造の転換と管理会計：
株式会社松本鐵工所の事例

1 はじめに

　北海道苫小牧市に本社を置く株式会社松本鐵工所（以下「松本鐵工所」という）は，製紙会社における抄紙機の据付で培った技術を企業の強みとして，産業機械の設計（電気設計を含む），製作，据付，組立，補修と一貫した受注体制を確立している。特に，機械据付の技術力は高く評価されており，国内大手製紙会社の抄紙機の7割は松本鐵工所が据付及びメンテナンスを受注している。

　しかしながら，1975（昭和50）年以降の製紙会社における抄紙機の大型化，バブル経済崩壊後の企業合併や工場の統廃合によって抄紙機の撤去や休止が相次いだ[1]。製紙会社における抄紙機の据付及びメンテナンスで国内No.1の実績を誇る松本鐵工所では，抄紙機の設置・稼動台数の減少が受注量の低下に直結するため，経営環境の変化に適合する事業構造の転換が課題となった。

　そこで，松本鐵工所は，将来を見据えた事業の多角化を図り，新たな事業分野への開拓の挑戦を開始した。会社組織の構造改革として，1996（平成8）年に技術開発室を，翌年の97年に経営企画室（2018年に廃止）をそれぞれ本社に

1　日本製紙株式会社は，2018年5月28日，北海道工場勇払事業所（苫小牧市）の洋紙生産を2020年1月に停止（抄紙機全4台），釧路工場（釧路市）でも2019年7月に一部停止（抄紙機1台），富士工場（静岡県富士市）でも2019年に順次停止（抄紙機全3台）することを発表した（2018年5月29日付『北海道新聞』）。

設置し，自社の設計力を強化するとともに自社製品の開発に着手した。近年では，自動車組立設備，空港設備，港湾設備，電力設備，産業廃棄物処理設備などの広範囲な事業分野への受注活動を展開している。この過程において，各事業所では，技術・技能人材を育成し，顧客満足に努めている。

本章では，「受身の受注体質」からの脱却を目指し，オーダーメイドの機械や装置の受注活動で新規の事業分野を切り拓く，松本鐵工所の事業構造の転換とそれを支援する管理会計の実践事例を考察している。他社にはないオンリーワン技術が松本鐵工所の持続可能な成長を実現する原動力となっている。

2　松本鐵工所の経営環境

2-1　苫小牧地域の経済環境

本節では，最初に，松本鐵工所が本社を置く苫小牧地域の経済環境を概観し，松本鐵工所の発展の経緯を浮き彫りにする。

苫小牧地域の経済発展は，王子製紙株式会社苫小牧工場[2]（以下「王子製紙苫小牧工場」という）が1910（明治43）年に操業を開始したことに始まる。その後，1963（昭和38）年に世界初の内陸掘込港湾の苫小牧工業港が開港し，非鉄金属，石油精製，自動車，化学工業等の企業立地が加速した。近年では，1992（平成4）年に操業したトヨタ自動車北海道株式会社[3]（以下「トヨタ自動車北海道」という）を取引先とする自動車部品メーカーの集積化が進んでいる。この背景には，苫小牧東部地域や苫小牧西部工業基地などの産業拠点と，交通アクセスに優れた臨海・臨空型の工業団地が整備された点にある。苫小牧地域は，地理的に新千歳空港の南側に位置しており，空港，港湾，鉄道，高速自動車道などの交通の要衝として北海道の重要な物流拠点となっている。

このように，苫小牧地域は王子製紙苫小牧工場を起点に，出光興産株式会社

---

[2] 王子製紙は，2012年の持株会社制移行に伴い，王子ホールディングス株式会社の子会社となっている。王子製紙苫小牧工場は，単一工場としては世界最大規模を誇る新聞用紙の生産工場である。
[3] トヨタ自動車北海道は，オートマチック・トランスミッション，無段変速機（CVT），ハイブリッド・トランスアスクル，トランスファーの自動車部品を生産している。

北海道製油所，そしてトヨタ自動車北海道という3つの大手企業を中心に経済活動が発展している。2014年の製造品出荷額等（従業者4人以上の事業所）をみると，北海道全体で6兆6,728億円のうち苫小牧市は1兆3,913億円（20.9％）を占めており，道内1位となっている。

2-2　会社の概要と沿革

2-2-1　会社の概要

　松本鐵工所は1948年4月に創業し，2018年4月に創立70周年を迎えた。同年5月には株主総会及び取締役会を開催し，専務の松本英久氏が代表取締役社長に昇格し，社長の松本紘昌氏が代表権のある会長に就任した。

　なお，直近の2018年3月期の売上高は約30億円である。

　同社のHP（2018年7月9日参照）によると，2018年4月現在，資本金は5,000万円で，従業員は266名である。図表10-1は同社の組織図である。苫小牧本社のなかに営業本部（東京都大田区）と業務部及び技術開発室等を配置するとともに，全国に9カ所の事業所と3カ所の工場[4]を設置している。

　事業内容は，①産業機械の設計，製作，据付，組立，補修，②機械及び部品の機械加工，製缶加工，③製紙機械据付，メンテナンス，④製紙機械各種ロール分解整備，組立，補修，⑤船舶修理，配管工事，⑥天井走行クレーン設計，製作，据付である[5]。

　最近の特徴的な事業実績には，①製紙機械設備，抄紙機据付及び部品の製作，改造，補修，②製紙機械用ロールメンテナンス，③自動車工場設備，洗浄機等の設計，製作，据付，補修，④苫小牧西港フェリーターミナルボーディングブリッジの設計，製作，据付，⑤札幌ドームの開閉式可動席の製作などがある。

---

[4]　松本鐵工所が保有する3カ所の工場は，苫小牧事業所（製缶工場・組立工場・機械仕上工場），石巻事業所，八戸事業所にそれぞれ併設されている。

[5]　松本鐵工所が有する許可登録の事業免許には，①（建設大臣許可）機械器具設置工事業，②（北海道運輸局）小型船造船業登録，③（北海道労働基準局）第一種圧力容器製造許可，④（北海道労働基準局）ホイスト式天井走行クレーン製造許可がある。

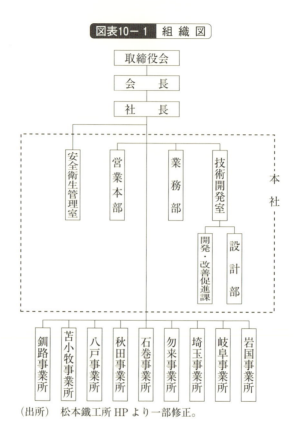

（出所）松本鐵工所HPより一部修正。

2-2-2 会社の沿革と転機

　松本鐵工所の社史は，1948年4月に初代社長の松本金太郎氏が苫小牧市錦町に機械器具を営む会社を創立したことに始まる。同社は，その後，松本金太郎氏が会社設立前に王子製紙苫小牧工場に勤務していたこともあり，製紙会社における抄紙機の据付を主たる事業にする会社として成長を始めた。

　しかしながら，会社設立から数年間は経営が順風満帆ではなかった[6]。転機

---

[6] 初代社長の松本金太郎氏は，第二次世界大戦後の苫小牧地域では会社の成長が期待できないと判断し，1951年に東京支店を開設している。松本紘昌社長（当時）によると，戦後の混乱期において仕事の受注には東京支店の役割は重要であったが，苫小牧本店において東京支店に依存する経営体質が生まれたという。

を迎えたのは，1952年に十條製紙株式会社（現在の日本製紙株式会社）伏木工場において5号抄紙機の据付を成功させてからである。やがてこの成功が松本鐵工所の実績として世間に知れ渡り，国内の大手製紙会社から抄紙機の据付の受注が舞い込んだ。1960年には，事業規模の拡大に伴って，石巻事業所を開設し，順次，釧路事業所，八戸事業所，岩国事業所，勿来事業所，秋田事業所を開設した。1981年3月には本社及び工場を現在の苫小牧市晴海町に移転した。

次なる転機は，1984年に自動車業界として最初に北海道に進出し，苫小牧地域で操業した，いすゞ自動車株式会社北海道工場[7]から松本鐵工所が自動車部品の製造設備に係る技術指導を受け，1990年に同社北海道工場に対してVエンジンシリンダーヘッド洗浄機の設計・製作を実施したことが挙げられる。1992年にはトヨタ自動車北海道に対しても洗浄機の設計・製作を実現させている。

さて，松本鐵工所のさらなる転機は，1990年代から始まった製紙会社の企業合併や工場の統廃合である。これにより，抄紙機の撤去や休止が相次ぎ，抄紙機の設置・稼動台数が減少した。そこで，松本紘昌社長（当時）は，事業の多角化を経営方針に掲げて新しい事業分野に挑戦するために自社ブランド製品の製造に着手した。現在では，自社製品の開発を展開し，自社の設計力を武器に，オーダーメイドの機械や装置の受注活動を展開している。

また，苫小牧本社と東京支店との「経理の統一化」や「組織構造の統合化」を実施し，1998年には苫小牧本社のもとに営業本部（東京都大田区）を設置し，本社工場を苫小牧事業所として独立させた。これにより会社内部での人材交流が活発になり資金管理が改善された。2005年にはISO9001[8]を取得して顧客満足に努めている。その後，2006年には苫小牧事業所に組立工場を増設し，機械仕上工場に5面加工機を導入するなど積極的な投資活動を実施している。

なお，2011年3月11日に発生した東日本大震災では，八戸事業所と石巻事業所が被災し，工場及び事務所が流失してしまった[9]。

---

7 いすゞ自動車株式会社北海道工場は，2002年に「いすゞエンジン製造北海道株式会社」として分社化され，いすゞグループにおけるエンジン部品の生産拠点となっている。
8 ISO9001は「品質マネジメントシステム（QMS）」と呼ばれており，製品を提供する企業が顧客の要望や期待に応える仕組みを定めた国際規格である。
9 松本鐵工所は，東日本大震災によって八戸事業所と石巻事業所が被災したものの，震災直後，津波被害を受けた客先設備の復旧作業を優先的に実施し，早期の操業再開に貢献した。同社は，この取組みにより2011年8月に経済産業大臣から表彰されている。

2-3 会社の社是・経営方針

松本鐵工所の社是は「心・技・和・信」である。同社のHPでは,「私達,株式会社松本鐵工所と,その社員は人間としての心を大事にし,心に恥じない仕事を信条とし,社員と家族の和,社会との協調を図り,絶え間ない技能の鍛錬のもと,客先の大きな信頼に応える。そんな企業と社員であり続けます。」という経営方針を明示している。そのうえで,この社是のもと,「安全・正確」「精密・丁寧」「納期の厳守」を合言葉に,さらなる技術の向上を目指すこと,社員一人ひとりが明日を見つめて明るく生き生きと何事にもチャレンジし続ける企業でありたいという考え方を表明している。

松本紘昌社長(当時)は,会社の社是や経営理念が従業員に浸透するように,新入社員研修などを利用してその意味や内容を説明しているという。

2-4 会社の業績

松本鐵工所は未上場会社であるため,直近10年間の売上高とその内訳の「現場工事」と「工場製作」のセグメント別売上高,営業利益,純資産(自己資本),総資産(総資本)に関する内部管理用の財務情報は同社から提供を受けた。

図表10-2は,売上高と総資本営業利益率の推移である。売上高は,2009年3月期をピークとして下降上昇を繰り返しつつ30億円程度で推移している。総

図表10-2 売上高と総資本営業利益率の推移

(出所) 財務情報の提供を受けて筆者作成。

資本営業利益率は，2013年3月期の6.0%をピークとして緩やかに低下しつつも2018年3月期では3.3%まで回復している。

図表10－3は，主要な売上高を構成する「現場工事」と「工場製作」に係るセグメント別売上高構成比の推移である。2018年3月期では「工場製作」の事業区分に関する売上高が22.5%まで回復している。

図表10－4は，自己資本（純資産）と総資本（総資産）及び自己資本比率の推移である。2011年3月期以降の自己資本額が右肩上がりに増加している。この結果，2018年3月期における自己資本額は40億円超となり，自己資本比率は76.7%に達した。総資本額が50億円程度で推移するなかで内部留保額が厚くなり財務体質の安定度が増している。

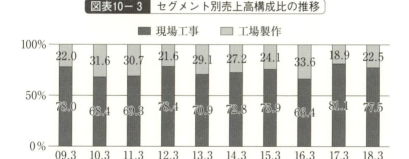

図表10－3 セグメント別売上高構成比の推移

（出所）図表10－2と同じ。

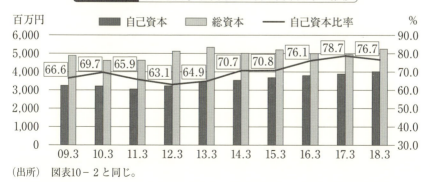

図表10－4 自己資本，総資本及び自己資本比率の推移

（出所）図表10－2と同じ。

3 松本鐵工所における管理会計実務

　本節では，2017（平成29）年3月に実施した北海道苫小牧地域の中堅企業157社を対象としたアンケート調査「中小企業における管理会計実践に関する実態調査」の回答結果を踏まえて，松本鐵工所に対して数回実施したヒアリング調査の結果に基づき同社の管理会計実務を考察している[10]。

3-1　アンケート調査結果の概要[11]

　松本鐵工所は汎用機械器具製造業である。顧客企業には元請業者以外の割合が高く，製品仕様を顧客の要望に合わせる個別受注型製品を製造する割合が高い。経営課題は「既存顧客の維持」「技術力の維持・向上」「優秀な人材確保」「事業継承」である。経営管理手法では，「経営理念・社訓・社是」「ビジョン」「中（長）期経営計画」「戦略」「年度計画」「方針管理」「目標管理」を導入している。経理体制では，本社に設置した業務部が，経理，財務，総務，給与計算などの経理業務を担当している。管理会計手法では，「何らかの管理会計手法を導入している」一方で，「必要な管理会計手法を導入しており，既存の方法を見直したり，新たな手法を導入する必要性を感じていない」と回答している。

　以下では，管理会計手法の導入状況について，「予算」「損益測定」「原価計算」「原価管理」「資金管理」「その他の管理会計手法」に係る回答結果を列挙する。

〔予算〕
　① 予算の導入状況：会社全体の予算に加え，事業単位，製品・サービス単位及び，部署単位（工場・営業所・店舗等）の予算も作成している。

10　松本鐵工所の松本紘昌社長（当時）は，苫小牧商工会議所の副会頭の職責を果たしながらも，同社を北海道内外で評判の高い中堅企業に成長させている。今回のアンケート調査に係るヒアリング調査は松本社長（当時）に全面的にご協力いただき，数回実施した。

11　本アンケート調査の回答結果の詳細については，本書の第15章「北海道苫小牧地域の中小企業における管理会計実践に関する実態調査」に掲載されている。なお，アンケート調査の手法は山口（2016）に準拠して実施している。

②　予算の対象期間：年度予算のみ作成している。

③　予算の種類：損益予算のみ作成している。

④　業績評価（予算実績差異分析）：会社全体の業績に加え，事業単位，製品・サービス単位及び，部署単位（工場・営業所・店舗等）の業績についても予算と比較分析を行い，予算の達成度を評価している。

〔損益測定〕

①　損益の測定状況：会社全体の損益に加え，事業単位，製品・サービス単位及び，部署単位（工場・営業所・店舗等）の損益も測定している。

②　損益測定の対象期間：年度単位に加え，半期単位，四半期単位及び，月次単位の損益も測定している。

〔原価計算〕

①　原価計算の導入状況：財務諸表を作成する目的の原価計算とは別に，製品・サービス単位で原価計算を行っている。

②　原価計算の実施方針：現在実施している原価計算のままでよい。

③　原価計算の目的：原価管理に役立てる。

④　原価計算の方法：部材の原価（材料費，部品費，外注加工費等）に加え，製品の製造やサービスの提供に直接従事する従業員の人件費（直接労務費）も集計する。

〔原価管理〕

①　原価管理の導入状況：製品・サービス単位での原価管理を行っている。

②　導入している原価管理手法：予算に基づく原価管理。

〔資金管理（キャッシュ・フロー管理）〕

①　資金収支の測定状況：資金収支を測定していない。

> 〔その他の管理会計手法〕：導入していない。

　以上の回答結果から，松本鐵工所では，会社全体の予算に加え，事業単位，製品・サービス単位及び，部署単位（工場・営業所・店舗等）の予算を導入しており，年度予算を作成し，損益予算を作成している。また，損益の測定は予算の導入範囲で実施し，年度単位に加え，半期単位，四半期単位及び，月次単位の損益を測定している。さらに，原価計算については，製品・サービス単位で実施し，部材の原価（材料費，部品費，外注加工費等）に加え，製品・サービスの提供に直接従事する従業員の人件費（直接労務費）も集計し，予算に基づく原価管理を実践している。なお，資金管理については，後述するように資金収支を測定していない。

3-2　ヒアリング調査結果の概要

　ヒアリング調査の目的は，中小企業の社長あるいは財務部長から直接的に当該企業の経営管理手法及び管理会計手法の導入状況に関する聞き取りを行うことで，業界における地域性や取引の特殊性などの経営環境を教示していただき，アンケート調査の回答結果では把握できない管理会計実践に係る現状と課題の補足的な説明を受けることにある。

　以下では，松本鐵工所におけるアンケート調査の回答結果に基づき，①予算管理，②原価管理，③資金管理に係るヒアリング調査結果を整理する[12]。

3-2-1　予算管理

　予算管理とは，企業予算による管理を意味し，企業における総合的な利益管理の手段である。予算管理の効果的な実施には，①全経営レベルでの理解と協力が得られること，②権限と責任の明確にされた管理組織をもっていること，

---

[12] ヒアリング調査は，第1回目が2016年6月29日，第2回目が2017年3月17日，第3回目が同年3月30日，第4回目が2018年4月9日，第5回目が同年5月1日である。このうち，第1回目は，筆者がアンケート調査を実施する以前のものであり，水野一郎氏（関西大学），山口直也氏（青山学院大学），金紅花氏（事業創造大学院大学）と筆者の4名による合同の企業訪問調査であった。これ以外は筆者が個人で訪問調査をしている。

③適切な管理会計制度が整備されていることが必要とされている。

　松本鐵工所は，前述のアンケート調査において，経営管理手法の導入状況ではすべて導入済みと回答している。ヒアリング調査では，経営管理組織は体系化されているものの，中小企業から中堅企業への成長の段階において，適切な管理会計制度の構築が検討課題とされていた。

　松本鐵工所では，年度予算を2月〜3月にかけて編成し，4月に確定する。損益予算に基づく月次予算管理では，予算実績差異分析（売上と利益（販管費控除後営業利益））を実施し，四半期ごとに役員会が，半期ごとに社長が予算数値の見直しを行う。業績評価については，「現場工事」と「工場製作」において，セグメント別の売上高と利益率が業績評価項目の中心となるが，新規顧客の獲得数や新技術の取得数も評価の対象としている。事業所単位では，売上目標と利益目標を設定しているが，資金繰りについては事業所単位ではなく，本社の業務として処理している。

　同社においては，製紙会社における洋紙生産の停止・縮小を背景として，顧客企業等からの受注量の減少が見込まれていること，顧客企業等からの発注時期が不透明であることなどから予算管理が十分に機能していないという。

3-2-2　原価管理

　原価管理とは，原価統制（コスト・コントロール）を意味し，特定の製品を製造・販売するための合理的な業務活動の方法を確定し，そのうえで業務活動の実施から発生する原価を，一定の幅のなかに抑え込む手段である。

　松本鐵工所では，「現場工事」と「工場製作」で発生する原価をコンピュータ上で把握できる積算システムを導入しており，予定原価よりも実際原価が高い場合には，VE（バリュー・エンジニアリング）を取り入れて見直しを実施している。VEとは，製品・サービスの価値を「機能」と「コスト」の関係で把握し，システム化された手順によって価値向上を図る手法をいう。

　同社では，受注金額が300万円以上の業務については，工事予算書と原価集計表を作成する。この過程において，安定的な仕事については予算数値の信頼性は高いが，それ以外については信頼性が低い。信頼性が低い仕事については差異分析を実施し，工事予算書の見積基準に反映させる手法もあるが，現時点

ではそこまでの対応はなされていない。受注金額に対する管理費の見積もりについては，10％程度をバッファとして設定している。間接費（共通費）の配賦については人数基準を採用している。

松本紘昌社長（当時）は，工場での原価管理の精度を向上させるために，技術・技能人材の育成を掲げ，工場内に設置した資格取得のための技能訓練施設を従業員が活用できる環境を整えている。そのうえで，従業員には資格取得を奨励し，例えば，日本バリュー・エンジニアリング協会主催のVEリーダー認定試験などを受験させている[13]。

3-2-3 資金管理

松本鐵工所は，前述のアンケート調査において，管理会計手法の導入状況に係る資金管理（キャッシュ・フロー管理）については，「資金収支を測定していない」と回答している。ヒアリング調査において，松本紘昌社長（当時）は，資金収支を把握しているものの，厳密にチェックする必要性がないという観点から回答を寄せたという。

本社では，毎月，各事業所から上がってきた予算表に基づいて資金を送金し，各事業所はその支払いを行う。材料費については手形決済とし，外注費と労務費については翌月現金払いとしている。手形の支払期限は4カ月後であるが，同社との取引先が零細事業者である場合，現金の支払いを早期にしている。

同社の取引先（顧客先）は，王子製紙苫小牧工場やトヨタ自動車北海道などの大手企業であるため，資金回収リスクが低く，売上債権の管理を必要としていない。なお，最近では，海外の会社からも受注する機会が増えている。

上記以外の取引先には，王子エンジニアリング株式会社，日本製紙株式会社，大王製紙株式会社，レンゴー株式会社，三菱製紙株式会社，三菱製紙エンジニアリング株式会社，三菱重工業株式会社，株式会社IHIフォイトペーパーテクノロジー[14]，バルメット株式会社[15]などがある。

13　VEリーダーの資格は，職場やグループでの活動においてVE活動のリーダーを務めるために必要な基礎知識をもっている人材であることを日本VE協会が認定するものである。

4 　松本鐵工所における事業構造の転換

4-1　PDCAサイクルの活用

　松本紘昌社長（当時）は，早稲田大学商学部を卒業後，就職先の株式会社中井（現在の日本紙パルプ商事株式会社）で2年間の実務を経験し，その後，1970（昭和45）年に松本鐵工所に入社，1988年から第3代目の社長に就任した。

　松本紘昌氏は，社長就任後，社内に経営管理手法とそれを支援する管理会計手法を導入し，予算管理や中期経営計画などを実践した。図表10-5は，PDCAサイクルの概念図を示している。事業活動における生産管理や品質管理などの管理業務を円滑に進める手法の一つであり，Plan（計画）→ Do（実行）→ Check（評価）→ Act（改善）の4段階を繰り返すことによって，業務を継続的に改善することを示している。同社においては，中小企業から中堅企業へと成長を遂げる段階において，事業内容に見合った経営管理ツールとして適用されたが，経営状態の「見える化」や従業員の業績評価にはまだ活用されていない。

　松本鐵工所は，事業構造の転換に際して，将来を見据えた経営の多角化を図り，新たな事業分野への開拓に挑戦している。この過程において，PDCAサイクルの活用は予算管理や中期経営計画を実践するうえで重要となる。

　特に，同社においては，予算管理の観点から，短期の事業戦略PDCAが有効である。事業プロジェクトに応じて業績測定・評価を実施し，予算実績差異分析を行う。管理対象は，①予算管理，②製品別・部門別・セグメント別・プロジェクト別・顧客別などの損益管理，③事業所別・工場別などの採算管理が該当する。

14　株式会社IHIフォイトペーパーテクノロジーは，2001年4月に株式会社IHI（石川島播磨重工業株式会社）の製紙機械事業部門，株式会社IHIシステム（旧石川島産業機械株式会社）の原質機械部門，そしてドイツのフォイト株式会社の製紙機械部門の事業が統合されて設立された製紙機械全般をカバーする日独合弁会社である。
15　バルメット株式会社は，2013年12月にフィンランドの企業であるメッツォ社から，紙パルプ及びパワー事業部が分社化して設立された会社である。

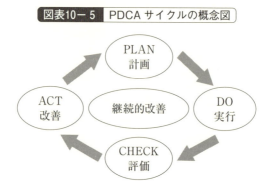

図表10-5 PDCAサイクルの概念図

4-2 従業員の技術力の向上

『2012年版中小企業白書』では，中小製造業において，技術競争力が低下している最大の理由が技術・技能承継の問題であることを指摘している。したがって，中小製造業においては，技術・技能人材を育成することが技術競争力を強化する最善の方法といえる。

松本鐵工所は，製紙会社における抄紙機の据付及びメンテナンスで国内No.1の実績を誇っている。まさに，同社の強みは抄紙機の据付を通じて培われた技術力にある。松本紘昌社長（当時）は，同社が創業当初から受け継いできた伝統・社風に「創意工夫」があることを指摘し，社内で「高度化改善作戦」を展開しているという。これは，従業員に年間で6件の改善提案を義務づけるとともに，年1回の改善報告を全社的に展開することで技術開発に結び付けるものである。2018年には製紙機械の特殊ロールの改造等において，文部科学省から創意工夫功労者賞を受賞している[16]。実際に，同社は，①各事業所でVEリーダーを育成し，②ISO9001：2015を更新して，顧客満足に努めていることを強調している。

松本社長（当時）によると，最新鋭の抄紙機は，長さが230m，高さがビル

---

[16] 松本鐵工所は，2018年1月に経済産業省の「地域未来牽引企業」に選定されている。地域未来牽引企業とは，地域内外の取引実態や雇用・売上高を勘案し，地域経済への影響力が大きく，成長性が見込まれるとともに，地域経済のバリューチェーンの中心的な担い手，及び担い手候補である企業と定義されている。今回は，全国で2,148社，北海道からは62社，苫小牧市からは松本鐵工所を含む2社が選定されている。

の3階〜4階位，幅が10mであり，原材料の吹き出しから巻き取りまで時速100キロで紙をつくるが，抄紙機の据付時に100分の1ミリ以下の誤差という特殊な技術がなければ品質面でロール紙の製品出荷ができないという。このように，100分の1ミリ以下の非常に難しい業務を可能にしているのは，従業員の熟練度に加え，苫小牧工場や他の工場における保有設備の充実度にある[17]。特に，苫小牧工場には大型の機械や組立工場があるため，1つの工場内で製作から組立，試運転まで実施できる体制が整備されている。社内では，各種の免許・資格の取得が奨励され，工場内には溶接トレーニングルームなどが設けられ，従業員が資格取得の訓練を行う環境が整備されている。

4-3 事業構造の転換

　1975年以降の製紙会社における抄紙機の大型化，1990年代の企業合併や工場の統廃合等によって抄紙機の撤去や休止が相次ぎ，設置・稼動台数が減少した。松本鐵工所では，経営環境の変化に適合する事業構造の転換が課題となり，事業の多角化を通じて新たな事業分野への挑戦を開始した。

　現在では，①製紙関連設備，②自動車関連設備，③一般産業設備という分類によって設計，製作，据付の事業内容を軌道に乗せるように取り組んでいる。現在では，概ね，製紙関連の売上が64％程度，自動車関連の売上が10％程度，公共工事関連の売上が10％程度である。なお，保有設備の関係で機械加工品は苫小牧工場で行っている。図表10-6は事業構造の転換の状況を示している。

図表10-6　事業構造の転換（多角化戦略）

当初の事業内容	現在の事業内容	売上構成％
製紙会社の抄紙機の据付・メンテナンス・保全のみ実施	①製紙関連設備の設計・製作・据付	64％
	②自動車関連設備の設計・製作・据付	10％
	③一般産業設備の設計・製作・据付	10％

（出所）ヒアリング調査に基づいて筆者作成。

17　松本鐵工所の保有する工作機械の設備一覧はホームページを参照されたい。

松本鐵工所は，近年，多様な製作機械を製造しているが，これまでの抄紙機の据付や改造に係る技術に基づいた受注活動である。松本鐵工所では，基本的に，100％受注生産であり，しかも，「一品もの」を製造しており，同じものを製造していない。しかしながら，抄紙機以外の設計，製作では，当該市場において新規参入者であり，厳しい顧客のニーズに対応しなければならない。

現在の経営課題は，顧客企業等との受注環境が不安定であり，いつ発注があるかわからないことにある。抄紙機械は基本的に6〜7年間に一度の大規模なメンテナンスが必要である。松本鐵工所における人繰りの兼ね合いで注文を断ることもある。したがって，各事業所においては，年間の仕事量の山や谷を見通して事業所間で人員の調整を行い，利益を平準化している。

松本鐵工所の強みは，各種設備等の製作に関する工場の広さにもある。すなわち，設計，製作から試運転まで一気通貫できるところが魅力である。同時に品質管理も1カ所で点検が可能である。本州拠点の企業では多くの場合，工程ごとに異なる会社や異なる拠点（事業所）で行うため，結果的にコストと手間が発生する。それに対して，松本鐵工所の場合は，苫小牧からの輸送費が発生するものの，その輸送費を十分に吸収できるメリットがある。

5　むすび

本章では，北海道苫小牧地域における中小企業管理会計の実践事例として松本鐵工所を考察した。製紙会社における抄紙機の据付では国内No.1の実績と信頼を得ている中堅企業である。しかしながら，現在では，経営環境の変化に適合する事業構造の転換に企業努力を重ねている。例えば，①自動車部品金型の製作，補修，②港湾，埠頭設備の設計，製作，据付，③食品機械の設計，製作，据付などにおいて受注活動を展開している。

最近では，苫小牧市と室蘭市の製造業者の間で，技術交流や部品の発注など新たな取引が開始されているという。業界の研究会同士の交流を契機として，苫小牧の機械メーカーが室蘭の金属加工メーカーの指導を受け，自動車部品の金型技術を取得し生産するという取組みである[18]。

苫小牧地域にはトヨタ自動車北海道があるものの，従来から自動車部品に係

る技術の要求水準が高く，地元企業からの部品の調達率はいまだ2割程度である。しかしながら，トヨタ自動車北海道としても道内からの部品の調達率を引き上げるべく，地元企業に技術指導を実施している。北海道の中小企業においても，この機会をチャンスと捉えて，積極的に大手企業にアプローチをする必要がある。個別の中小企業では解決できない課題でも，大手企業の技術指導や中小企業間の相互協力によって解決できる課題が見つかるものと考えている。

　松本鐵工所の松本紘昌社長（当時）とのヒアリング調査に際して，「北海道の中小企業はある意味で何でも屋であり，それゆえに，生き残っている」という言葉が印象的であった。顧客のニーズに可能な限り寄り添う姿勢が大切であることと，「受身の受注体質」からの脱却を目指し，積極的に道外企業とも交流を行い，そのネットワークを構築する必要があると強調された。

　今回の松本鐵工所における管理会計の実践事例を手がかりとして，北海道内の中小企業における管理会計の実践事例の研究を継続していきたい。

（謝辞）　本章の執筆に際して，ヒアリング調査でご協力いただいた株式会社松本鐵工所の会長の松本紘昌氏（当時社長）及び業務部長の戸嶋智幸氏に心より御礼を申し上げます。

[参考文献]
川島和浩．2018．「苫小牧地域の中小企業における管理会計の導入状況」『苫小牧駒澤大学紀要』33：1-32．
経済産業省北海道経済産業局．2008．『ものづくり経営者の挑戦〜北海道ものづくり企業の経営者群像〜』．
中小企業庁．2011．「被災地の復旧・復興に貢献された中小企業の皆様方の取組」．
中小企業庁．2012．『2012年版中小企業白書』．
飛田努．2015．「中小企業を対象とする管理会計研究の課題」上聰康行・澤邉紀生編著『次世代管理会計の礎石』中央経済社：277-295．
苫小牧市．2016．「平成26年工業統計調査―調査結果概要」『統計とまこまい』：109．
苫小牧市．2017．『平成28年度版企業データブック（製造業）』．
松本鐵工所．2017．『松本テクノメモリー』(http://www.matsumoto-tekkosho.co.jp)．

18　松本鐵工所の松本英久社長（当時専務）が2015年に14企業・団体で「金型技術研究会」を立ち上げ，その会長として地域の企業をリードしている（2018年4月18日付『北海道新聞』）。

水野一郎．2015．「中小企業の管理会計に関する一考察」『関西大学商学論集』60(2)：23-41．

森田哲彌・岡本清・中村忠（編集代表）．2001．『会計学大辞典（第四版）』中央経済社．

山口直也．2016．「第2章　燕三条・大田区・東大阪地域の中小企業における管理会計実践に関する実態調査」日本管理会計学会スタディ・グループ（研究代表者水野一郎）『中小企業における管理会計の総合的研究（最終報告書）』：13-33．

（川島和浩）

人本主義に基づく中小企業の管理会計：
株式会社21の事例

1 はじめに—問題意識と課題—

　これまで筆者は,「株主主権の強制と営利主義の暴走」(加護野 2010)によって日本的経営の良質な部分が破壊されてきており,とくに価値創造の源泉である人的資源の浪費は将来深刻な事態を招く可能性があると警鐘をならしてきた(水野 2014)[1]。賢明な経営者が述べているように「人件費はコストではない」(塚越 2012)のである[2]。今こそ日本的経営の健全で良質な経営精神と企業システムの継承と復興が重要であり,その基盤は経営共同体を志向する人本主義企業と付加価値管理会計の確立にあると主張してきた(水野 2014, 2015a)。

---

[1] 稲盛和夫氏は2012年当時の日本の家電メーカーの現状について『日経ビジネス』編集長インタビューにおいて次のように語り,警鐘を鳴らしていた(2013年1月14日号94頁)。「イージーな経営がすべてをダメにしたと思っています。景気のいい時は派遣社員を使い,悪くなったら辞めさせる。いつからか,こういうイージーな経営をするようになってしまった。欧米流の人材派遣を日本も導入してきましたが,その結果,忠誠心の高い従業員の心がすさんでしまった。正社員で残った人も,自主性を認めてもらえず,腐っていった。そして結局,全体がダメになった」。「社員が幸せでなければ,社会の公器としての役目を果たせるわけがない。どんな目標も,社員が幸せでなければ達成できません」。「全社員の力を借りようと思うなら,会社の経営目的を従業員の幸せに置くことです」。

[2] 塚越寛氏は同書の中で次のように語っている。「会社は会社自体や経営者のために利益をあげ,発展するのではなく,会社を構成する人々,社長をふくめて社員全員の幸せのために存在する。」(塚越 2012, 33)。「人件費は,幸せを求めて働く社員たちの労働への対価であり,この支払いは企業活動の目的そのものです。当社では,『ファミリー』としての意識から,人件費の総額が多いことはいいことであると思っております。削減の対象とすべき『費用』ではないという考え方です。」(塚越 2012, 52)。「企業は社会の公器です。雇用機会をつくりだすことに誇りを感じる経営者が増えてこそ,世の中は良くなっていくのではないでしょうか。」(塚越 2012, 53)。

また松下幸之助氏の理念経営(「信頼」と「共存共栄」)については前稿(水野 2015b)で紹介し，中小企業の定義と現状を紹介し，中小企業をめぐる会計の経緯と状況を踏まえて，中小企業の管理会計研究の意義と重要性を考察してきた(水野 2015d)。

本稿では，これまで訪問調査を実施してきた10数社の中小企業の中で最も印象に残り興味深い会社として株式会社21を紹介し，研究の対象とする。この会社は，家族主義を基盤においてしっかりした経営理念のもとで人本主義経営を進めている会社である。本稿ではこの会社を考察する中で人本主義に基づく中小企業の持続的な発展と人本主義管理会計の可能性を探求することを課題としている。

2　人本主義とは何か

まず人本主義についてあらためて整理をしておきたい。日本的経営の核心を人本主義と特徴付け，「四半世紀近く，人本主義こそ日本企業の経営の本質と主張し続けて」(伊丹 2009, 5)こられたのが伊丹敬之教授なのである。伊丹教授は，「人本主義とは，資本主義に対照する意味での私の造語である」と指摘したうえで，「人本主義はヒトが経済活動のもっとも本源的かつ稀少な資源であることを強調し，その資源の提供者たちのネットワークのあり方に，企業システムの編成のあり方の基本を求めようとする考え方である」(伊丹 2002, 42-43)と述べておられる。

ただ人本主義という概念は，中国では「以人為本」としてかなり以前から使用されており，その意味は「人をもって基本と為す」ということであり，「人間が第一である」ということである。近年では中国の総合家電メーカーであるハイアール[3]では，企業の新たな計算体系を「從"資本主義"到"人本主義"」(資本主義から人本主義へ)に転換させることを主張している(ハイアールの『"人単合一双贏"的海爾』と題したパンフレット)。そこでは伝統的な財務諸表は資本中心(以資本為中心)であり，株主至上主義であるが，ハイアールの

3　ハイアールについては，拙稿(水野 2010, 2011, 2014)を参照。

自主経営体の「三張表（損益表，日清表，人単酬表）」は従業員中心（以員工為中心）であると説明していた。

「人を大切にする経営学会」が坂本光司法政大学教授を中心にして2014年9月23日に設立されたが，坂本教授は7,500社を超える中小企業の調査を踏まえて『日本で一番大切にしたい会社』（あさ出版より2008年から2018年まで1～6巻刊行）を公刊し，「人を大切にする経営」を探求されている。そこでは「会社は経営者や株主のものではありません。その大小にかかわらず，従業員やその家族，顧客や地域社会など，その企業に直接かかわるすべての人々のものなのです。」そして会社経営とは次のような「五人に対する使命と責任」を果たすための活動であると主張されている。「①社員とその家族を幸せにする。②外注先・下請企業の社員を幸せにする。③顧客を幸せにする。④地域社会を幸せにし，活性化する。⑤自然に生まれる株主の幸せ。」そしてなによりも「会社を継続させること。これが企業の社会的使命なのです」と述べている。

またその設立に先立って坂本教授は「日本でいちばん大切にしたい会社大賞」を創設し，「人を大切にする経営」を実践している会社を顕彰されてきている。その応募資格は，過去5年以上にわたって，次の5つの条件に該当していることとしている。①人員整理，会社都合による解雇をしていないこと（東日本大震災等の自然災害の場合を除く），②下請企業，仕入先企業へのコストダウンを強制していないこと，③障害者雇用率は法定雇用率以上であること（常勤雇用50人以上の場合），④黒字経営（経常利益）であること（一過性の赤字を除く），⑤重大な労働災害がないこと（東日本大震災等の自然災害の場合を除く）。

このように「人を大切にする経営」は人本主義にほかならないものであり，コリンズ＝ポラスの「ビジョナリーカンパニー」（Collins/Porras 1994）の思想にも近いものである。コリンズ・ポラスは，ビジョナリーカンパニーの一つとしてジョンソン＆ジョンソンを取り上げて，その経営理念「我が信条」を紹介している。同社の経営理念である「我が信条」においては，顧客への責任が第1であり，第2は従業員，第3が経営陣，第4が地域社会で最後に株主への責任，としている（Collins/Porras 1994, 58-60, 邦訳96-98)[4]。

すなわち人本主義に基づく経営とは，人を大切にする経営であり，株主至上

主義ではなく，ステークホルダーを広く捉え，企業の社会的責任を意識した経営ということができるだろう。

3 人本主義と付加価値管理会計

3-1 「管理会計システム」の重要性

　伊丹教授は人本主義を提唱した10数年後，「人本主義という言葉が誤解されやすい概念でもある」と指摘したうえで，「人本主義のオーバーラン」について警鐘を鳴らしている。すなわち「人本主義企業とは，たんに『人に優しい企業』のことではない」のであり，「企業は，いかに人本主義といえども，経済組織体」であり，「慈善事業ではない」のである。「人本主義が変化への壁になっているかに見える現状，人本主義が経営のゆるみを生み出したと思われ兼ねないような現状が，たしかにあるのである。必要な改革をついためらわせるような制度・慣行をこれまでの人本主義経営が築き上げてきたからであろう。だがそれは，制度・慣行の慣性・硬直化の問題であって，人本主義の原理そのものの問題ではない」（伊丹 2009, 124-125）のである。

　伊丹教授は，「人本主義」に対する批判を踏まえて，「人本主義のオーバーラン」の予防策として「管理会計システム」の重要性を語っている。「もともとカネとヒトのネットワークの二重がさねをしている人本主義は，ヒトとカネの両方の情報をきちんと共有する必要がある，情報負荷の高い経営の仕方なのである。そこで必要なカネの情報についてのシステムづくりがおろそかにされると，ヒトのしがらみばかりが全面に出てしまう。だから管理会計システムがことさらに重要なのである」（伊丹 2009, 478-479）と人本主義における管理会計の意義と役割を高く評価している。

4　特に従業員への責任については丁寧に書かれている。「第2にともに働く人々，工場や事務所で働く男性と女性に対して責任を負う。従業員が雇用に対して安心感を持てるようにしなければならない。賃金は適切かつ十分でなければならず，管理は正しく行われ，労働時間は妥当であり，労働環境は清潔で整頓されていなければならない。従業員が提案をしたり，苦情を申し立てる制度が整っていなければならない。監督者と部門責任者は，適任で，公平な人物でなければならない。能力のある者には昇進の機会が開かれていなければならず，個人は，それぞれの尊厳と長所によって，立場を考慮されなければならない。」

しかし人本主義企業のための管理会計と資本主義企業のための管理会計がまったく同じものではないはずである。人本主義企業の特質を生かし，それを支え，発展させるための管理会計を開発し，充実させる必要がある。筆者はその原型は，生産性向上運動と共に発展してきた付加価値会計に求めることができると考えている。

　周知のように付加価値とは，売上高から前給付（外部購入の財・サービス）を控除することによって得られる経営成果であって，それは当該企業が創出した価値であると同時に従業員を含む利害関係者への分配の原資となるものである。この付加価値概念を中心とした企業会計が付加価値会計と呼ばれるものであり，付加価値計算書の作成と公表を中心的課題とする財務会計的側面と高付加価値経営あるいは価値創造経営をめざす管理会計的側面を有している。付加価値会計の最大の特徴は，人件費を単なる原価・費用とはみなさずに付加価値から分配される労働成果と考えられており，労使が一体となりうる経営共同体理念を有しているところにある。

　伊丹教授も EVA との関わりで「経常付加価値こそ企業の生み出すもの」（伊丹 2009, 148）として付加価値概念の重要性を指摘している。この「経常付加価値」は「企業が経常的に生み出している価値，という意味」とされ，「経常付加価値＝EVA＋人件費＋自己資本コスト」の計算式を示し，そして「この経常付加価値を生み出すために企業の内部者はヒトとカネを投入している，と企業活動を概念化することができる。ヒトという投入は，人数という把握の仕方もできるし，人件費総額，という把握をしてもよい。どちらにせよ，企業としてどのくらいの大きさの人的投入をしたかの指標である。そして自己資本が，企業の内部者が投入する資金の総量を表す指標となっている。つまり，企業という経済組織体を，そうした内部投入を使って『経常付加価値』という価値を生み出している存在と考えれば，その結果生み出されている経常付加価値という指標は，企業への内部投入としての従業員と株主の間で分配すべき経済的な原資の大きさを示しているのである」（伊丹 2009, 149-150）と述べ，事実上，付加価値管理会計に繋がる説明をされているのである。

3-2　京セラアメーバ経営は付加価値管理会計の一形態

　付加価値会計の管理会計的側面を付加価値管理会計と呼ぶことができるが，その一つの実践的な形態として京セラアメーバ経営とそこにおける時間あたり採算制度をあげることができる。京セラアメーバ経営が付加価値管理会計であるとみなされる理由としては次の4つの点があげられる。①付加価値管理会計は経営共同体理念と深く結びついた管理会計であるが，京セラアメーバ経営とその時間当たり採算制度も経営理念として従業員重視，家族主義（経営共同体理念）を掲げていること。②人件費を単なる費用として処理するのではなく，分配の原資たる付加価値を算出し，業績評価の重要な指標として位置づけていること。③時間当たり付加価値を算出し，生産性の向上をより意識的に目標としていること。④『差引売上比率』（付加価値／売上高つまり付加価値率のこと：筆者注）を重視していることである。

　稲盛氏は「現場の指標に『時間』という概念を持ち込むことによって，従業員ひとりひとりに時間の大切さを自覚させ，仕事の生産性を向上させている。このことが，自部門の採算を向上させるだけにとどまらず，会社全体の生産性を高め，市場競争力を強化している」（稲盛 2006, 151-152）のであり，「未来にわたって従業員の雇用を守っていくという観点から考えると，『時間当り』を高めるだけではなく，『差引売上比率』（付加価値率）も高めていかなければならないことを，リーダーは肝に銘じておく必要がある」（稲盛 2006, 233）と述べているのである。

　このような指摘は，実は大変重要な意味を持っている。人本主義の理念は，同時に管理会計システムによる計数管理が必要不可欠であることを示しているのである。かつて渋沢栄一は「論語と算盤」を提唱し，経営理念として論語を掲げると同時に，経済すなわち計数管理の重要性を語っていた[5]。

　松下幸之助氏は「経営理念と経理社員制度・事業部制」によって経営理念と計数管理とその担い手をしっかり育ててきたが，とくに経営理念の確立が何よりも重要であると述べている（松下 2007）[6]。経理社員制度はパナソニックの独特のシステムであり，高橋荒太郎氏が1936年に「経理事務処理規則」を作った頃にまで遡ることになる。松下幸之助氏から「経理のことは君に任す」とい

われてその制度を確立させた高橋氏は次のように述べている。「経理組織の統一と同時に取り組んだもう一つの柱が，経理社員制度の確立という仕事だ。これは各分社の専務といえども，その経理社員を本社の承認を得ずして，勝手に移動させてはいけないというもので，経理社員は各分社の専務に所属しているが，その身分はあくまでも本社が保証するという制度だった。──中略── 経理社員といえども，日常の勤務は各専務の下で，その指揮にしたがって仕事をしなければならないが，もし専務が経理準則に反するようなことを要求してきても，それはできませんと，はっきり断ることができるようにすることが大切なところだ」（高橋 1979, 59）。そしてこの制度は昭和13年（1938年）頃には自然と出来上がっていたそうである。この経理社員制度が1933年から実施された事業部制と相まってパナソニックの発展に大いに貢献したことはいうまでもない。パナソニックの元副社長川上徹也氏はこれを「二君に仕える」システムと呼んでいる（川上 2012, 97）。

　京セラの場合も稲盛和夫氏の「京セラフィロソフィと部門別採算制度（時間当たり付加価値）」すなわち換言すれば，経営理念と管理会計（計数管理制度）が車の両輪のように支え合って発展してきたのである。

---

5 「余は平生の経験から，自己の説として，『論語と算盤は一致すべきものである』と言っている。孔子が切実に道徳を教示せられたのも，その間，経済にも相当の注意を払ってあると思う。これは論語にも散見するが，特に大学には生財の大道を述べてある。もちろん，世に立って政を行うには，政務の要費はもちろん，一般人民の衣食住の必要から，金銭上の関係を生ずることは言うまでもないから，結局，国を治め民を済うためには道徳が必要であるから，経済と道徳とを調和せねばならぬこととなるのである。ゆえに余は，一個の実業家としても，経済と道徳との一致を勉むるために，常に論語と算盤との調和が肝要であると手軽く説明して，一般の人々が平易にその注意を怠らぬように導きつつあるのである。」（渋沢 2012, 137）。
6 「私は60年にわたって事業経営に携わってきた。そしてその体験を通じて感じるのは経営理念というものの大切さである。──中略── いちばん根本になるのは，正しい経営理念である。それが根底にあってこそ，人も技術も資金もはじめて真に生かされてくるし，また一面それらはそうした正しい経営理念のあるところからうまれてきやすいともいえる。だから経営の健全な発展を生むためには，まずこの経営理念を持つということから始めなくてはならない。そういうことを私は自分の60年の体験を通じて，身をもって実感してきているのである」とは『実践経営哲学』の最初に述べている。本書は松下幸之助氏が自らの経営思想や哲学を20項目で体系的に表現した名著であり，パナソニックの元副社長川上徹也氏によれば，この20項目は「山下跳び」で有名な3代目社長の山下俊彦社長が誕生したときに松下幸之助氏が「これで経営をやってくれ」と手渡された要綱だといわれている（川上 2012, 176）。

4 人本主義に基づく中小企業

4-1 株式会社21（トゥーワン）[7]の概要と沿革

　株式会社21の企業概要としては，広島市に本社があり，設立は1986年2月4日で資本金が5,000万円である。代表取締役社長は田中秀秋氏で，2017年5月現在の従業員数は128名（男63名・女65名）である。事業内容としては，メガネ・コンタクトレンズの小売専門店，光学品・補聴器などの販売をしている。売上高は3,136,381千円（2017年2月期実績）で，関連会社としては，㈱21福岡，㈱21長野，㈱21島根，㈱21沖縄，㈱21山口，㈱21東京，㈱Fit などがある。
　会社の沿革としては下記のとおりである（詳しくは同社のホームページ参照）。
1986年2月　　株式会社メガネの21設立。
　　　　　　　平本清氏など創業者の方達が幹部社員として勤務していた広島県内の有力な大手メガネチェーンのオーナー家の新社長と対立し「辞めた（あるいは辞めさせられた）メンバー」（平本 2009, 28）によって起ち上げられた。そのためオーナー家の新社長の株主至上主義とは違った経営理念と経営思想で会社を設立され，それは同社の「社員の幸福を大切にします」という社是や経営方針によく表されている。
1998年3月　　コンタクト部門　21コンタクト設立
1999年3月　　㈱21システム，㈲21アライアンス，㈱メガネの21の三社が合併，株式会社21設立
2009年6月　　テレビ東京系『カンブリア宮殿』にて株式会社21紹介
2009年10月　平本清『会社にお金を残さない！』公刊
2010年10月　平本清『丸見え経営』公刊
2011年6月　　TBS系『がっちりマンデー！』にて株式会社21紹介

---

[7] 本稿は，同社の創業者の一人である平本清氏の3冊の著書と同社のホームページ（http://www9.two-one.co.jp/megane/page.nsf/fkigyou01），そして2017年6月22日に「人を大切にする経営学会」のメンバーと共に同社を訪問し，平本清氏からの説明をうかがったことに基づいている。

2012年1月　鼻の上に浮くメガネ Fit-NoPad 発売
2015年4月　世界初！どこでも浮くメガネ　軽くてシンプル eyeFit 発売

4-2　会社の社是・経営方針

　社是では，まず「社員の幸福を大切にします」と述べ，そして次に「皆様」としてお客様・取引先・眼科医・同僚・家族などの信頼を掲げている。下記のとおりである。

　「21は社員の幸福を大切にします。社員は皆様の信頼を大切にします。」
　「皆様とは，お客様・取引先・眼科医・同僚・家族などをさします。社員が不幸なのに，お客様を幸せにできるはずはないのではないでしょうか。ほとんどの企業は，「顧客の満足」を第一優先にあげていますが，社員は売上ノルマに追われ，社畜状態です。企業倫理が問われる現在，経営者ばかりではなく，社員のモラルも重要になってきております。消費者の立場で判断し，『正しい事は正しい，間違っている事は間違っている』と言える21でありたいと考えています。」

　経営方針は，「丸見え経営で日本一の安さに挑戦」であり，ホームページで，㈱21は，好きなメガネの仕事を続けたい一心で設立し，創業以来，社長の年収に上限（1,000万円を目安）を設け，メガネ・コンタクトの価格を下げ続けてまいりました。アベノミクスの金融緩和を追い風に，さらなる大幅な経費削減を進め，お客様に還元するため，21価格を下げ続けます。これからも，徹底した合理化をすすめ，丸見え経営で情報を公開しつつ，日本一の安さに挑戦し，お客様と社員に還元することをお約束します。」と述べている。

4-3　会社の業績（内部留保ゼロ：儲かったら社員に分配）

　㈱21のホームページには，業績報告として，まず「丸見え経営で日本一の安さに挑戦！」という同社のスローガンを掲げて，「比べて下さい！原価率」として同社と上場会社であるJ社との比較をしている。同社は総売上31億円，仕入原価率74％，粗利益率26％，それに対してJ社は総売上406億円，仕入原価率25％，粗利益率75％，というのである。

つまり㈱21は，売上規模で13倍以上の会社に比べて，粗利益（売上総利益）を削って，価格を下げて顧客に還元しているということを示そうとしているのである。実際1988年に15,000円であった同社の薄型レンズは，年々価格を下げて，2014年には5,300円になっている。ここに同社の「日本一の安さに挑戦し，お客様と社員に還元することをお約束します」という経営方針の徹底が意識されるようになっている。

また仕入原価率が高い背景には平本氏が尊敬されている先代の社長（前述した大手メガネチェーン）の経営方針に「安く仕入れて安く売るならバカでもできる。高く仕入れて，安く売れ！」というのがあったそうで，そうした取引先を買いたたかないという考え方を大事にしているとのことである。

また同社のホームページには次のような損益計算書が開示されている。

図表11－1　㈱21の損益計算書

損益計算書　（FC・VC　除く）2016/3/1～2017/2/28	（単位：千円）
売上高	3,136,381
売上原価	2,307,634
販売費一般管理費等	700,842
経常利益	83,053
法人税等	30,414
当期利益	51,480

（出所）　同社のホームページ（http://www9.two-one.co.jp/megane/page.nsf/fkigyou01）

これに基づいて同社の損益構造をみていくと，売上総利益は828,747千円と計算でき，売上総利益率は26.4％となっている。売上高経常利益率は2.6％，売上高当期利益率は1.6％となっており，経常利益そして当期利益が相対的に低くなっているのである。すなわちほぼ付加価値に該当する売上総利益が分配の指標になっており，ここから社員への給料やボーナスが決まってきて経常利益そして当期利益を調整するようになっているのである。2009年3月期の決算では，売上高は45億円を超えていたが，経常利益は350万円程度で，法人税約80万円を支払うと，当期利益が約270万円となっていたそうである。会社に利

益を残さず，社員に分配し，また値引きの原資にするという仕組みが構築されているのである。

これは創業者の一人で㈱21を牽引してきた平本清氏の「儲けはすべて社員で山分け！『内部留保ゼロ』を目指す革新的経営」（平本 2009）の考え方が反映されている。平本氏は，ボーナスは年に3回出しているそうで，とくに3回目の2月の決算賞与では経常利益をほぼゼロになるように計算して，社員に分配してきたというのである。そのため，社員のボーナスが500万円になったこともあり，ここがマスコミに注目されたそうである。

ただ給料はそれほど高くはなくて「年収の上限はほぼ1,000万円」としており，高額になった賞与はある種の「退職金の前払い」的な性格をもっており，会社存続の安全装置にもなっているという。つまり業績が悪化すれば賞与はカットし，大幅な経費削減が可能だというのである。こうした「儲かれば社員に配るし，儲からなければ配らない」（平本 2009, 16）というのは実に当たり前の発想であると平本清氏は説明し，社員が納得して働けるのは「儲かったときは配る」というフェアな関係がきちんと保証されているからだという。

4-4　給与・賞与，評価はすべて公開，社長は任期制

㈱21では徹底した「ガラス張り経営」を行っており，全社員の給与・賞与がすべて公開され，すべての社員が社内の Web サイトを通じてみることができるそうである。財務状況はもちろんであるが，さらに新製品の開発過程，人事的な問題や評価を含めて全社員が閲覧できるようになっているのである。会社の財務諸表，各店舗の損益状況，新店舗の出店状況など経営に関する情報は社員に公開されている。通常の会社ではトップシークレット扱いの開発中の商品情報も公開されており，機密情報の漏洩が気になるところであるが，「隠すより，隠さないほうが社内情報は守られる」（平本 2009, 99）そうである。会社がどれだけ利益をあげて，それがどんなふうに分配するかをすべて公開しているからこそ，社員は会社に不信感を抱かず，会社の利益は自分の利益と直結しているというリアルな認識が持てるので，機密情報を漏らすなんて愚かなことはしなくなるというのである。平本氏はまた「すべての情報を公開する」といううたったそれだけのシステムで，最高のチェック機構が成り立っているという

のである（平本 2009, 103)。

　社員にもプライバシーがあって給与・賞与の公開についてまで踏み込めない会社が多いが，同社ではどんなに収入が多くても1,000万円程度なので，会社の業績を考えれば，会社上層部の収入はある程度予想がつき，今更隠す必要がないという。また個人の人事上の評価や出資額もオープンになっているそうである。とくに社員の評価はアバウトに評価することが，結局はもっとも正確でロスのない方法だそうである。

　さらに興味深いのは㈱21には，一般の会社でみられるような部長，課長などの役職がなく，創業以来，ほとんどフラットな組織で会社を経営していることである。社長という役職は「対外的な意味で」残しているだけであり，「社長といっても特別な権限はなく，単なるポストでしかない」という（平本 2009, 110)。そして社長の任期は4年と決まっていて，その期間が経過すると，自動的に社長職は別な人に移るそうである。

4-5　必要な資金は社員から集める「究極の直接金融」

　㈱21の資金繰りは，基本的にすべて社員からの出資によって成り立っており，銀行からの借り入れはゼロにしているそうである。「自分たちでお金を出して，自分たちの会社を経営し，自分たちの職場を確保する」という考え方に立脚しているのである。これは労働者協同組合の思想と共通するものである[8]。役員だけではなく，社員も「社員借り入れ」制度という社内預金によって会社にお金を出しています。任意の制度であるが金利を通常の定期預金などよりも高金利を設定しているため社内預金をする社員も多いのである。以前は10％の金利であり，5％に引き下げたこともあるが，現在は変動金利にして10％前後の金利だそうである。一時期，金利が高すぎると税務署からクレームがあったこともあったそうである。また同社の株式はすべて社員で持ち合っている。従業員持株制を採用しているのである。つまり㈱21の社員は債権者であり株主なのであり，共同経営者でもある。すなわち経営共同体が実現しているともいえるのである。

8　かつて筆者は労働者協同組合に関心をもって付加価値と絡めて論じたことがある（水野 1990b)。

4-6 「会社の仕組み」と「社員のモラル」が会社を支えている

　以上のような㈱21のユニークな経営について平本氏は「もっとも重要なのは，すべての仕組みが巧妙かつ，有機的につながっているところ」にあると考えている。「社員が会社を信頼してくれるのは，利益が出たら賞与として配るという仕組みが正しく機能しているのと同時に，それをすべてオープンにするシステムがある」からだというのである。なおここで使われている「利益」は経常利益や当期利益ではなく，分配の原資である売上総利益であり，もっといえば付加価値にあたるものである。

　また平本氏は「もう一つ忘れてはならないのが社員のモラル」だと指摘し，「会社の仕組み」と「社員のモラル」というのは，車の両輪のようなもので，どちらか一方がなくなっても㈱21という車は正しく前に進まないと主張されている（平本 2009, 207）。社員のモラルが高ければ過度なルールは不要となり，管理にかかるコストや労力も大胆に削減でき，人間関係に関するトラブルも減り，職場環境も格段によくなるというのである。この社員のモラルが何によって高められるかは，しっかりした経営理念の確立と浸透であり，経営トップのモラルである。「社員のモラル」は経営理念と考えることができるし，「会社の仕組み」は付加価値の拡大（生産性の向上）と分配を軸にした経営管理システムと理解できる。京セラでいえば「京セラフィロソフィ」による経営トップと従業員の「高いモラル」であり，「部門別採算制度（時間当たり付加価値）」による「会社の仕組み」なのである。ここに人本主義に基づく管理会計の普遍性をみることができる。

5　むすび：人本主義に基づく付加価値管理会計の可能性と普遍性

　以上，本章ではまず人本主義とは何かについて説明をし，人本主義に基づく経営とは，一言でいえば「人を大切にする経営」であることを明らかにしてきた。また伊丹教授が提唱してきた「人本主義のオーバーラン」の予防策としての「管理会計システム」の重要性を確認し，京セラアメーバ経営が付加価値管

理会計の一形態として理解できることを主張してきた。そして人本主義経営では，経営理念と管理会計（計数管理）が車の両輪のように重要であり，渋沢栄一氏の「論語と算盤」，松下幸之助氏の「経営理念と経理社員制度」，稲盛和夫氏の「京セラフィロソフィと部門別採算制度」などもそのような車の両輪として理解することが必要である。

そして本稿では中小企業で人本主義経営を展開している㈱21を取り上げ，経営理念と管理会計の観点から考察を進めて来た。㈱21は，経営理念の確立と共に月次決算などの財務情報，給料もすべて従業員に開示し，経営における計数管理を徹底させている。こうしたユニークな「会社の仕組み」と経営理念を基盤とした「社員のモラル」が会社を支えていることを改めて理解した。

そしてこうした人本主義に基づく計数管理には付加価値志向と概念が用いられてきていることも明らかにした。㈱21では付加価値概念そのものは用いられていないが，売上総利益が付加価値のように取り上げられ，分配の原資のような位置づけが与えられていた。売上総利益すなわち付加価値を基礎にした人本主義管理会計の展開も可能だと思われる。付加価値を基礎にした人本主義管理会計は大企業でも中堅中小企業でも導入の可能性はあるし，その普遍性も認識できる。

人本主義管理会計とは，人間尊重と家族主義を経営理念に掲げ，生産性の向上による高付加価値経営をめざし，生産性運動の3原則[9]を堅持して，経営管理者が合理的な経営計画を設定し，またこれらの諸目的を達成するために知的な意思決定を行うのを援助するため，適切な技術と概念を適用することである。

本章では1社しか取り上げることはできなかったが，人本主義に基づいて経営を展開している中小企業はまだまだあり，今後とも考察の対象として調査を進めていきたい。

9　生産性運動の3原則（雇用の維持拡大，労使の協力と協議，成果の公正な配分）は，日本における生産性運動の理念であり，人本主義管理会計と親和性が高く，その目的は共通であり，新たな社会と環境の下での生産性運動を再評価する必要がある。

[参考文献]

稲盛和夫．2006．『アメーバ経営―ひとりひとりの社員が主役―』日本経済新聞社．
稲盛和夫．2013．「編集長インタビュー　説き，訓じて心を1つに」『日経ビジネス』2013年1月14日号：82-85．
伊丹敬之．2009．『デジタル人本主義への道：経営の未来を見誤るな』日本経済新聞社．
加護野忠男．2010．『経営の精神―我々が捨ててしまったのは何か―』生産性出版．
川上徹也．2012．『女房役の心得：松下幸之助流お金の「教科書」』日本経済新聞出版社．
坂本光司．2008．『日本で一番大切にしたい会社』あさ出版．
渋沢栄一．2012．『論語と算盤』角川ソフィア文庫．
髙橋荒太郎．1979．『松下幸之助に学んだもの：人をつくる事業経営』実業之日本社．
塚越寛．2012．『新訂いい会社をつくりましょう』文屋．
平本清．2009．『会社にお金を残さない！』大和書房．
平本清．2010．『丸見え経営』ソフトバンククリエイティブ．
平本清．2016．『無税相続で会社を引き継ぐ』日経BP．
松下幸之助．2007．『実践経営哲学』PHP文庫．
水野一郎．1990a．『現代企業の管理会計―付加価値管理会計序説―』白桃書房．
水野一郎．1990b．「労働者協同組合と付加価値会計―ジェフェリスとトーマスの所説を中心として―」『産業経理』50(2)：116-123．
水野一郎．2008．「付加価値管理会計の展開―京セラアメーバー経営を中心として―」『會計』173(2)：84-94．
水野一郎．2009．「中国における日本的経営の可能性と展望―北京・松下彩色顕像管有限公司を事例として―」．水野一郎編『上海経済圏と日系企業―その動向と展望―』関西大学出版部：69-82．
水野一郎．2010．「ハイアール（海爾）の経営管理システムについて―中国の巨大家電メーカの実態を探る―」関西大学経済・政治研究所『セミナー年報2009』：91-100．
水野一郎．2011．「ハイアール（海爾）の経営管理システムにおけるSBUの意義と特徴」．水野一郎・永井良和編『中国経済・企業の多元的展開と交流』関西大学出版部：143-168．
水野一郎．2012．「京セラアメーバ経営の展開―JALの再生を中心として―」『関西大学商学論集』57(3)129-146．
水野一郎．2013．「人本主義企業をめざす管理会計」『青山アカウンティング・レビュー』3：32-39．
水野一郎．2014．「中国における管理会計のイノベーション」『會計』185(2)57-70．
水野一郎．2015a．「価値多様化と管理会計―人本主義管理会計の可能性―」『會計』

187(2). 1-15.

水野一郎. 2015b.「日中経済交流の課題と展望―松下幸之助の足跡を中心に―」関西大学経済・政治研究所東アジア経済・産業研究班編『東アジア経済・産業のダイナミクス』関西大学出版部：95-115.

水野一郎. 2015c.「日本における生産性運動と付加価値会計」『商学集志』84(3・4), 日本大学商学部：123-136. .

水野一郎. 2015d.「中小企業の管理会計に関する一考察」『関西大学商学論集』60(2)：23-41.

水野一郎. 2016.「中国におけるものづくり企業の管理会計―ハイアールを中心として―」上總康行・長坂悦敬編著. 『ものづくり企業の管理会計』中央経済社：149-172.

水野一郎. 2017.「人本主義に基づく中小企業の管理会計」『関西大学商学論集』62(2)：91-107.

日本管理会計学会スタディ・グループ. 2016.（代表：水野一郎「中小企業における管理会計の総合的研究」）最終報告（http://www.sitejama.org/publications/04.html）.

Collins, J and J. I. Porras, 1994. *Built to Last : succesful habits of visionary companies*, Harper, Business（山岡洋一訳．1995.『ビジョナリーカンパニー：時代を超える生存の原則』日経BPセンター）.

（注記）　本稿は，拙稿「人本主義に基づく中小企業の管理会計」『関西大学商学論集』62(2)：91-107．の一部を加筆修正してとりまとめたものである．

（水野一郎）

第12章

中小企業の主力製品変更における管理会計の活用:諏訪田製作所の事例

1 はじめに

　事業構造の転換や主力製品の変更はどのように実行するのだろうか。事業の収益構造が停滞ないしは悪化した(しそうな)場合は,まず,製造コストの見直しや人件費の削減による原価の低減が実施される。それでも収益の回復が見込めないのであれば,より収益性の高い事業構造への転換や,新たな主力製品の創造・育成は喫緊の課題となる。長期間に渡って事業を継続させている長寿企業は,短期的には変化がないように見えて,実は景気の動向も加味しながら,製品のライフサイクルに応じた新製品・新サービスの投入や業態の変更,市場の環境変化に応じた組織再編などを行っている(横澤ほか 2000;野村 2006;帝国データバンク史料館ほか 2009)。いずれにしても,プロダクト・ライフサイクル論(Product Lifecycle)が示すように事業は永続的に持続可能ではないのだから,どこかの時点で事業構造の転換や主力製品の交代は必須であり(Hirsch 1967),その必要性は企業規模を問わないだろう。そして,その実現のための資源配分や製造プロセス変更の過程などにおいて,会計情報が多用されていると考えられる。しかしながら,企業内部における機密情報も多分に含まれているために,その利用の実際は明らかにされてこなかった。
　そこで,2015年1月から2017年9月にかけて,高級爪切りの製造・販売会社である株式会社諏訪田製作所(本社:新潟県三条市,以下,諏訪田製作所と略

記する）に聞き取り調査を行った。本稿では，主力製品変更実現のために，事例企業が会計情報をどのように利用したのかについて分析を行う。それは，主力製品変更のための管理会計の具体的な利用とその貢献についての解明でもある。

2　これまでの議論と本研究の研究手法

2-1　先行文献に見るこれまでの議論

　主力製品の変更を含む事業構造の転換について，先行文献の多くは，現行の事業とのシナジー効果を生み出せるような新規事業の創造や多角化の在り方について論じている。例えば，シナジー効果を引き出すために独自のビジネススクリーンを用いて事業ポートフォリオの最適バランスの確立を試みていたGE（General Electronics）の分析（加護野 1981）や，コア事業転換のマネジメントの手段として，企業が有する中核技術やコア・コンピタンス（Core competence）の活用（高井ほか 2011）などがある。その一方で，長期的な存続や発展を実現してきた多くの企業がシナジー効果への期待を捨てて，新規事業を主力事業に転換させる「転地」を実践してきたという論考（三品 2007）もある。また，戦略と理念の視点から既存事業に固執せずに多角化を推奨している論文（磯部 1998）や，経営資源としての人材に着目し，主力事業の変更を牽引した経営者の起業者（アントレプレナー）としての役割に着目して繊維業界における事業転換を論じている文献（竹内 2015）もあり，経営戦略の議論に立脚したアプローチは多岐に渡っている。

　主力製品の変更を含む事業構造の転換における会計データの活用や管理会計の貢献については，固定費回収の指標でもある限界利益を利用して閉鎖すべき工場を選択した東洋紡の事例研究（藤原・青島 2016）や，全社的ポートフォリオから導き出された各SBU（Strategic Business Unit：戦略事業単位）の目標・使命を達成するよう事業部長を動機づけるために，業績測定要素を目的に合わせて多元管理したGEの事例分析（挽 1992）などの示唆に富む論考がある。しかしながら，閉鎖工場の選択や中間管理職の動機づけなど，事業構造の変革

に必要な経営管理プロセスの一部における会計データの利用に焦点を当てており，その分析対象はいずれも大企業である。

2-2　研究対象の選定と研究手法

他の章でも論じられているように，中小企業に関しては，管理会計の実践そのものについて知見が限られている。そこで，まず，燕三条・大田区・東大阪地域の中小企業を対象にアンケート調査を行い，どのような管理会計を利用しているかについて回答を得た（第14章を参照のこと）。

本稿の事例企業である諏訪田製作所も回答を寄せてくれたが，海外でも人気のある高級爪切りのブランドを有する有名企業であるにも関わらず，回答からは他の会社と差異のある取り組みはみられなかった。そこで，インタビュー調査と社内のアーカイブデータによる半構造分析（Semi-structural Analysis）による調査研究を実施した。具体的には，諏訪田製作所代表取締役社長（CEO：Chief Executive Officer）の小林知行氏と，主力製品の変更の際に会計データ準備・活用を担当した総務の小林佳奈子氏（CFO：Chief Financial Officer）に管理会計利用の状況について聞き取りを行った（図表12－1を参照のこと）。その際，事業承継時に事業構造の変革と主力製品の変更が必要だったこと，そしてその実践に管理会計が利用されたことが分かった。そこで，インタビューで得られた内容とともに，アーカイブデータ（社内資料及び，論文・雑誌などの公表資料）も利用して主力製品変更の際の会計データ利用について分析を行った。

図表12－1　インタビュー調査の概要

	日時	場所	インタビュー応対者	職位	時間
1回目	2015年1月16日	諏訪田製作所	小林知行氏	CEO	午後2時—午後5時半
2回目	2016年7月5日	諏訪田製作所	小林知行氏	CEO	午後2時—午後5時半
3回目	2017年7月29日	諏訪田製作所	小林知行氏	CEO	午後2時—午後5時40分
4回目	2017年8月9日	諏訪田製作所	小林知行氏	CEO	午前10時半—午後0時半
			小林佳奈子氏	CFO	午前11時—午後1時半

| 5回目 | 2017年9月15日 | 諏訪田製作所 | 小林佳奈子氏 | CFO | 午前11時半―午後2時半 |

(出所) 筆者作成。

3 諏訪田製作所について

3-1 諏訪田製作所の概要（2018年3月現在）

　現在の主力製品は，大工道具の喰切鋏を改良して開発された独特のデザインのハンドメイド高級爪切りであり，「SUWADA」のブランドで知られている。日本人のみならず，キャメロン英首相（当時）やサッカー選手のデヴィッド・ベッカムなど海外の著名人も愛用者である（日経ビジネス 2016, 35）。一丁7,000円以上の値段で売られているSUWADAの高級爪切りのバックオーダーは平均2カ月，人気商品は約2年待ちである（越後ジャーナル 2016）。ドイツの高級刃物メーカー，ツヴィリング・ヘンケルス社の爪切りのODM（Original Design Manufacturing：委託者のブランドでの製品の設計・生産）も請け負っている（建材マンスリー編集室 2012, 3）。年間の売上高約6億円，従業員50名と小規模企業ながら（2017年9月15日のインタビュー），高い技術力を持つ高級ブランドとして世界でも認められているのである。高級爪切りのほかに，キッチン用品と盆栽鋏，ニッパーなどの刃物製品を製造，販売している。

3-2 諏訪田製作所の沿革と経営危機

　諏訪田製作所の前身は，1926年（大正10年）に小林祝三郎氏によって創業され，大工道具の喰切など主にニッパー式の刃物を製造してきた。1950年には，安価なニッパーに押されて需要が減退した喰切に代わって，喰切の製造技術を生かした爪切りを生産し始めた（ホームリビング 2010）。

　1974年，祝三郎氏の長男の小林駟一氏によって現在の株式会社諏訪田製作所が設立された。1970年代に盆栽ブームが盆栽用鋏で売上高を伸ばした。1989年には栗の固い鬼皮と果肉に貼りついた渋皮を一度に剥くことができるキッチン用品「栗くり坊主」を考案して販売したところ，売上高が急増して収益も右肩あがりとなった。そこで，大規模な鍛造設備の導入や社屋建設など多額の設備

投資を行うとともに，次の大ヒットを狙って試作品の研究開発に大量の資金を投じた。従業員数も初代の祝三郎氏から事業を引き継いだ際の10名から27名に増員した。しかし，バブル崩壊後の日本経済の低迷と相まって，売上高とともに収益も激減してしまう（2017年7月29日のインタビュー）。

経営環境の悪化にもかかわらず，経費削減や問屋に対する販売価格の値上げ交渉などは行わなかった。従業員への給与体系もそのまま据え置かれ，1990年代初期からは赤字経営が続いていた。「この赤字の大きな原因は人件費だった」（オフィスJ・B 2012, 16)。「過去のヒット商品のおかげで銀行が支えてくれたために，何とか倒産を免れていた」「ただし，今考えると，非常に高い金利が設定されていた」（2015年1月16日のインタビュー)。経営状況が悪化の一途をたどるなかで事業を承継した3代目の小林知行氏（以下，知行氏）は「年間約3億円の売り上げにも関わらず，単期で6,000万円の赤字であった」「さらに，経営引き継ぎの際に，公になっていない隠れ債務が数億円単位で出てきた」（デザイン＆ビジネスフォーラム編 2007, 103-104) と述べている。

3-3 事業構造の変革：主力製品の変更を決意

知行氏が家業を引き継いだ1997年当時，諏訪田製作所の事業は主力のキッチン用品（「栗くり坊主」)，盆栽鋏，そして爪切りの3つであった。黒字が出ていたのは売上高で6割超を占めるキッチン用品のみで，他の2事業は赤字であり生産量もかなり少なかった（諏訪田製作所内部資料)。そこで，社長就任早々，赤字脱出に向けて抜本的な経営改善のための模索が続いた（デザイン＆ビジネスフォーラム編 2007, 104)。倒産を避けるためには，売上を伸ばすか人件費などコスト削減を実行しなければならない。

知行氏は「一人もリストラしない」という経営方針を掲げた。地方の中小製造業にとって解雇の実行は至難である。業績が回復しても，「過去に解雇したことがある」という評判が長くとどまるので良い人材が来てくれなくなる。何より，子どものころから可愛がってくれた職人を解雇する選択肢はなかった。そこで，解雇による人件費の削減ではなく，売上高を増やし収益を回復する方法を模索した。彼は，事業を引き継ぐ前の1994年から世界屈指の消費財見本市であるドイツのアンビエンテ・メッセ・フランクフルトに出展しており，自社

と同品質の爪切りが1万円前後で売られていること，同品質の爪切りを製造できる企業が世界でもはや数社しかないということを知っていた（2017年8月9日のインタビュー）。そこで，3つの事業のなかで大幅な売上増が期待できる製品は高品質の爪切りであると判断し，主力事業として育成することにしたのである。実際，当時から諏訪田製作所の爪切りは多くの注文を抱えていた。そこで，「バックオーダーのある商品の生産量が増えれば，売り上げに直結する……」（オフィスJ・B 2012, 16）と考えたのである。

世界各国の刃物生産地を見渡しても，イギリスのシェフィールド，ドイツのゾーリンゲン，フランスのノジャンやティエールなど，かつて有数の産地とされた場所から鍛造をともなう刃物製造業はほとんど姿を消している（関東経済産業局ほか 2004, 36）。高級爪切りには売り上げ増の可能性があった。一方で，当時の主力製品であった，栗の皮むきに特化した高収益のキッチン用品は年に数％ずつ売上を減らしていた。「栗を剥く」という作業が家事から消えていく傾向にあり，今後も主力事業であり続けるとは考えられなかった（2015年1月16日のインタビュー）。主力製品の転換は喫緊の課題であった。

こうした市場動向から，知行氏は，「高品質な爪切りの製造には，長期に渡る熟練工が必要であり，熟練工の養成には時間がかかるために，高品質な爪切りの製造は，他社には真似できない」（関東経済産業局ほか 2004, 36），すなわち，他企業にとっては新規参入の障壁が高いと判断した。この市場で一定量の製品を製造できれば市場シェアを高めることができ，キッチン用品に代わる主力製品になると考えたのである（2015年1月16日のインタビュー）。

3-4　変革に立ちはだかった壁

ハンドメイドの高級爪切りを主力事業にすると決意したものの，現実には①問屋には低価格でしか売れない，②生産コストが高い，③熟練の技能が必要なために製造できる従業員が限られており，少量しか生産できない，という3つの問題点が立ちはだかっていた。実は，先代も「手間がかかる割に儲からない」と，①と②の問題について皮膚感覚で感じてはいた。しかしながら，詳しい原価分析は行っていなかった。そこで，時間当たりの工程原価を正確に算出するために，知行氏は工場長と一緒に爪切りの生産活動に関わる全工程を書き

出した。そして，各職人にロット（当時は100個）毎の作業時間を工程ごとに記入してもらってデータベースを作成した（2017年9月15日のインタビュー）。そして，標準的なスキルの職人の給与と作業時間を参考に，「1工程を1ロット（100個）仕上げるまでの作業時間×1時間当たりの労務費＝標準工程原価」を設定し，当時製造していた3種類の爪切り製品それぞれの製造原価を計算したところ，すべての製品で大きく原価割れしていることが判明した（2016年8月9日のインタビュー）。ほぼすべての製造工程がハンドメイドである爪切りの製造原価は人件費が大部分を占める。しかも，爪切りの工程は，他の製品よりも高度な技術を必要とするため熟練工による精緻な加工が必要であったのに，販売先である問屋からは「爪切りは他の製品に比べて小さく，必要な部材は少ないからコストは安いだろう」と値段もかなり安く設定されていた（2015年1月16日と2016年8月9日のインタビュー）。そこで，主力製品の変更を実現するために，①価格の引き上げ，②生産増と生産コストの削減，③熟練工の育成，という3つの問題に取り組むことになった。

4　原価分析を利用した経営改革

4-1　価格引き上げの実現

　これまでの販売価格では原価割れであることが明らかになり，モデルチェンジを機に設定した製品原価に基づいて爪切り製品の卸売値段を上げるとともに，メーカー希望小売価格を8,000円＋税金に設定した（日本商工会議所 2015, 35）。しかし，価格決定権は簡単には手に入らなかった。

　「〔新たな卸価格や〕希望小売価格を問屋に提示したところ，強気の価格帯にびっくりされ，だれも仕入れてくれなかった」（しんきん 2012, 7.〔　〕内文字は筆者挿入）。「縦に首を振るところはなく，『何の冗談か』と笑われることさえあった……」（日本商工会議所 2015, 36）。苦境に立たされたが，「プロモーションをプッシュ戦略からプル戦略へ切り替え，〔エンドユーザー向けに〕国内外の展示会出展で8,000円の価値を訴えていった。実際に使用すると，切れ味が〔他の〕既存品より格段に優れていることがはっきりわかる。そのた

め,『8,000円でも購入したい』というユーザーが徐々に増えていき,ユーザーが当社の製品を求めるようになり,再び問屋から受注が舞い込むようになった」(しんきん 2012, 7.〔 〕内文字は筆者挿入)。急速に伸びていく需要量に対して圧倒的少量しか生産できなかったので,希望小売価格を順守してくれる問屋に優先的に販売した。さらに,ネイリストに人気があるということを聞き,プロ仕様の製品「SUWADA」としてブランド化することで希望小売価格を維持した(2015年1月16日のインタビュー)。

4-2 工程見直しによる生産増とコスト削減

　生産増も急務であった。生産量の増大にとって熟練工はボトルネックであった。生産量の増大には熟練工の人数を増やす必要がある。しかし,熟練工を増やせば人件費が増える。何よりも,難しい生産工程を担当できる熟練工を育成するには,10年以上の期間がかかる。小林社長は,「それまでは爪切りはだいたい……月100個程度。それを1,000個にしようと思った。でも職人たちは『そんなの無理だ』って全然やる気がない」(オフィスJ・B 2012, 17)。そこで,決算書を公開して「今うちは赤字です。このまま続けていくとつぶれてしまいます。……といって決算書の見方と一緒に職人たちに説明した……しかしながら「職人たちは無反応」(オフィスJ・B 2012, 16)。

　そこで,工程の見直しにより,「工程を50に振り分け,工程ごとに習熟度の違う職人に担当させるようにし……,熟練の職人にはより難易度の高い作業を,見習いの職人にはその他の習熟度に応じた作業をといった担当工程の最適化がはかられ,以前と同じクオリティを保ったまま,生産性をアップさせた」(第一生命保険株式会社 2014, 2)。つまり,1人の熟練工がすべての工程を担当するのではなく,約50工程のうちで高度な熟練加工を必要とする2つの工程(合刃工程と刃付け工程)だけを担当すれば,他の工程に費やしていた時間相当分だけ生産量が増えることになる。労務費は固定費であるので,生産量の増大はそのまま製品原価の引き下げにつながった。

　ただし,「工程自体は一切変えませんでした。僕がやったのは,工程が効率的になるように整理して役割を割り振っただけです。リエンジニアリングのようなものでしょうか。……」(オフィスJ・B 2012, 17)。さらに,「工程を徹

底的に見直し，従来の職人仕事にありがちなルーズさを廃止，工程マニュアルを明文化，具体的な数値目標をつくった。工場は流れ作業ではなく，工程をバトンタッチしていく『重ね作業』となるように配置し，各工程のひとりひとりが責任を持って作業するように意識を変えた」（三条商工会議所 2012, 46）。

こうして工程別・職人別の工程原価のデータベースを利用して生産計画に合わせて最適な工程計画を作成し，生産増と同時に原価低減を図るようにした（2017年9月15日のインタビュー）。

4-3 工程単価の設定と職能給制度の導入

上述した工程の改善で何とか生産増に目途はつけたものの，大きく製造量を増やすためには半熟練工や新人の技能習得が不可欠の条件となる。そこで，製品1つにつき標準工程を50〜80工程と定め，各工程を難易度別に分類した。そして，販売価格に一定の乗数を引いた金額を各工程の難易度に対応させて「あるべき製品原価＝Σ工程単価」として算出したのである。（2016年7月29日と2016年8月9日のインタビュー）。工程単価は，工程ごとの難易度を設定して指数化して計算されるが，難易度が高くなるほど単価が高くなるようになっている。例えば，製品の売値5,000円の場合，利益額1,000円，間接費1,000円と部材費1,000円を引いた金額である2,000円を難易度に応じて4つの工程に割り付けた。そして，難易度1の工程を単価200円，難易度4の工程を単価800円として職人たちに周知した（図表12-2を参照のこと）。職人はどの工程が難しいかという知識はあるものの，それが数字で可視化され，各工程に単価が設定されたことで，工程をこなせる技術の価値が一目瞭然となった（2017年8月9日と2017年9月15日のインタビュー）。

図表12-2 製品Aの難易度と各工程単価（概念図）

製品A	工程1	工程2	工程3	工程4	合計
難易度	1	2	3	4	
工程単価	200	400	600	800	¥2,000

（出所）　筆者作成。

そして，諏訪田製作所では，
- 担当した工程単価×1カ月にこなした工程数＞1カ月分の給与

となるように従業員に求めた。

製造工程の難易度とこなした工程数によって職能給が設定されたので，より難しい製造工程を担当できる能力を習得すれば，それだけ多くの職能給が支給されることになった（商工総合研究所 2011, 125）（建材マンスリー編集室 2012, 9）。職能給を増加させるためには，生産量を増やして生産性を向上させるか，難易度の高い＝単価の高い工程をこなせるような技能を習得する必要がある。短期間で生産量を飛躍的に増やすには限界があるので，職能給を増やすためにより単価の高い技能を習得するインセンティブとなり，技能継承が進んだ（2015年1月16日のインタビュー）。

その結果，「ベテラン社員でも技術向上の鈍化などで昇給が停滞する可能性がある」（高齢・障害・求職者雇用支援機構 2012, 29）給与体系となり，生産性も向上していった（2016年7月5日のインタビュー）。

4-4 生産性向上と技能継承の両立させる人事考課へ

工程単価の設定による付加価値の可視化と職能給の導入は，生産性を向上し技能習得を積極的に行うインセンティブとなったが，徹底すると職人間に軋轢を生んでしまう。制度が浸透するにつれて，増えていく新人に丁寧に教えるよりも自分の作業をどんどん進めるようになってしまい，工程間の仕掛品も増えていった。職人が個別バラバラに生産性の向上を行うことで，自分の作業に集中するようになると技能継承は進まなくなり，職場の雰囲気も悪化していった。結果的に生産性が落ち，納期を遵守しようと作業を焦って安全性が確保できない状況も生じるようになった。

そこで，職能給の評価として，従業員の「能力を判断する物差しをつくるべく，（中略）洗浄や片付けといった，これまで生産現場では軽んじられてきた仕事も工程としてカウントし，賃金の対象とした。その日やった仕事はパソコンを使って一人ひとりが内容を入力することで申告できる仕組みもつくった」（デザイン＆ビジネス 2007, 105）。そして，2000年代半ばからは，従業員各自の生産性の向上や技能向上だけではなく，熟練が若手とペアを組んで技能習得

を促す人材育成や技能教育への貢献についても評価するようにした（2016年7月5日のインタビュー）。製造工程の原価計算から導き出される職能給に加えて，熟練工が新人に技術や仕事のやり方を教えたりする人材育成のための時間も「付加価値を生んでいる」と評価するようにしたのである（2016年7月26日のインタビュー）。

4-5　事業構造転換の実現

上述したような一連の取り組みの結果，諏訪田製作所の高級爪切り事業は①低価格でしか売れない，②少量しか生産できない，③生産コストが高いという3つの問題点を克服した。

図表12-3は，売上高構成の推移を示したものであり，1997年の売上を100としたときの，事業構成の変化を示している。爪切りが当該事業会社の売上高構成の6割を占めるまでに成長したこと，すなわち，高品質の爪切り事業を主力事業とする事業構造の転換が実現されたことを示している。

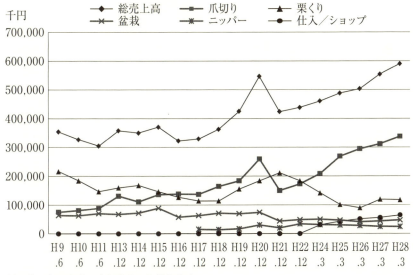

図表12-3　売上高構成の推移

（出所）　事例企業の内部資料より筆者作成。

2015年の売上高は約6億円（海外売上比率は約15%），従業員は50名と，どちらも1997年の事業承継時と比較して約2倍になった（諏訪田製作所内部資料）。

5　考　察

5-1　問題点克服のための管理会計の利用

上述したように，1997年の事業継承当時，諏訪田製作所では，解1：コスト削減（P1→P0）か解2：売上増（S0→S1）かの選択による利益の実現が必要であった（図表12-4を参照のこと）。

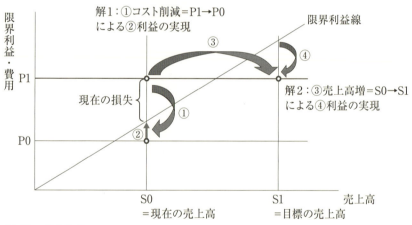

図表12-4　売上高と限界利益

（出所）　筆者作成。

人員削減によるコスト減ではなく売上増を模索していた知行氏は，海外市場における情報をもとに高級爪切りが次の主力事業になりうると判断した。ただし，上述したように，①市場では低価格でしか売れない，②少量しか生産できない，③生産コストが高い，という3つの問題点があった。そこで，その克服のために以下のように各製品の工程原価をもとに標準原価を計算した。

各製品の標準原価 = Σ部材費 + Σ標準工程原価 + 間接費

各製品の標準原価計算の目的は；
1) 利益の出る価格の決定：標準製品原価＋利益＝希望小売価格
2) 原価低減：製造工程における作業者別の工程作業時間と工程原価を把握して，最適な工程計画を検討・作成
3) 工程の難易度を数値化する基礎データとするため

の3点である。

そして製品ごとの工程原価計算を表にするとともに，同じ表に職能給と直結する個人の業績評価を組み込んだ（図表12-5を参照のこと）ことで，工程原価計算に技能習得と生産性向上のインセンティブ機能を与えた。

図表12-5　個人の業績評価を組み込んだ工程原価計算（概念図）

製品Aの工程原価計算

	製品A	工程1	工程2	工程3	工程4	合　計
個人の業績評価	難易度	1	2	3	4	
	製品Aの工程単価	¥200	¥400	¥600	¥800	¥2,000
	職人a	0	0	0	80	¥64,000
	職人b	0	0	80	0	¥48,000
	職人c	80	80	0	0	¥48,000
	工種別累積単価	¥16,000	¥32,000	¥48,000	¥64,000	

（出所）筆者作成。

即ち，工程原価計算に個人の業績評価を組み込んだことで，職能給を上げるためには単価の高い工程をこなせるような技能を習得するか，若しくは現在こなすことのできる工程においてより生産性を向上させることが必要であることを可視化したのである。

生産性向上と熟練工の育成は，当該企業にとって重要なコア・コンピタンスである。ただし，職能給を厳格に適応すると両者のバランスが崩れてしまい，職場環境が悪化することが判明した。さらに，より高い職能給を獲得しようと，職人各自が個別最適に加工を進めることで大量の仕掛在庫も発生していた。そうした弊害を取り除くために，年に一度の人事考課の際に，職能給制度に加え

て人材育成や技術の継承についても評価する制度を構築している。

5-2　製造工程における原価低減の実施

　FA（Factory Automation：工場の自動化）の導入が進んだ1990年代以降，製造段階における原価低減の実践は上流工程の原価企画が議論の中心となり（例えば，加登 1993；田中 1995；田中・小林編 1995；門田 1991，1994），標準原価計算は主に原価維持の手段として論じられるようになっていった。しかしながら，諏訪田製作所の生産工程は手加工が中心であるために，別の言い方をすると工程がほとんど機械化されていないために，柔軟な工程組み換えが可能である。爪切りは部品の点数が少なく，製品の企画や設計段階での原価低減は難しいので，現在も標準原価計算に基づいた製造段階での原価低減を行っている（図表12-6）。

図表12-6　製造段階での原価低減の仕組み

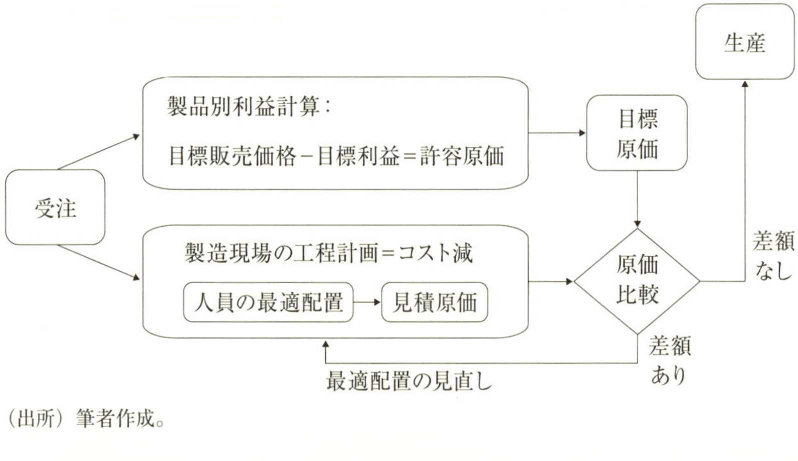

```
                ┌─────────────────────────┐
                │ 製品別利益計算：           │         ┌────┐         ┌────┐
          ┌────▶│ 目標販売価格-目標利益=許容原価 │────▶│目標│         │生産│
          │     └─────────────────────────┘         │原価│         └────┘
       ┌────┐                                       └─┬──┘           ▲
       │受注│                                         │              │ 差額
       └────┘                                         ▼              │ なし
          │     ┌─────────────────────────┐         ┌────┐
          └────▶│ 製造現場の工程計画=コスト減 │────▶│原価│
                │ ┌──────────┐   ┌──────┐  │         │比較│
                │ │人員の最適配置│─▶│見積原価│ │         └─┬──┘
                │ └──────────┘   └──────┘  │           │ 差額
                └─────────────────────────┘           ▼ あり
                        ▲                      最適配置の見直し
                        └──────────────────────────┘
```

（出所）筆者作成。

　これまで見てきたように，①諏訪田製作所が導入した標準原価計算に基づいた工程原価計算は，利益の出る価格設定の根拠となっただけでなく，②職能給と組み合わさることで個人の業績評価の側面も持ち，生産性の向上や技能習得のインセンティブ機能を組み込んでいること，そして③柔軟な製造工程の組み換えが製造段階での原価低減を可能にしたことが分かった。さらに，業績評価

を行う際は，技能や生産性向上の評価とともに，清掃作業や若手育成に関する評価も行うようにした。その結果，事業構造が転換し主力製品の変更が実現したのである。

6　むすび

　諏訪田製作所では，高級爪切りを次の主力事業にするために，高級爪切りの価格を改定し，製造コストを低減させながら熟練工の育成と増産を実現する必要があった。そこで，製造工程を細分化して算出した各工程の製造原価を職能給を構成する単価として利用することで，技能の価値を可視化した。さらに，工程原価と職能給が密接に結合した仕組み，すなわち，生産性向上と技能習得のインセンティブ機能を内蔵した原価計算システムの導入と活用を行った。新しい原価計算システムは個別最適の生産を促す仕組みも持っていたために，個別最適を全体最適に変えるため，人材育成に対する考課など別の評価基準を導入した。一連の改革の結果として，事業構造が転換し主力製品の変更が実現したことが明らかになった。これは，情報システムのみならず影響システムとしての管理会計（伊丹・青木 2016）の具体的な証左でもある。

　労働集約的かつ熟練の生み出す付加価値の高い製品を組織的に製造する事例企業が，主力製品の変更を行う際にどのように管理会計を用いたのかについて具体的に示すことで，事業構造の転換・主力製品の変更における管理会計の利用と貢献についての一端を解明できた。さらに，人材育成に対する考課などの新たな業績評価システムが職能給から派生する弊害を調整し，技能伝承を推進していることも分かった。

　ただし，諏訪田製作所の分析結果をもとに事業構造の転換や主力製品変更における管理会計の機能と役立ちを一般化するには課題がある。さらなる知見を獲得するために，諏訪田製作所と違う特性を持つ企業へのリサーチサイトを拡大や，アンケート調査などを利用した実証研究が望まれる。

（謝辞）　諏訪田製作所代表取締役社長小林知行氏と総務の小林佳奈子氏に対して記して深甚なる謝意を表したい。

(付記) 本研究は JSPS 科研費 JP17K04046（共同研究者：上總康行氏）の助成を受けたものです。

[主要参考文献]

磯部剛彦．1998．『トップシェア企業の革新的経営―中核企業の戦略と理念―』白桃書房．
伊丹敬之・青木康晴．2016．『現場が動き出す会計』日本経済新聞社．
越後ジャーナル『越後ジャーナル』2011年4月21日：5，2013年3月20日：2，2016年4月22日：3．
大竹文雄・唐渡広志．2003．「成果主義的賃金制度と労働意欲」『経済研究』（一橋大学経済研究所）54(3): 193-205．
岡本清．1969．『米国標準原価計算発達史』白桃書房．
オフィスＪ・Ｂ．2012．「03 諏訪田製作所」『日本の町工場』双葉社スーパームック：16-19．
加護野忠雄．1981．「SBU 管理」『国民経済雑誌』143(2): 22-46．
加登豊．1993．『原価企画―戦略的コストマネジメントへのアプローチ―』中央経済社．
関東経済産業局・財団法人経済産業調査会共同編集．2004．『いっとじゅっけん』6(5): 34-37．
建材マンスリー編集室．2012．「注目企業を訪ねる」『建材マンスリー』8(562): 8-9．
三条商工会議所．2009．「諏訪田製作所」『石垣ずいそう』：316-317．
商工総合研究所．2011．「諏訪田製作所」『グローバル経済下の中小企業』：123-128．
しんきん．2012．「株式会社諏訪田製作所」『しんきんパートナー』19：6-7．
第一生命保険株式会社．2014．「挑戦を続ける伝統産業」『Visionary Decision』2：1-2．
高井透・原田保・山田敏之．2011．『コア事業転換のマネジメント』同文舘出版．
竹内竜介．2015．「主力事業転換に見られる企業者活動―シナノケンシ株式会社における企業者の生成とその活動―」『横浜経営研究』36(1): 145-159．
田中隆雄・小林啓孝編著．1995．『競争優位に立つ原価管理　原価企画戦略』中央経済社．
デザイン＆ビジネスフォーラム編．2007．「諏訪田製作所」『デザイン思考がビジネスを革新する』ダイヤモンド社：91-106．
日刊工業新聞社．2015．『工場管理』61(15)．
田中雅康．1995．『原価企画の理論と実践』中央経済社．
帝国データバンク史料館・産業調査部編．2009．『百年続く企業の条件：老舗は変化を恐れない』朝日新聞出版．

日経ビジネス．2016.「仲間，理念…何でも見える化」『日経ビジネス』1月18日号：34-37.
日本商工会議所．2015.「SUWADA 爪切り」『石垣ずいそう』2：34-35.
野村進．2006.『千年働いてきました―老舗企業大国ニッポン』角川書店.
挽文子．1992.「事業構造の変革と管理会計：GE のケース」『一橋論叢』107(5)：743-763.
藤原雅俊・青島矢一．2016.「東洋紡―抜本的企業改革の推進―」『一橋ビジネスレビュー』64(3)：124-141.
ホームリビング．2010.『ホームリビング』11月5日付記事.
三品和広．2007.『戦略不全の因果―1013社の明暗はどこで分かれたのか―』東洋経済新報社.
横澤利昌編．2000.『老舗企業の研究』生産性出版.
Hirsch, S., 1967. *Location of Industry and International Competitiveness*. Oxford: Clarendon Press.

(大串葉子)

第13章

中小製造業における原価企画の適用可能性と課題：江洲金属株式会社の事例

1　はじめに

　原価企画の特徴の1つとして，価値連鎖上のサプライヤーとの連携・協働があげられる。より具体的には，デザイン・イン，開発購買，サプライヤーへの原価低減要請といった活動である。このような原価企画における組織間活動は，系列に象徴されるわが国製造業のサプライヤー・システムを背景として展開されてきた。近年，サプライヤー・システムと管理会計に関わる議論は，組織間管理会計という一分野を形成するに至っている。とりわけ，その中心となる組織間コスト・マネジメント（interorganizational cost management；以下，IOCM という。）に関する研究は，わが国自動車産業の原価企画実務を基礎として展開されてきたといえる。

　IOCM に関する従来の原価企画研究では，主として完成品メーカーと密接な関係にある部品サプライヤーとの関係に焦点が当てられてきた。そのようなサプライヤーは，階層的サプライヤー・システムにおいてより上位にある大企業であり，その傘下には子会社を含む多くの関連企業を有する。他方，階層的サプライヤー・システムにおいてより下位にある企業，とりわけ中小企業基本法で「中小企業」と定義される企業[1]を対象とした原価企画研究は，ほとんどみ

1　製造業において，中小企業者は資本金3億円以下または従業員数300人以下，うち小規模事業者は従業員数20人以下である。

られない（飛田 2011, 58）。

　しかしながら，最近の中小企業に関する実態調査によって，原価企画を実践しているとする企業が存在することが明らかとなっている。たとえば，本書第14章で報告されているように，新潟県燕三条地域・東京都大田区・大阪府東大阪地域の3つの産業集積地域に所在する企業を対象として実施された山口による郵送質問票調査では，導入している原価管理手法として「原価企画」と回答した企業が12社あり，そのうち東大阪地域が6社と多数を占めている[2]。

　山口による実態調査が示すように，原価企画を導入済みの中小企業はいまだ少ないものの複数存在しており，中小企業にも原価企画は適用可能であるとみることができる。とはいえ，それらの中小企業における原価企画が，われわれの知る原価企画であるとは限らない。なぜなら，われわれの知る原価企画とは，「原価発生の源流に遡って，VEなどの手法をとりまじえて，設計，開発さらには商品企画の段階で原価を作り込む活動」（神戸大学管理会計研究会 1992, 88）と定義され，より究極的には，「製品の企画・開発にあたって，顧客ニーズに適合する品質・価格・信頼性・納期等の目標を設定し，上流から下流までのすべての活動を対象としてそれらの目標の同時的な達成を図る，総合的な利益管理活動」（日本会計研究学会特別委員会 1996, 23）と想定されるような[3]，大規模製造業をコンテクストとした原価企画だからである。したがって，大規模製造業とはコンテクストが異なる中小製造業において，原価企画がどのように展開されているかを明らかにする必要がある[4]。

　そこで本章では，中小製造業に分類されるサプライヤーに焦点を当て，そこではどのような原価企画が展開され，その実践においてどのような課題があるかを明らかにすることを目的とする。以下では，まず原価企画を対象とした

---

[2]　上東（2015）による郵送質問票調査では，原価企画を「行う」と回答した企業（製造業）が118社中64社（54.24％）であったことが報告されている。しかしながら，当調査は金融業と保険業を除く従業員数100名以上（調査後，100名未満になった企業も含む）の非上場かつ資本金が5億円未満の企業を対象に実施されたものであること，また，製造業における従業員数の最頻値が「500人未満」（117社中104社：88.89％）であることからして，「中小企業」というにはサンプルが比較的大規模な企業から構成されているとみられる。

[3]　趙（2014, 63）は，原価企画の先行研究文献96編における106個の定義から，これら2つの定義が有力な定義であることを見出している。

[4]　上東（2015）および山口による実態調査では，「原価企画」の定義または説明がなされておらず，調査対象企業が何をもって原価企画の導入と回答しているかは不明である。

IOCM の先行研究を踏まえ，中小製造業における原価企画導入の意義を明らかにする。次に中小製造業における組織間関係のコンテクストについて述べた後，山口による実態調査において原価企画を導入していると回答した江洲金属株式会社の事例を紹介する。続いて IOCM の観点から，江洲金属株式会社における実践の特徴および課題を考察し，最後に中小製造業における原価企画の展望を述べる。

2 中小製造業における原価企画の意義

2-1 組織間コスト・マネジメントにおける原価企画の機能

原価企画は，製品開発とともに展開される戦略的コスト・マネジメントであり，トヨタ自動車を代表とするわが国大規模製造業において長年実践されてきた。そのような原価企画の特徴の1つに，価値連鎖上のサプライヤーとの連携・協働がある。より具体的には，デザイン・イン，開発購買，サプライヤーへの原価低減要請といった活動である。

わが国大規模製造業，とりわけ自動車産業における原価企画の実務は，国内外の IOCM 研究の基礎となっているといっても過言ではない。それらの研究では，原価企画における完成品メーカーとサプライヤーとの協働の仕組みによる原価低減効果の側面が，IOCM における原価企画の順機能として捉えられてきた（たとえば，Agndal and Nilsson 2009; Carr and Ng 1995; Cooper and Slagmulder 2004; Cooper and Yoshikawa 1994）。

Cooper らによる一連の研究において，IOCM は「あるサプライヤー・ネットワークにおけるトータル・コストが削減されるよう，そのネットワーク内にある企業の諸活動を連係させるための体系的アプローチ」(Cooper and Slagmulder 1999, 145-146) と定義される。そのような IOCM において，原価企画は，目標原価の設定・細分化における経営幹部・開発責任者・開発設計者・サプライヤー間の交渉を通じて，市場からのコスト競争圧力をサプライヤーにまで伝達し，ネットワーク内に垂直的な調整をもたらす軸として，サプライチェーン上の各企業の原価企画活動を連鎖させる役割を果たす。そして，

目標原価の達成においては，サプライチェーン上の各企業の開発設計チームが互いに適切な利益水準を確保しながら原価低減に取り組むよう，相互作用を促す公式的な仕組みとしてIOCMシステムが機能する。それは，一組織内の独立した原価企画システムがサプライチェーンの一部または全体へと拡張されるよう支援し，当該サプライチェーン内のサプライヤー間で技術革新情報が拡散・普及することによる原価低減効果をもたらすものとして説明される（Cooper and Slagmulder 1999; Cooper and Yoshikawa 1994）。

このように原価企画は，目標原価の設定・細分化プロセスおよび達成プロセスにおけるIOCMを通じて，サプライチェーン上の企業間で適切な利益水準を確保しながら原価低減に取り組むよう，相互作用を促進するという機能を有する。とはいえ，それは完成品メーカーが市場からのコスト競争圧力をサプライヤーへと伝達し，サプライヤー間で技術革新情報を拡散・普及させることによって原価低減効果を引き出すものである。それゆえ，その用いられ方によって逆機能を生ずることが知られており，特に「サプライヤーの疲弊」が問題視されてきた（たとえば，加登 1993；加藤 2010, 2013；窪田 2001, 2003）。

加登（1993, 285）はサプライヤーの疲弊を，様々な負担を背負うことによる組織疲労の蓄積とし，窪田（2001, 88）はそれを「アセンブラーとの関係性において，将来の見返りのない（あるとしても不確実な）ものに対して費やされた犠牲あるいは損失の蓄積」として捉えている。そのようなサプライヤーの疲弊の主要な要因として，有能なエンジニアのメーカーへの派遣，絶え間ないコスト引き下げ要請，設備投資意思決定のメーカーへの従属性，および短い開発期間が指摘されている（加登 1993, 282-285）。加藤（2010, 32-36）によれば，これらの要因は「コスト的側面」（短い開発期間での納品，頻繁な設計変更に係るコスト負担，バイヤー側の原価低減未達分の負担，設備投資リスクの負担）と「利益的側面」（情報共有による利益獲得機会の制限，絶え間ないコスト低減要請への対応による利益確保の困難化）に分けることができ，サプライヤーの疲弊問題は「利益配分の問題」と「下請酷使の問題」とに大別される[5]。

---

5 加藤（2010, 37-45）は，サプライヤーの疲弊問題をさらに「原価企画の運用上の問題」と「日本的な製品開発上の問題」の観点から考察している。

2-2 中小製造業における原価企画の導入・展開の重要性

　上述の IOCM における原価企画の機能は，中小製造業にとって脅威と捉えられるかもしれない。なぜなら，市場からのコスト競争圧力の負担，保有する技術革新技術の拡散，およびサプライヤーの疲弊というリスクが伴うからである。しかしながら，1次サプライヤーだけでなく，2次以降のサプライヤーをも調査対象とした先行研究（たとえば，Carr and Ng 1995；Cooper and Slagmulder 1999；加藤 2013；窪田 2003；山本 2013）において，バイヤーとサプライヤーの双方における取組みが，サプライヤーにおけるそれらのリスクを回避・軽減しうることが示唆されている。

　たとえば，わが国企業9社の4つのサプライチェーンの事例から「原価企画連鎖」を見出した Cooper and Slagmulder（1999, 14）によれば，原価企画は，市場からのコスト競争圧力を伝える目標原価の設定機能と細分割付機能を通じて，ネットワーク内の垂直的な調整をもたらす「ネットワーク・プロトコル（network protocols）」として IOCM の軸となる。ここで，ネットワーク・プロトコルとは，ネットワークにおける共通の価値観および共有された行動様式を示す行動基準（rules of conduct）であり，個々のバイヤー・サプライヤー間で展開されていた行動様式を全体としてのネットワーク・レベルまで拡張し，過当競争による負の影響を軽減するとともに，組織境界を越えた水平的または垂直的な行動の調整が要求される必須の協働を促進するものであるとされる。

　また，Carr and Ng（1995）は，英国日産（Nissan Motor Company U. K.：NMUK）とその1次サプライヤー（在英日系企業）および2次サプライヤー（英国企業）などの事例に基づいて，バイヤー側によるサプライヤーへの配慮の実態およびサプライヤー側での好意的な反応や原価低減効果を明らかにしている。より具体的には，構成部品の目標原価を達成するための活動として，部門管理者などによる定期的な原価計画会議の開催，オープン・ブックの合意あるサプライヤーが提供した原価明細に基づいたサプライヤーが直面する潜在的な問題の特定，サプライヤーと協働して目標原価を達成するチームの編成，電話指示や訪問指導を通じたサプライヤーへの品質・生産性・効率性に関する全般的な能力の改善支援，下位のサプライヤーとの原価低減方法や交渉術を教え

るワークショップの開催などを見出している。

　加えて，山本（2013）は，自動車部品のプレス板金加工メーカーA社の事例研究に基づいて，自社開発設計をしない部品サプライヤーにおいても原価企画の導入・展開が可能であり，サプライヤー側での積極的な原価企画活動の実施によって，アセンブリー・メーカーとの互恵関係の構築が可能となることを示唆している。

　自社開発設計をしない貸与図メーカーであるサプライヤーでは，基本的に，アセンブリー・メーカーの図面を前提とした原価低減活動（図面変更要求が可能な場合を除く）が展開される。プレス単品や部品構成数が少ない簡単な部品の受注が主体であったA社では，材料歩留まりの改善や加工工程の短縮に原価低減活動の範囲が限定され，原価企画活動が不可能な状況であった。しかしながら，競合による安価購買というアセンブリー・メーカー側の方針および受注部品の大型化（サブ・アセンブリー化）による部品構成数の拡大と製造準備費用の大幅な増加という状況下における利益確保問題を背景として，原価企画活動への取組みが行われるようになった。それは，社外活動としての「受注形態に対する働きかけ」（工程短縮や輸送効率の改善による原価低減につながる大型サブ・アセンブリー化交渉）と「受注先との情報共有の取り組み」（開発情報収集の早期化，発注部門へのこまめな情報提供，製造準備のための図面出図の早期化要請，発注先決定の早期化依頼），および社内活動としての「社内における原価低減活動」（設備仕様や工程の検討の早期化による設備投資の削減やアセンブリー・メーカー側の開発コストの低減に寄与する図面変更の提案・反映，材料歩留まりの改善による材料費の低減，工程短縮や加工工数の平準化・省人化による加工費の低減）からなる。そして，それらが相互に関連することで，関係部署のチーム活動，コンカレント・エンジニアリング活動，源流段階へのフロント・ローディング化をもたらし，従来の単なる受け身の原価低減活動とは異なる，原価企画活動としての取組みへと至ったとされる（山本2013，58-63）。

　上述の先行研究を踏まえると，中小企業における原価企画の導入・展開には次のような意義があると考えられる。すなわち，単に上位の企業からコスト競争圧力を押し付けられ従う存在ではなく，原価企画活動を通じて，①共通理解

の下にネットワーク内の企業と円滑に連携・協働を進められるようになる点，②磨かれた技術力（技術革新情報）を積極的に伝達することにより取引先への交渉力を高めることができる点，③取引先から技術力向上や問題解決のための支援を期待できる点などである。しかしながら，サプライヤーのタイプ，部品の特性，信頼の程度，関係の密接度，利益分配メカニズムなどの諸要因によって，原価企画のコンテクストとしての組織間関係に変化がもたらされ，それがIOCMにおける原価企画の機能に影響を与える可能性が示唆されていることから，それらの諸要因との関連において原価企画実務を確認する必要がある（大槻・﨑 2016）。

3　中小製造業における組織間関係のコンテクスト

　大槻・﨑（2016）は，李・門田（2000）に基づく部品およびサプライヤーの分類とCooper and Slagmulder（2004）によるサプライヤーの分類とから，サプライヤーを「中核サプライヤー」「主要サプライヤー」「下請サプライヤー」「一般サプライヤー」に区分し，主としてCooper and Slagmulder（2004）に依拠しながら，それらサプライヤーの分類とIOCM研究で示唆されている組織間関係のコンテクストを構成する諸要因との関係についての傾向を図表13－1のようにまとめている。ここでは，中小製造業の多くが属すると考えられる下請サプライヤー[6]について，その原価企画の機能に影響を及ぼす組織間関係のコンテクストを述べる。

　下請サプライヤーは，バイヤーによって設計された外注品（特定部品メーカーが製品メーカーによる基本設計あるいは詳細設計に基づいて製作する部品）を製造するサプライヤーを意味しており（Cooper and Slagmulder 2004, 11），非機能部品（製品全体において重要性の低い機能を果たす部品）を製造する貸与図メーカーに相当する（李・門田 2000, 121）。

---

[6] 後述するように，下請サプライヤーは貸与図メーカーに相当するが，植田（1999, 6）は，中小企業が典型的には貸与図メーカーであることを指摘している。なお，中小企業庁取引課（2013）によれば，2010年度（平成22年度）の下請中小企業比率（当該業の下請中小企業数／当該業の中小企業数）は，製造業で約18.6％であった。

図表13−1 サプライヤーの分類と組織間関係のコンテクスト

	部品の分類	内製品	外注品		市販品
			機能部品	非機能部品	
	サプライヤーの分類	自社	承認図メーカー	貸与図メーカー	市販品メーカー
			中核サプライヤー	主要サプライヤー	下請サプライヤー	一般サプライヤー
コンテクスト要因	製品の重要性		高 ←──────────────→ 低		
	参画のタイミング		早期 ←──────────────→ なし		
	仕様設定・設計分担		共同 ←──────────────→ なし		
	関係の安定性		高 ←──────────────→ なし		
	協働の程度		頻繁 ←──────────────→ なし		
	統治構造		善意の信頼　能力の信頼　契約上の信頼		価格
	資産特殊性		高 ←──────────────→ なし		
	情報の共有度		高 ←──────────────→ 低		
	誘因		互恵関係　　取引高　　取引継続		
	相互依存関係		強 ←──────────────→ なし		
	背信のリスク		低 ←──────────────→ 高		

(出所) 大槻・崎 (2016, 39) の図表1を加筆修正。

　外注品のうち，内製品に近い性質（高い機能）を有する外注品ほど重要性が高く，バイヤーの製品およびサプライヤーの部品に関する仕様設定と設計は共同で行われる。したがって，それを手掛けるサプライヤーについては，より早期に製品開発への参画が図られる。しかしながら，下請サプライヤーは，単純な非機能部品を取り扱うため部品の重要性は比較的低く，貸与図メーカーであるため部品の仕様設定と設計はバイヤーが行う。したがって，デザイン・インによる早期の製品開発への参画は難しい。

　加えて，内製品に近い性質を有する外注品を手掛けるサプライヤーであるほど関係が安定しており，頻繁にチーム間の協働が繰り返されるが，非機能部品を手掛ける貸与図メーカーである下請サプライヤーは，バイヤーとの関係がやや不安定であり，製造プロセスに限定された問題解決への協力が行われる程度である。そのような下請サプライヤーとバイヤーとの関係は，信頼の形が弱い「契約上の信頼」に基づくものとなり，サプライヤーにおける資産特殊性（ある取引関係に特有な資産への投資蓄積度）はなく，双方に関する情報の共有度

または保有度もより低い（したがって，情報の非対称性の程度もより高く，オープン・ブック度もより低い）。そして，信頼を支える誘因は取引継続であり，かなり弱い相互依存関係にあるため，バイヤーとサプライヤーの機会主義的行動による背信のリスクはより高くなる（Cooper and Slagmulder 2004, 10-20）。

次節では，上述の下請サプライヤーについての組織間関係のコンテクストにおいて，どのような原価企画が展開されているかを明らかにするために，江洲金属株式会社の事例を取り上げる。

4　江洲金属株式会社の事例[7]

4-1　会社概要

江洲金属株式会社（以下，当社という。）は，各種の金属加工（NC旋盤加工，複合加工，切削加工，多角加工，穴あけ，スリット，ネジ切加工など）を得意とし，あらゆる分野の機械要素精密部品，油圧機器部品および航空機機器部品の製造・販売を行う中小企業（資本金1,000万円，従業員数35名）である。当社の過去3年間における年間売上高は，2015年度が低迷・横ばい，2016年度がやや上昇，2017年度が上昇と推移しており，業績が向上してきている。

当社の本社工場は大阪府東大阪市中枢の工場集積地である高井田地区に所在し，交通至便な場所に位置している。また，岡山県津山市にも岡山工場を有している。本社工場（敷地面積170㎡，工場面積138㎡）では，販売管理，財務・労務管理，受注・仕入管理，組立品製造，出荷検査・管理を主要な業務としており，岡山工場（敷地面積4,800㎡，工場面積1,000㎡）では，機械加工，仕上げ作業，品質管理，進捗管理，改善活動などを行っている。当社の組織図を示

---

[7] 本事例において，以下の会社概要に関する記述は，主に当社ホームページ（http://www.goshukinzoku.co.jp）の掲載内容に拠っており，その一部および当社の取引先との関係ならびに原価管理活動に関する記述は，当社社長の渡辺明弘氏からの回答に基づく。渡辺氏からの回答は，半構造化インタビューのための設問を2018年1月29日に電子メールにて事前に送付後，2月2日付けの返信にて直接得られたものである。またその後，回答についての質疑応答が4月9日から27日までに3度，電子メールにて行われた。

せば，図表13-2のとおりである。なお，岡山工場には，NC旋盤，複合旋盤，横型マシニングおよび縦型マシニングといった加工機が，また，三次元測定器，真円度測定器，面粗度測定器，形状測定器および画像検査機といった測定器が設置されている。

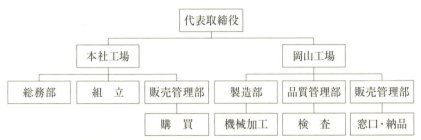

図表13-2　江洲金属株式会社の組織図

（出所）　江洲金属株式会社ホームページ，http://www.goshukinzoku.co.jp/company.html
（2018年4月30日アクセス）。

　当社は1967年3月9日に創業・設立され，2017年に設立50周年を迎えた。「作って良し，使って良し，世間に良し　私たちは顧客の満足を考え，匠心で製品をつくることで，社会，環境に貢献します。」を経営理念としており，いわゆる"三方よし"の近江商人の経営哲学に基づいた経営活動を行っている。また，当社従業員の行動規範として，「ものづくりのこころ（匠のこころ）」があり，「加工難易度だけでない付加価値。それは卓越した繊細な気づきと技術で製品を作る。ものづくりは人づくり，1人1人が主役の生産活動と育成を継続します。これからも製造，技術の革新を進めていきます。」を標榜している。

　このような経営理念および行動規範のもと，当社では品質第一主義を貫いており，図表13-3にみるように，2005年にはISO 9100：2000認証取得，2009年にはJIS Q 9100：2004認証取得，2011年にはJIS Q 9100：2009認証更新を果たしている。

図表13－3　江洲金属株式会社の沿革

1967	創業設立　東大阪市高井田工場　1967年3月9日
1979	CNC旋盤，早期に導入
1987	東大阪精機工場設立（2工場体制）
1995	岡山県津山市岡山工場設立（3工場体制）
2000	岡山工場増築　製造岡山工場へ集約（2工場体制に合理化）
2002	5軸複合機導入
2005	ISO 9100：2000　認証取得
2007	設立40周年
2009	JIS Q 9100：2004　認証取得
2011	JIS Q 9100：2009　認証更新
2011	設立45周年
2017	設立50周年

（出所）　江洲金属株式会社ホームページ，http://www.goshukinzoku.co.jp/company.html（2018年4月30日アクセス）。

　当社の品質管理は，図表13－4にみるような品質管理体制のもと，航空宇宙品質マネジメント・システム AS 9100（JIS Q 9100）と各製造工程での工程検査とを組み合わせた，当社独自の品質管理システム「PQC（プロセスクオリティーコントロール）」によって徹底して実施されており，優れた品質と短納期を実現している。そのようなPQCは，従業員（管理者，機械工，検査員）への技能検定取得の奨励および外部トレーニングやOJTによるスキルと品質感性の向上といった教育訓練を通じて，高水準に維持されている。このようにして，当社では，"ものづくり"と"ひとづくり"を両立している。

　加えて当社では，社会貢献活動として，「次代を担う小学生に"ものづくりの素晴らしさ"を知ってもらうために，また，地域社会貢献のために，」工場見学を実施し，さらには，岡山工場の屋根への太陽光パネルの設置といった環境への取り組みを行っている。

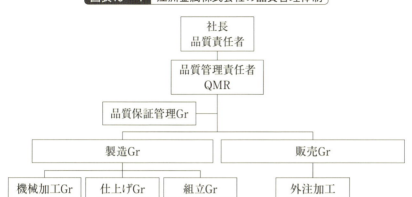

図表13－4　江洲金属株式会社の品質管理体制

（出所）　江洲金属株式会社ホームページ，http://www.goshukinzoku.co.jp/quality.html（2018年４月30日アクセス）。

4-2　当社と取引先との関係

　当社では，現在，特定の顧客に向けた個別受注生産（下請賃加工）を行っている。当社の製品は，特定の顧客から配付された製作図面を基に製作するものであり，製作図面，設備，人があれば，他社でも製作できるという。そのため，当社のコア技術（精密機械加工の精度）を活用した自社開発製品の検討はしているものの，いまだ着手できていない状況である。

　当社の顧客は10社程度であるが，そのうちの４社（K社，T社，E社，N社）が完成品メーカーであり，それら各社の１次サプライヤーとして取引をしている。当社の主要な顧客は２社あり，この２社で年間売上高の80％を占める。また，この２社との取引年数は40年以上にも及ぶ。当社では，顧客に対して「取引の継続」を期待しており，他方，顧客は当社の「品質」に対する永年の信頼および今後の期待により取引を行っているとの認識である。

　当社で製作する製品に関する情報は，年度初めに行われる取引先説明会で提供される。また，顧客からは，毎年計画的に現場改善活動や品質改善活動の訪問指導を受けている。顧客１社に対しては年度初めに決算書を提出しているが，それ以外は特にない。

　当社の仕入先は30社程度（各種鋼材，機械加工，研削，熱処理，鍍金などの

業者）であり，そのうち毎月取引のある仕入先は10～15社である。仕入高では鋼材の割合が10～14％と最も高いが，取引の長さでは研削や表面処理業者との取引が40年以上と最も長い。

4-3 当社における原価管理活動

　当社における製造原価は，基本的に1分当たりの単価（労務費，リース費，減価償却費，動力費，燃料費，荷造費，販売費などを含む）に製造時間を乗じて計算されている[8]。また，顧客から製作図面と数量ならびにその他の情報を提供された段階で見積会議を行い，上述の計算方法に当てはめて計算した見積[9]を顧客に回答している。

　初回品製造から3ロット製造までは，製造時間，設備，出来栄えなどによって実際原価を計算し，それと見積との差額および利益率を計算している。見積と実際原価の差額（赤字）が大きい場合に，製造方法の見直しを試みてはいるものの，なかなか進展しないのが実情のようである。当社では，基本的に製造原価と粗利益率を月次で監視している。

　当社製品の価格は，製品の加工難易度を考慮した管理費で差別化している。ただし，顧客が「ターゲット価格」を持っており，見積時やコストダウン依頼時に提示されることがある。顧客から提示されるこのターゲット価格は，発売前の商品に対するものである。

　このターゲット価格を実現可能か否かは，素材（材料），各工程，検査を細分化して原価を出し（1分当たりの単価の細分化），それを基準として，現場で加工難易度，使用工具，設備を考慮に入れた原価改善検討をしたうえで判断され，最後は社長によって決済される。

　ターゲット価格を実現可能とするための原価改善検討に際しては，関係者を集めた会議が開かれる。そこでの品質・原価・納期（QCD）に関する改善検討の重点の比率は，全体を100％とした場合，品質が5％，原価が55％，納期

---

[8] 当社の1分当たり単価をみると，荷造費や販売費といった販売費要素が含まれており，それによって計算される原価は製造原価ではない。正確には，加工費法によって製造原価を計算しているものと推測される。

[9] この見積は，製造原価に販売費及び一般管理費を加え，さらに後述の加工難易度を考慮した管理費（利益に相当すると考えられる）を加えた金額になると推定される。

が40％となることが多いという。ただし，良いものをつくるという信念から原価を逸脱してしまう場合もあり，原価改善検討を無駄にしないためにも，その検討結果はバックデータとして取り置かれる。

そのような原価改善検討においては，以前より顧客から毎年，VE提案でコストを下げること，また，VEによりコストを下げることが求められることもあったが，現在，当社ではあまりVEを利用していない。また，顧客から指導や助言などの支援を受けることは特になく，品質第一の観点から仕入先に協力を依頼することも基本的に行われていない（情報を提供する程度）。

ターゲット価格を実現する割合は提示件数全体の40％ほどであるが，見積結果がそれを実現することはほとんど（80％）なく，顧客には実現しない見積が提出される。このように原価を改善できない場合には，顧客と交渉はするものの，その時の経済，投資動向および顧客の方針などによって決まる場合が多い。ターゲット価格の実現に際しての当社における問題点は，人件費，消耗品費用（工具，機械），動力費などの負担にあるという。

5 　江洲金属株式会社における原価企画の特徴と課題

前節の江洲金属株式会社における原価管理活動をみると，一見してそこではわれわれの知る「原価企画」は実施されていない。すなわち，原価企画は製品開発に並行して行われるが，当社は特定の顧客から配付された製作図面を基に下請賃加工を行う下請サプライヤーであり，現時点で製品開発を行っていない。また，原価企画の核となる目標原価を自ら設定している形跡もみられないし，原価企画における中心的技法であるVEもあまり利用されていない。

しかしながら，ターゲット価格を実現するために行われる改善検討は，IOCMの観点からみると，組織間で繋がり合う原価企画活動であると理解することができる。すなわち，顧客から提示されるターゲット価格は，顧客にとっては開発中の製品に用いる部品の目標原価であり，当社にとっては達成すべき当社製品の目標原価の上限値[10]である。そして当社では，それを達成するために，関係者を集めた会議により，原価に重きを置いたQCDの改善検討が行われている。また，その際には，1分当たり単価を細分化した原価を基準として，

素材（材料），各工程，検査に関する原価改善検討が行われている。そのような活動は，原価企画において目標原価を細分化し，それを基準として原価低減活動が展開されることに類似している。

また，金属加工を得意とし精密機械加工の精度をコア技術とする当社においては，加工費を中心とした原価低減活動が行われることに特徴があるといえる。原価企画では通常，わが国大規模製造業における外注比率の高さを反映して，製品に使用される素材や買入部品の原価を引き下げる活動が中心となる。しかしながら，当社では品質第一を旨として仕入先への協力依頼は基本的に行っておらず，加工難易度，使用工具，設備といった自社の製造プロセスに関わる事項について，原価改善検討が実施されている。

しかしながら，その活動を通して，ターゲット価格を実現できる割合は低い。その原因としては，まず製造原価の見積計算または実際計算の不正確さやVEなどの原価低減手法の欠如が考えられるが，おおよそ当社の組織間関係のコンテクストが影響しているものと考えられる。

当社は，下請賃加工を営む貸与図メーカーであり，典型的な下請サプライヤーである。当社の製品は，製作図面，設備，人があれば，他社でも製作できてしまう。したがって，顧客にとってその部品は，重要性が相対的に低い単純な非機能部品であると考えられる。自社製品の仕様設定と設計は顧客によって行われるためデザイン・インや開発購買などの顧客との連携・協働は難しく，顧客からの原価低減要請が主となろう。

当社ではその揺るぎない品質への信頼から，40年以上という長期にわたって顧客との取引が継続しており，下請サプライヤーではやや不安定とされるバイヤーとの関係が安定している。また，バイヤーから下請サプライヤーへは，製造プロセスに限定された問題解決への協力が行われるとされる。当社でも顧客から毎年計画的に現場改善活動や品質改善活動の訪問指導を受けている。その一方で，ターゲット価格の実現を目指す原価改善検討に際しては，特に顧客から指導や助言などの支援を受けることはない。

---

10 ターゲット価格から加工難易度を考慮した管理費（利益に相当）を控除した金額が当社の目標原価となると考えられる。仮に加工難易度を考慮した管理費をゼロとしたならば，ターゲット価格が目標原価に等しくなる。

第13章　中小製造業における原価企画の適用可能性と課題　　223

　下請サプライヤーは信頼の形が弱い「契約上の信頼」に基づいてバイヤーと結びついているとされる。当社とその顧客の間では，品質がそれに当たると考えられる。信頼を支える誘因は，当社では取引継続にあるが，顧客では当社の品質への永年の信頼および今後の期待にある。したがって，当社製品の品質低下は，当社と顧客との関係にとって致命的となりえ，弱い相互依存関係にあるといえる。

　加えて，資産特殊性の程度は，当社の主要顧客は2社であるものの複数の顧客を持つため低く，情報の共有度・保有度およびオープン・ブック度は，取引先説明会および顧客1社のみに対する決算書の提示が年に一度あるのみであることから低いといえる。したがって，情報の非対称性の程度は比較的高く，機会主義的行動による背信のリスクはより高いものと考えられる。

　このような当社の状況は，山本（2013）におけるA社が原価企画に移行する前の状況に似ている。それゆえ，A社のように，社外活動としての「受注形態に対する働きかけ」や「受注先との情報共有の取り組み」，および社内活動としての「社内における原価低減活動」などを通じて，まずは組織間関係の強化および原価低減余地の大きい源流段階への原価管理活動のフロント・ローディング化を図り，受け身ではない積極的な原価低減活動に転じる方策を講じることが，当社の課題となろう。

6　むすび

　岡野（2002, 100, 102, 142, 148）は，日本的管理会計の特質を，「原価を発生させる根源的な原因に遡り，品質向上の阻害要因を除去しようという『源流管理』を志向する」点に求める。それは，生産管理システム（JITやTQMなど）による現場の「実体管理」と，ネットワーク内に"埋め込まれた"「影響作用因」または「『行動作用因』として直接的に様々な『行動』に作用させる『仕掛け』となりうる」会計としての原価企画とを併用することを意味する。すなわち，目標原価をコミュニケーション・ツールとすることによって，企業内部の諸部門間や組織成員間，さらには企業外部のサプライヤー間のネットワークを連結させ，「場の情報」の相互交換を促進させることで，開発設計段

階といった源流レベルで相乗効果を導出するという原価企画のソフト面を強調する。

　江洲金属株式会社では，品質第一主義に基づく当社独自の品質管理システム「PQC（プロセスクオリティーコントロール）」によって，実体管理としての品質管理が徹底して実施されている。しかしその一方で，原価企画への取り組みはいまだ消極的であるといえる。当社に限らず，下請サプライヤーとして位置づけられる中小製造業では，原価管理活動のフロント・ローディング化をもたらすような顧客への働きかけによって，源流管理への第一歩を踏み出すことが必要である。そのことが，中小製造業における原価企画活動の始まりとなる。

（謝辞）　本稿は，江洲金属株式会社　代表取締役社長　渡辺明弘氏のご協力なくしては完成することがなかった。ただし，本稿における誤謬等はすべて筆者の責任に帰するものである。加えて，青山学院大学大学院会計プロフェッション研究科准教授　山口直也先生には，郵送質問票調査の結果に基づき，同社をご紹介いただいた。ここに関係諸氏に対し深く感謝の意を表する。

[参考文献]

植田浩史．1999．「中小企業とサプライヤ・システム」『企業環境研究年報』（4）：1-11．

上東正和．2015．「わが国中小企業における管理会計実践の実態と展望（上）：製造業の実態」『富大経済論集』60(3): 143-185．

大槻晴海・﨑章浩．2016．「組織間マネジメントにおける原価企画の機能」『産業經理』76(1): 24-46．

岡野浩．2002．『日本的管理会計の展開：「原価企画」への歴史的視座（第2版）』中央経済社．

加登豊．1993．『原価企画：戦略的コストマネジメント』日本経済新聞社．

加藤典生．2010．「原価企画におけるサプライヤーの疲弊問題の論点」『経済論集』（大分大学）62(1): 23-49．

加藤典生．2013．「サプライヤーにおける原価企画導入問題：サプライヤーの疲弊軽減とコスト競争力向上を中心に」『産業經理』73(1): 93-101．

窪田祐一．2001．「サプライヤー視点の組織間コスト・マネジメント」『経営総合科学』(77): 71-95．

窪田祐一．2003．「製品開発の新展開と組織間コスト・マネジメント：サプライヤーの疲弊の存在と克服」『経営総合科学』(81): 17-42．

神戸大学管理会計研究会．1992．「原価企画の実態調査(1)：原価企画の採用状況・目的・遡及・組織を中心に」『企業会計』44(5)：662-667．
中小企業庁取引課．2013．「下請中小企業の現状と今後の政策展開について」http://www.kmt-ti.or.jp/wp-content/uploads/2014/11/130906183039_S20613210.pdf（2018年4月30日アクセス）
趙婷婷．2014．「原価企画の定義に関する再検討」『経済学研究』（北海道大学）64(2)：63-76．
飛田努．2011．「中小企業の管理会計研究のための予備的考察：製造業における系列化・下請関係を背景として」『熊本学園会計専門職紀要』(2)：47-64．
日本会計研究学会特別委員会（小林哲夫委員長）．1996．『原価企画研究の課題』森山書店．
山本浩二．2013．「自社開発設計しない部品サプライヤーにおける原価企画」『會計』183(4)：50-64．
李超雄・門田安弘．2000．「原価企画におけるサプライヤー関係が原価低減に及ぼす効果に関する実証的研究」『管理会計学』8(1/2)：119-137．
Agndal, H. and U. Nilsson. 2009. Interorganizational cost management in the exchange process. *Management Accounting Research* 20(2): 85-101.
Carr, C. and J. Ng. 1995. Total cost control: Nissan and its U. K. supplier partnerships. *Management Accounting Research* 6(4): 347-365.
Cooper, R. and R. Slagmulder. 1999. *Supply chain development for the lean enterprise: interorganizational cost management.* Portland, Or.: Productivity Press.
Cooper, R. and R. Slagmulder. 2004. Interorganizational cost management and relational context. *Accounting, Organizations and Society* 29(1): 1-26.
Cooper, R. and T. Yoshikawa. 1994. Inter-organizational cost management systems: The case of the Tokyo-Yokohama-Kamakura supplier chain. *International Journal of Production Economics* 37(1): 51-62.

[参考資料]
江洲金属株式会社ホームページ．http://www.goshukinzoku.co.jp

（大槻晴海）

第3編

中小企業管理会計の実態調査

燕三条・大田区・東大阪地域の中小企業における管理会計実践に関する実態調査

1 はじめに

　近年，中小企業の管理会計に対する関心の高まりに伴い，中小企業における管理会計実践に関する研究成果も徐々に公表されている。しかし，中小企業において，管理会計手法の利用がどの程度進んでいるのか，どのような管理会計手法が導入されているのか，管理会計手法を導入していない企業における管理会計手法の導入にあたっての障害は何か，管理会計手法を既に導入している企業における管理会計実践上の課題は何か，といった点について未だ十分に解明されているとはいえない。

　本章では，郵送質問票調査を通じて，中小企業における管理会計実践の現状について分析を行う。ただ，中小企業の場合，設立経緯，業種特性，経営資源の制約による地域内企業との高い相互依存性，地域内顧客への高い依存性等の要因によって，経営管理システム及び管理会計システムの成熟度や特徴に違いがあると想定される。また，わが国の中小企業は380.9万者（2014年7月時点）も存在するため，すべての企業に対して郵送質問票調査を実施することは，研究資源の制約から不可能である。

　そこで，本調査では，調査対象を限定することによる研究成果の限界を認識しつつ，新潟県燕三条地域，東京都大田区，大阪府東大阪地域の3つの産業集積地域を対象として，アンケート調査を行った。本章は，中小企業における管

理会計実践の現状について分析を行う。

2 先行研究と比較した本研究の特徴

わが国における中小企業を対象としたアンケート調査に基づく実態調査研究としては，成田・山田・三浦・中村（1997），成田・中村（1997），関根・豊島・大塚・佐々木（2000），豊島・大塚（2003），飛田（2011），飛田（2012a），飛田（2012b）などがある。

対象とする企業群について，成田・山田・三浦・中村（1997），成田・中村（1997）はいわき市内企業を，関根・豊島・大塚・佐々木（2000），豊島・大塚（2003）は石巻地域企業を，飛田（2011）は熊本県内企業を，飛田（2012a）は福岡市内企業をそれぞれ対象としており，県・市といった自治体を単位として抽出している。これに対し，本研究では，産業集積を単位として企業群を抽出し，調査分析を行った点で特徴を有している。

また，調査内容について，成田・山田・三浦・中村（1997），成田・中村（1997），関根・豊島・大塚・佐々木（2000）は会計業務のコンピュータ化を，豊島・大塚（2003）は原価計算・原価管理を，飛田（2011），飛田（2012a），飛田（2012b）は従業員の心理的要因（満足度・モチベーション），価値観の共有と経営理念が及ぼす影響，組織成員間のコミュニケーション，経営管理システムの整備・活用と重要性，管理会計実務を調査している。

このうち，管理会計実践については，豊島・大塚（2003）が原価計算・原価管理を，飛田（2011），飛田（2012a），飛田（2012b）が会計情報利用の有無と情報の利用，会計情報の捉え方（経営管理における会計情報の重要性），予算実績差異分析，会計情報を利用しない理由を調査しているが，どちらも管理会計実践についての調査は部分的なものにとどまっている。これに対し，本研究では，管理会計手法全般を対象として調査分析を行った点で特徴を有している。

3 質問票調査の概要

本質問票調査は，メルコ学術振興財団2015年度研究助成（研究2015013号）の支援を受けて実施した。本調査の目的は，以下の3点である。

①中小企業における管理会計の利用実態について全般的な傾向を明らかにする。
②産業集積地域間での比較を通じて，地域ごとの特徴を明らかにする。
③管理会計を積極的に活用している企業を探索する。

調査対象企業については，2015（平成27）年7月末時点において，各地域の域内産業・企業を支援する機関のホームページに掲載されていた企業のうち，従業員数10名以上の企業を対象とした。新潟県燕三条地域については，公益財団法人燕三条地場産業振興センターのホームページの「Web情報システム」に掲載されていた企業，東京都大田区については，公益財団法人大田区産業振興協会ホームページの「大田区製造業検索ポータル」（現在は存在しない）に掲載されていた企業，大阪府東大阪地域については，東大阪市技術交流プラザのホームページに掲載されていた企業を対象とした。

2015（平成27）年12月18日に発送し，2016（平成28）年2月22日を回答期限とした。各地域の送付企業数，回答企業数と回答率は，図表14－1のとおりであった。1,739社（燕三条402社，大田区604社，東大阪733社）に調査用紙を送付し，163社（燕三条40社，大田区64社，東大阪59社）から回答を得た。3地域合計の回答率は9.37％（燕三条9.95％，大田区10.60％，東大阪8.05％）であった。

図表14－1 送付企業数，回答企業数と回答率

	送付企業数	回答企業数	回答率
燕三条	402	40	9.95％
大田区	604	64	10.60％
東大阪	733	59	8.05％
合計	1,739	163	9.37％

第14章　燕三条・大田区・東大阪地域の中小企業における管理会計実践に関する実態調査　231

　本調査では，①会社概要，②経営課題，③経営管理手法の導入状況，④経理体制，⑤管理会計手法の導入，⑥管理会計手法の導入の必要性，⑦管理会計手法の導入状況，⑧見直しや導入が必要な管理会計分野，について調査を行った。

4　回答企業の会社概要

4-1　製造業・非製造業の別

　製造業・非製造業の別は図表14－2のとおりであった。3地域とも製造業を中心とした産業集積であることから，回答企業の大半が製造業であった。回答企業163社のうち，製造業が144社（88.34％），非製造業が19社（11.66％）であった。なお，大田区において，若干，非製造業が多かった。

図表14－2　製造業・非製造業の別

	製造業	非製造業	合計
燕三条	38	2	40
大田区	53	11	64
東大阪	53	6	59
合計	144	19	163

4-2　業種分類

　業種は図表14－3と図表14－4のとおりであった。製造業については，「金属製品」が64社（燕三条20社，大田区20社，東大阪24社）と最も多く，次いで，「一般機械器具」14社，「電気機械器具」13社，「精密機械器具」11社，「第一次金属」7社の順で多かった。非製造業については，「卸売・小売」が13社（燕三条2社，大田区6社，東大阪5社）と最も多かった。

図表14－3　製造業の業種

	燕三条	大田区	東大阪	合　計
食料品	1	0	0	1
繊維・繊維製品	0	1	1	2
木材・木製品	1	0	0	1
家具・建具	1	0	0	1
紙・紙類似品	2	1	0	3
印刷・出版	0	1	0	1
化　学	0	1	1	2
石油・石炭製品	0	1	0	1
ゴム製品	0	0	2	2
皮革・皮革製品	0	0	0	0
窯業・土石製品	1	1	0	2
第一次金属	4	2	1	7
金属製品	20	20	24	64
一般機械器具	4	5	5	14
電気機械器具	2	8	3	13
輸送用設備	1	2	0	3
精密機械器具	2	4	5	11
その他	1	8	11	20
合　計	40 (38)	55 (53)	53 (53)	148 (144)

カッコ内の数字は回答社数。
- 燕三条地域では，1社が「木材・木製品製造業」と「家具・建具製造業」の2つを回答，1社が「金属製品製造業（機械・車輛を除く）」と「一般機械器具製造業」の2つを回答。
- 大田区地域では，1社が「第一次金属製造業」と「金属製品製造業（機械・車輛を除く）」の2つを回答，1社が「電気機械器具製造業」と「精密機械器具製造業」の2つを回答。

図表14-4　非製造業の業種

	燕三条	大田区	東大阪	合計
電気・ガス・熱供給・水道	0	0	0	0
情報通信	0	1	0	1
運輸	0	0	0	0
卸売・小売	2	6	5	13
金融・保険	0	0	0	0
不動産	0	0	0	0
飲食店・宿泊	0	0	0	0
医療・福祉	0	0	0	0
教育・学習支援	0	0	0	0
その他	0	4	1	5
合計	2	11	6	19

4-3　創業・創立からの年数

　創業・創立からの年数は図表14-5のとおりであった。「50年超」が94社（全体の57.67％）（燕三条22社，大田区38社，東大阪34社）と最も多く，次いで，「25年超50年以内」が60社（36.81％）（燕三条18社，大田区20社，東大阪22社）と多かった。全体の94.48％（154社）が25年超であった。なお，5年以内との回答はゼロであった。

図表14-5　創業・創立からの年数

	燕三条	大田区	東大阪	合計
5年超10年以内	0	2	0	2
10年超25年以内	0	4	3	7
25年超50年以内	18	20	22	60
50年超	22	38	34	94
合計	40	64	59	163

4-4 従業員数

従業員数は図表14-6のとおりであった。「30名以内」が93社（全体の57.06%）と最も多く，次いで，「30名超50名以内」32社（19.63%），「100名超」17社（10.43%），「70名超100名以内」13社（7.98%），「50名超70名以内」8社（4.91%）の順で多かった。50名以内の企業が全体の4分の3程度（76.69%）を占めていたものの，100名超の企業も1割程度（10.43%）あった。

図表14-6　従業員数

	燕三条	大田区	東大阪	合計
30名以内	18	45	30	93
30名超50名以内	7	8	17	32
50名超70名以内	3	4	1	8
70名超100名以内	3	4	6	13
100名超	9	3	5	17
合計	40	64	59	163

4-5 資本金額

資本金額は図表14-7のとおりであった。「1千万円以上5千万円未満」が118社（全体の72.39%）と最も多く，次いで，「5千万円以上1億円未満」20社（12.27%），「1千万円未満」18社（11.04%），「1億円以上」7社（4.29%）の順で多かった。

図表14-7　資本金額

	燕三条	大田区	東大阪	合計
1千万円未満	6	9	3	18

1千万円以上 5千万円未満	23	49	46	118
5千万円以上 1億円未満	9	4	7	20
1億円以上	2	2	3	7
合　計	40	64	59	163

4-6　総資産額

図表14－8　総資産額

	燕三条	大田区	東大阪	合　計
1千万円未満	0	0	0	0
1千万円以上 1億円未満	6	13	10	29
1億円以上 5億円未満	15	29	22	66
5億円以上	15	20	23	58
未回答	4	2	4	10
合　計	40	64	59	163

　総資産額は図表14-8のとおりであった（未回答10社）。「1億円以上5億円未満」が66社（全体の40.49％）と最も多く，次いで，「5億円以上」58社（全体の35.58％），「1千万円以上1億円未満」29社（17.79％）の順で多かった。1億円以上の企業が全体の4分の3程度（76.07％）を占めていた。

4-7　売上高

　売上高は図表14-9のとおりであった（未回答1社）。「1億円以上5億円未満」が74社（全体の45.40％）と最も多く，次いで，「10億円以上」38社（23.31％），「5億円以上10億円未満」36社（22.09％），「5千万円以上1億円未満」12社（7.36％），「5千万円未満」2社（1.23％）の順で多かった。

図表14－9　売上高

	燕三条	大田区	東大阪	合計
5千万円未満	0	2	0	2
5千万円以上1億円未満	5	4	3	12
1億円以上5億円未満	15	36	23	74
5億円以上10億円未満	7	13	16	36
10億円以上	13	9	16	38
未回答	0	0	1	1
合計	40	64	59	163

4-8　製造業における顧客と製品の特徴

製造業と回答した企業（144社）の顧客と製品の特徴は，図表14-10と図表14-11のとおりであった。顧客の特徴については4社，製品の特徴については2社が未回答であった。

4-8-1　顧客の特徴

顧客については，「顧客の大半は企業であり，顧客企業に占める元請業者の割合が高い」（企業／元請業者）との回答が78社と全体の5割強（54.17％）を占めており，次いで，「顧客の大半は企業であり，顧客企業に占める元請業者以外の割合が高い」（企業／元請業者以外）37社（25.69％），「顧客の大半は企業であり，顧客企業に占める元請業者と元請業者以外の割合はほぼ半々である」（企業／半々）21社，「顧客の大半は個人である」4社の順に多かった。

回答企業の大半が企業向けに事業を展開する企業であった。さらに，「元請業者の割合が高い」と「元請業者と元請業者以外の割合はほぼ半々」を合わせた企業の割合が全体の60.74％を占めており，元請業者との事業の重要性が高い企業が多かった。

第14章　燕三条・大田区・東大阪地域の中小企業における管理会計実践に関する実態調査　237

図表14－10　製造業における顧客の特徴

	燕三条	大田区	東大阪	合計
企業／元請業者	18	35	25	78
企業／元請業者以外	12	12	13	37
企業／半々	6	4	11	21
個人	1	0	3	4
未回答	1	2	1	4
合計	38	53	53	144

4-8-2　製品の特徴

製品については，「製品仕様を顧客の要望に合わせる個別受注型製品の割合が高い」(個別受注生産)との回答が110社と全体の4分の3程度(76.3％)を占めており，「自社で標準仕様を定めた量産品の割合が高い」は32社(22.22％)であった。

図表14－11　製造業における製品の特徴

	燕三条	大田区	東大阪	合計
個別受注生産	26	43	41	110
量産品	12	9	11	32
未回答	0	1	1	2
合計	38	53	53	144

5　回答企業の経営課題，経営管理手法と経理体制

5-1　経営課題

経営課題(複数回答)は図表14－12のとおりであった。「優秀な人材確保」

が119社（全体の73.01%）と最も多く，次いで，「新規顧客の開拓」112社（68.71%），「技術力の維持・向上」108社（66.26%），「既存顧客の維持」86社（52.76%）の順に多かった。このことから，多くの企業が経営資源の確保と収益基盤の維持・拡大を重要な経営課題と捉えていることがわかる。

一方，「製造原価の引き下げ」や「全社レベルでのコスト低減」といったコスト・マネジメントを経営課題として回答した企業はそれぞれ57社，58社と，回答企業全体の3分の1程度であった。

図表14－12　経営課題（複数回答）

	燕三条	大田区	東大阪	合計
事業の多角化	5	11	12	28
元請に依存しない	8	13	14	35
新規顧客の開拓	24	48	40	112
既存顧客の維持	19	41	26	86
製造原価の引き下げ	14	22	21	57
全社レベルでのコスト低減	19	16	23	58
研究開発力の維持・向上	9	18	18	45
技術力の維持・向上	28	40	40	108
優秀な人材確保	28	47	44	119
事業承継	10	26	20	56
その他	0	0	1	1

○「その他」の回答内容：「産業構造の斜陽化」

5-2　経営管理手法

経営管理手法の導入状況（複数回答）は図表14－13のとおりであった。すべての経営管理手法について，半数以上の企業が導入済みであると回答している。

項目別にみると，「経営理念・社訓・社是」（133社）と「ビジョン」（126社）が最も多く，次いで，「年度計画」（117社），「目標管理」（115社），「方針

管理」(105社),「戦略」(93社),「中(長)期経営計画」(85社)の順で多かった。多くの企業が「経営理念・社訓・社是」や「ビジョン」といった長期的な方向性を提示する一方で,「年度計画」や「目標管理」(115社)といった短期間のマネジメントのための経営管理手法を採用している企業が多く,「中(長)期経営計画」や「戦略」といった長期間のマネジメントのための経営管理手法を採用する企業はそれよりも少なかった。

この傾向は,特に大田区と東大阪にみられた。燕三条については,両者の導入状況にそれほど差がみられなかったのに対し,大田区と東大阪については両者に差がみられ,特に大田区については両者の差が大きかった。

図表14-13 経営管理手法(複数回答)

	燕三条	大田区	東大阪	合計
経営理念・社訓・社是	34	54	45	133
ビジョン	32	47	47	126
中(長)期経営計画	24	33	28	85
戦略	27	31	35	93
年度計画	26	50	41	117
方針管理	29	38	38	105
目標管理	29	48	38	115

5-3 経理体制

経理体制(複数回答あり)は図表14-14のとおりであった。「経理部署を設置しており,複数の職員を経理専任業務に配置している」(経理部署/複数職員)との回答が68社と最も多かったが,全体の41.72%に過ぎなかった。

「親族等が1名で経理業務を遂行している」(1名)が52社(31.90%),「記帳代行を含め,経理業務は会計事務所に任せている」(会計事務所)が25社(15.34%)あり,「その他」の回答も含めると,過半数の企業が,1名で担当,会計事務所に委託,もしくは,1名で担当プラス会計事務所に委託と回答して

いる。

図表14-14 経理体制（複数回答あり）

	燕三条	大田区	東大阪	合　計
経理部署／複数職員	16	23	29	68
1名	15	23	14	52
会計事務所	5	10	10	25
その他	4	11	8	23
合　計	40（40）	67（64）	61（59）	168（163）

カッコ内の数字は回答社数
○「その他」の回答内容（回答内容が記入されているもののみ）：
　燕三条地域：「親族，社員，会計事務所」（1社），「経理1名で遂行」（1社）
　大田区地域：「経理兼総務1名」（2社），「経理兼総務2名」（1社），「社員・親族社員3名」（1社），「専任者1名」（1社），「親族等2名」（1社），「経理担当取締役1名と女子社員1名」（1社），「他人1名，パート1名」（1社），「事務1名，会計事務所の指導」（1社），「記帳は当社，集計は会計事務所」（1社），「非親族1名，会計事務所のフォロー」（1社）
　東大阪地域：「複数の人員で入力，専任なし」（1社），「総務部全員で経理」（1社），「非親族1名」（1社），「会計士と相談」（1社），「経理部門専任1名」（1社），「事務員1名で会計事務所と」（1社），「経理担当者＋会計事務所」（1社），「経理1名＋月一回会計事務所」（1社）

6　管理会計の導入の有無と必要性

6-1　管理会計の導入の有無

　管理会計の導入の有無は図表14-15のとおりであった（未回答4社）。「何らかの管理会計手法を導入している」（導入済み）との回答が106社と，全体の65.03％を占めていた。

図表14-15　管理会計の導入の有無

	燕三条	大田区	東大阪	合　計
導入済み	28	39	39	106
未導入	11	23	19	53
未回答	1	2	1	4
合　計	40	64	59	163

6-2　管理会計手法の導入・見直しの必要性

　管理会計手法の導入・見直しの必要性は図表14-16のとおりであった。6-1で「導入済み」と回答した企業（106社）のうち，「既存の手法を見直したり，新たな手法を導入する必要性を感じている」（見直し・導入の必要性あり）と回答した企業は38社（35.85％）であった（未回答11社）。地域別では，東大阪の割合が最も高く（必要性あり：必要性なし＝17社：16社），燕三条の割合が最も低かった（7社：19社）。

図表14-16　管理会計手法の見直し・導入の必要性

	燕三条	大田区	東大阪	合　計
○導入済み	28	39	39	106
見直し・導入の必要性あり	7	14	17	38
見直し・導入の必要性なし	19	22	16	57
未回答	2	3	6	11
○未導入	11	23	19	53
導入の必要性あり	5	10	4	19
導入の必要性なし	5	11	11	27
未回答	1	2	4	7
○合計				
見直し・導入の必要性あり	12	24	21	57
見直し・導入の必要性なし	24	33	27	84

また，6-1で「導入していない」(未導入)と回答した企業(53社)のうち，「管理会計手法を導入する必要性を感じている」(導入の必要性あり)と回答した企業は19社(35.85％)であった(未回答7社)。内訳では，東大阪の割合が最も低かった(必要性あり：必要性なし＝4社：11社)。

このように，既存の手法を見直したり，新たな手法を導入する必要性を感じている企業はそれほど多くなかった。

7　管理会計手法の導入状況

管理会計手法の導入状況については，①予算，②損益測定，③原価計算，④原価管理，⑤資金管理(キャッシュ・フロー管理)，⑥その他の管理会計手法，の6つに分けて調査を行った。

7-1　予　算

7-1-1　予算の導入状況

予算の導入状況は図表14-17のとおりであった(未回答27社)。「作成している」が88社(全体の53.99％)，「作成していない」が48社(29.45％)であり，未回答を含む全体(163社)のうち，5割強が予算を作成していると回答している。

また，「作成している」と回答した企業(88社)のうち，「会社全体としての予算のみ作成している」(会社全体のみ)が59社(67.05％)と最も多く，次いで，「事業単位の予算も作成している」(全体＋事業)が22社(25％)と多かった。

一方で，「事業単位と製品・サービス単位の予算も作成している」(全体＋事業＋製品・サービス)が2社，「事業単位，製品・サービス単位及び，部署単位(工場・営業所・店舗等)の予算も作成している」(全体＋事業＋製品・サービス＋部署)が5社あり，詳細なレベルで予算を導入している企業も少数ながら存在することが確認できた。

第14章 燕三条・大田区・東大阪地域の中小企業における管理会計実践に関する実態調査

図表14－17 予算の導入状況

	燕三条	大田区	東大阪	合 計
会社全体のみ	13	30	16	59
全体＋事業	7	3	12	22
全体＋事業＋製品・サービス	0	2	0	2
全体＋事業＋製品・サービス＋部署	1	3	1	5
小計（作成している）①	21	38	29	88
作成していない②	14	15	19	48
未回答③	5	11	11	27
合計①＋②＋③	40	64	59	163

7-1-2 予算の対象期間

予算を「作成している」と回答した企業（88社）における予算の対象期間は，図表14－18のとおりであった。「年度予算のみ作成している」（年度予算のみ）が39社（44.32％）と最も多く，次いで，「月次予算も作成している」（年度＋半期＋四半期＋月次）が32社（36.36％）と多かった。

年度予算しか作成していない企業が多い一方で，週次予算まで作成している企業（年度＋半期＋四半期＋月次＋週次）（7社）を含め，月次予算まで作成している企業も39社（月次予算まで32社＋週次予算まで7社）あった。

図表14－18 予算の対象期間（対象88社）

	燕三条	大田区	東大阪	合 計
年度予算のみ	10	17	12	39
年度＋半期	2	4	1	7
年度＋半期＋四半期	0	1	2	3
年度＋半期＋四半期＋月次	6	13	13	32
年度＋半期＋四半期＋月次＋週次	3	3	1	7
合 計	21	38	29	88

7-1-3　予算の種類

予算を「作成している」と回答した企業（88社）における予算の種類は，図表14-19のとおりであった（未回答1社）。「損益予算のみ作成している」（損益予算のみ）が40社（45.45％）と最も多く，次いで，「資金予算（キャッシュ・フロー予算）も作成している」（損益予算＋資金予算）33社（37.5％），「資本予算（投資予算）も作成している」（損益予算＋資金予算＋資本予算）14社（15.91％）の順で多かった。

大半の企業が，損益予算のみ，もしくは，資金予算までしか作成していないが，資本予算まで作成している企業も14社あった。

図表14-19　予算の種類（対象88社）

	燕三条	大田区	東大阪	合　計
損益予算のみ	12	12	16	40
損益予算＋資金予算	5	17	11	33
損益予算＋資金予算＋資本予算	4	8	2	14
未回答	0	1	0	1
合　計	21	38	29	88

7-1-4　業績評価（予算実績差異分析）

予算を「作成している」と回答した企業（88社）における業績評価の実施状況は，図表14-20のとおりであった（未回答1社）。これは，「**7-1-1　予算の導入状況**」と連動するため，7-1-1の回答状況と同様の傾向がみられる。

「会社全体の業績のみ予算と比較分析を行い，予算の達成度を評価している」（全体業績のみ）が46社（52.27％）と最も多く，次いで，「事業単位の業績についても予算と比較分析を行い，予算の達成度を評価している」（全体＋事業）が22社（25％）と多かった。さらに，**7-1-1**で「会社全体としての予算のみ作成している」（会社全体のみ）が59社であったのに対し，46社が全社

単位で予算に基づく業績評価を行っていると回答していることから，予算に基づく業績評価を行っていない企業が一定数存在することがうかがえる。

また，7-1-1において，「事業単位と製品・サービス単位の予算も作成している」（全体＋事業＋製品・サービス）が2社，「事業単位，製品・サービス単位及び，部署単位（工場・営業所・店舗等）の予算も作成している」（全体＋事業＋製品・サービス＋部署）が5社であったのに対し，図表14-20のとおり，「事業と製品・サービス単位の業績についても予算と比較分析を行い，予算の達成度を評価している」（全体＋事業＋製品・サービス）が4社，「事業，製品・サービス及び，部署単位（工場・営業所・店舗等）の業績についても予算と比較分析を行い，予算の達成度を評価している」（全体＋事業＋製品・サービス＋部署）が7社と，予算に基づく業績評価の実施企業数がいずれも予算作成企業数を上回っており，回答内容に食い違いが生じている点がみられる。

図表14-20　業績評価（予算実績差異分析）

	燕三条	大田区	東大阪	合計
全体業績のみ	11	20	15	46
全体＋事業	5	8	9	22
全体＋事業＋製品・サービス	2	1	1	4
全体＋事業＋製品・サービス＋部署	1	4	2	7
行っていない	2	4	2	8
未回答	0	1	0	1
合計	21	38	29	88

7-2　損益測定

7-2-1　損益の測定状況

損益の測定状況は図表14-21のとおりであった（回答企業数135社）。「会社全体としての損益のみを測定している」（会社全体のみ）が86社（回答企業の

63.70％）と最も多く，次いで，「事業単位の損益も測定している」（全体＋事業）30社（22.22％），「事業と製品・サービス単位の損益も測定している」（全体＋事業＋製品・サービス）10社（7.41％），「事業，製品・サービス及び，部署単位（工場・営業所・店舗等）の損益も測定している」（全体＋事業＋製品・サービス＋部署）9社（6.67％）の順で多かった。

　全社単位もしくは事業単位まで損益を測定している企業が大半であったが，製品・サービス単位もしくは部署単位まで損益を測定している企業も一定数あった。

図表14－21　損益の測定状況

	燕三条	大田区	東大阪	合　計
会社全体のみ	22	36	28	86
全体＋事業	9	9	12	30
全体＋事業＋製品・サービス	0	4	6	10
全体＋事業＋製品・サービス＋部署	3	3	3	9
合　計	34	52	49	135

7-2-2　損益測定の対象期間

　7-2-1の回答企業（135社）における損益測定の対象期間は図表14-22のとおりであった。「年度単位に加え，半期，四半期及び，月次単位の損益も測定している」（年度＋半期＋四半期＋月次）が75社（55.56％）と最も多く，次いで，「年度単位の損益のみを測定している」（年度単位のみ）が40社（29.63％）と多かった。

　週次単位（年度＋半期＋四半期＋月次＋週次），日次単位（年度＋半期＋四半期＋月次＋週次＋日次）までを含めると，月次単位までの損益を測定している企業は83社（61.48％）あり，多くの企業が短い期間で損益測定を行っていることがわかった。また，週次単位までが5社，日次単位までが3社と，より短い期間で損益測定を行っている企業が少数ながら存在することが確認できた。

図表14-22 損益測定の対象期間（対象135社）

	燕三条	大田区	東大阪	合　計
年度単位のみ	9	19	12	40
年度＋半期	1	5	2	8
年度＋半期＋四半期	1	1	2	4
年度＋半期＋四半期＋月次	21	24	30	75
年度＋半期＋四半期＋月次＋週次	0	3	2	5
年度＋半期＋四半期＋月次＋週次＋日次	2	0	1	3
合　計	34	52	49	135

7-3　原価計算

7-3-1　原価計算の導入状況

　原価計算の導入状況は図表14－23のとおりであった（回答企業数137社）。原価計算を「行っている」は122社（回答企業の89.05％），「行っていない」は15社（10.95％）であった。原価計算を「行っている」との回答（122社）のうち，「財務諸表を作成する目的のみで原価計算を行っている」（財務諸表作成目的のみ）は56社（40.88％），「財務諸表を作成する目的の原価計算とは別に，製品・サービス単位で原価計算を行っている」（財務諸表＋製品・サービス単位）は66社（48.18％）であり，製品・サービス単位での原価計算を行っている企業が比較的多かった。

図表14-23 原価計算の導入状況

	燕三条	大田区	東大阪	合計
財務諸表作成目的のみ	14	21	21	56
財務諸表＋製品・サービス単位	17	25	24	66
行っていない	4	6	5	15
合　計	35	52	50	137

7-3-2　原価計算の実施方針

原価計算の実施方針は図表14-24のとおりであった（複数回答あり）。「現在実施している原価計算のままでよい」（現在のままでよい）が54社であったのに対し，「価格設定に役立つ原価計算を導入したい」31社，「損益把握に役立つ原価計算を導入したい」28社，「原価管理に役立つ原価計算を導入したい」20社と，経営管理により役立つ原価計算を導入したいと考えている企業が一定数いることが確認できた。

図表14-24　原価計算の実施方針（複数回答あり）

	燕三条	大田区	東大阪	合計
現在のままでよい	15	19	20	54
価格設定に役立つ原価計算を導入したい	6	13	12	31
損益把握に役立つ原価計算を導入したい	7	12	9	28
原価管理に役立つ原価計算を導入したい	5	8	7	20
今後も導入予定なし	3	3	3	9

7-3-3　原価計算の目的

7-3-1で「財務諸表を作成する目的の原価計算とは別に，製品・サービス単位で原価計算を行っている」（財務諸表＋製品・サービス単位）と回答した企業（66社）における原価計算の目的は図表14-25のとおりであった（複数回答）。「製品・サービスの価格設定に役立てる」（製品・サービスの価格設定）が41社（62.12％）と最も多く，次いで，「製品・サービス単位での損益状況の把握に役立てる」（製品・サービス単位での損益把握）39社（59.09％），「原価管理に役立てる」（原価管理）34社（51.52％）の順で多かった。

地域別では，東大阪については「原価管理に役立てる」との回答が多かった（19社）。

図表14−25　原価計算の目的（対象66社）（複数回答）

	燕三条	大田区	東大阪	合計
製品・サービスの価格設定	13	14	14	41
製品・サービス単位での損益把握	11	14	14	39
原価管理	7	8	19	34
その他	0	0	0	0

7-3-4　原価計算の方法

　原価計算の方法は図表14−26のとおりであった。「部材の原価（材料費，部品費，外注加工費等）に加え，製品の製造やサービスの提供に直接従事する従業員の人件費（直接労務費）も集計する」（部材原価＋直接労務費）が35社と最も多く，次いで，「部材の原価，直接労務費に加え，複数の製品・サービスに共通して発生する原価（機械の減価償却費，工場事務員の給与等）（間接費）も集計する」（部材原価＋直接労務費＋製造間接費）28社，「材料費，部品費や外注加工費など製品を構成する部材の原価のみを集計している」17社の順で多かった。

図表14−26　原価計算の方法

	燕三条	大田区	東大阪	合計
部材原価のみ	3	8	6	17
部材原価＋直接労務費	9	15	11	35
部材原価＋直接労務費＋製造間接費	9	7	12	28
その他	0	0	0	0
合計	21	30	29	80

7-3-5　間接費の配賦方法

　7-3-4で「間接費も集計する」（部材原価＋直接労務費＋製造間接費）と回

答した企業（28社）における間接費の配賦方法は図表14－27のとおりであった。

図表14－27　間接費の配賦方法（対象28社）

○配賦方法

	燕三条	大田区	東大阪	合計
予定配賦	3	2	8	13
実際配賦	6	4	4	14
未回答	0	1	0	1
合計	9	7	12	28

○配賦率の設定

	燕三条	大田区	東大阪	合計
単一の配賦率	4	4	4	12
複数の配賦率	5	2	8	15
その他	0	0	0	0
未回答	0	1	0	1
合計	9	7	12	28

○配賦基準（複数回答あり）

	燕三条	大田区	東大阪	合計
材料費	5	1	6	12
労務費	5	3	7	15
加工費	3	1	7	11
材料消費量	2	0	2	4
作業時間	4	4	10	18
生産量	2	1	3	6
機械時間	3	2	3	8
活動（アクティビティ）	3	1	1	5
その他	2	0	1	3

○「その他」の回答内容：
　燕三条地域：「固定費率」（1社），「売上高」（1社）
　東大阪地域：記述なし

7-4　原価管理

7-4-1　原価管理の導入状況

　原価管理の導入状況は図表14-28のとおりであった（回答企業数129社）。原価管理を「行っている」は89社（回答企業の68.99％），「行っていない」は40社（31.01％）であった。原価管理を「行っている」との回答（89社）のうち，「製品・サービス単位での原価管理を行っている」（製品・サービス単位）は63社（48.84％），「製品・サービスだけでなく，販売部門，管理部門等を含め，全社的に原価管理を行っている」（全社的）は26社（20.16％）と，製品・サービス単位でのみ原価管理を行っている企業が多かったが，全社的に原価管理を行っている企業も一定数あった。

図表14-28　原価管理の導入状況

	燕三条	大田区	東大阪	合　計
製品・サービス単位	16	24	23	63
全社的	9	8	9	26
行っていない	11	15	14	40
合　計	36	47	46	129

7-4-2　導入している原価管理手法

　導入している原価管理手法は図表14-29のとおりであった（複数回答）。「標準原価計算に基づく原価管理」が41社と最も多く，次いで，「原価改善」・「予算に基づく原価管理」18社，「特殊原価調査に基づく原価管理」15社，「原価企画」12社，「活動基準原価計算に基づく原価管理」4社の順で多かった。
　導入数が少ない原価管理手法について，地域別の導入状況をみると，大田区では「特殊原価調査に基づく原価管理」が多く（8社），東大阪では「原価企画」が多かった（6社）。また，「活動基準原価計算に基づく原価管理」は大田区のみであった。

図表14−29 導入している原価管理手法（複数回答）

	燕三条	大田区	東大阪	合　計
原価企画	3	3	6	12
標準原価計算に基づく原価管理	16	12	13	41
原価改善	4	7	7	18
予算に基づく原価管理	4	7	7	18
活動基準原価計算に基づく原価管理	0	4	0	4
特殊原価調査に基づく原価管理	4	8	3	15
その他	0	0	1	1

○「その他」の回答内容：
　東大阪地域：「必要に応じて」（1社）

7-5　資金管理（キャッシュ・フロー管理）

7-5-1　資金収支の測定状況

　資金収支の測定状況は図表14−30のとおりであった（回答企業数135社）。資金収支を「測定している」は130社（回答企業の96.30％），「測定していない」は5社（3.70％）であった。資金収支を「測定している」との回答（130社）のうち，「会社全体としての資金収支のみを測定している」（会社全体のみ）が118社（87.41％）と最も多く，「事業単位の資金収支も測定している」（全体＋事業）は7社（5.19％），「事業と製品・サービス単位の資金収支も測定している」（全体＋事業＋製品・サービス）は3社（2.22％），「事業，製品・サービス及び，部署単位（工場・営業所・店舗等）の資金収支も測定している」は2社（1.48％）であった。

　会社全体としての資金収支のみを測定している企業が大半であったが，事業単位，製品・サービス単位，部署単位といった，構成単位ごとの資金収支を測定している企業も少数ながら存在することが確認できた。

図表14-30 資金収支の測定状況

	燕三条	大田区	東大阪	合計
会社全体のみ	30	43	45	118
全体＋事業	2	3	2	7
全体＋事業＋製品・サービス	0	2	1	3
全体＋事業＋製品・サービス＋部署	2	0	0	2
小計（測定している）	34	48	48	130
測定していない	0	5	0	5
合計	34	53	48	135

7-5-2　資金収支測定の対象期間

　資金収支を「測定している」と回答した企業（130社）における資金収支測定の対象期間は図表14-31のとおりであった（未回答1社）。「年度単位に加え，半期，四半期及び，月次単位の資金収支も測定している」（年度＋半期＋四半期＋月次）が71社（回答企業の54.62％）と最も多く，次いで，「年度単位の資金収支のみ測定している」（年度単位のみ）33社（25.38％），「半期単位の資金収支も測定している」（年度＋半期）9社（6.92％），「半期，四半期，月次，週次及び日次単位の資金収支も測定している」（年度＋半期＋四半期＋月次＋週次＋日次）8社（6.15％），「半期と四半期単位の資金収支も測定している」（年度＋半期＋四半期）5社（3.85％），「半期，四半期，月次及び，週次単位の資金収支も測定している」（年度＋半期＋四半期＋月次＋週次）3社（2.31％）の順で多かった。

図表14-31 資金収支測定の対象期間（対象130社）

	燕三条	大田区	東大阪	合計
年度単位のみ	10	12	11	33
年度＋半期	2	6	1	9

年度＋半期＋四半期	1	2	2	5
年度＋半期＋四半期＋月次	15	25	31	71
年度＋半期＋四半期＋月次＋週次	1	1	1	3
年度＋半期＋四半期＋月次＋週次＋日次	4	2	2	8
未回答	1	0	0	1
合　計	34	48	48	130

　週次単位（年度＋半期＋四半期＋月次＋週次），日次単位（年度＋半期＋四半期＋月次＋週次＋日次）までを含めると，月次単位までの資金収支を測定している企業は82社（63.08％）あり，損益測定と同様に，多くの企業が短い期間で資金収支を測定していることがわかった。また，週次単位までが3社，日次単位までが8社と，より短い期間で資金収支を測定している企業が少数ながら存在することが確認できた。

7－6　その他の管理会計手法

　その他の管理会計手法の導入状況は図表14－32のとおりであった（複数回答）。「設備投資の経済性計算」13社，「バランスト・スコアカード」・「品質原価計算，品質コスト管理」11社，「活動基準原価計算」・「スループット会計，付加価値会計」3社，「マテリアル・フロー・コスト会計」・「ライフサイクル・コスティング」1社の順で多かった。また，「その他」と回答した3社のうち2社は「アメーバ経営」（回答内容：「京セラアメーバ経営の予算・実績採算」，「アメーバー経営にもとづく時間単位売上げ管理他」）と回答しており，いずれも東大阪の企業であった。

　少数ではあるが，新しい管理会計手法を導入している企業が存在することが確認できた。

図表14-32 その他の管理会計手法の導入状況（複数回答）

	燕三条	大田区	東大阪	合計
設備投資の経済性計算	6	5	2	13
バランスト・スコアカード	4	5	2	11
活動基準原価計算	0	2	1	3
スループット会計，付加価値会計	1	1	1	3
マテリアル・フロー・コスト会計	0	1	0	1
品質原価計算，品質コスト管理	1	5	5	11
ライフサイクル・コスティング	0	0	1	1
その他	0	0	3	3
導入していない	27	39	30	96

○「その他」の回答内容：
　東大阪地域：「アメーバ経営」（2社），「会計士と相談」（1社）

8　見直しや導入が必要な管理会計分野

　見直しや導入が必要な管理会計分野は図表14-33のとおりであった。「原価管理」64社，「原価計算」59社，「損益測定」52社，「資金管理」50社，「業績評価」46社，「予算編成」39社，「戦略管理」29社，「投資意思決定」17社の順で多かった。

図表14-33 見直しや導入が必要な管理会計分野（複数回答）

	燕三条	大田区	東大阪	合計
予算編成	8	19	12	39
損益測定	12	17	23	52
業績評価	11	19	16	46
原価計算	12	27	20	59
原価管理	15	25	24	64

資金管理	12	20	18	50
投資意思決定	9	2	6	17
戦略管理	8	11	10	29
その他	0	1	1	2
○「その他」の回答内容： 　大田区地域：記述なし 　東大阪地域：「必要と思われる時のみ実行」（1社）				

「6-2　管理会計手法の導入・見直しの必要性」において，「見直し・導入の必要性あり」と回答した企業（57社）のみが本設問に回答することを想定していた。しかし，実際には，「見直し・導入の必要性なし」と回答した企業の中にも，本設問に回答した企業があった。

9　基本的な管理会計手法の導入状況

基本的な管理会計手法の導入状況を整理したものが図表14-34である。「損益測定」が135社と最も多く，次いで，「資金管理」130社，「原価計算」122社，「原価管理」89社，「予算」88社，「業績評価（予算実績差異分析）」79社の順で多かった。ただ，「原価計算」については，図表14-23のとおり，「財務諸表を作成する目的の原価計算とは別に，製品・サービス単位で原価計算を行っている」（財務諸表＋製品・サービス単位）は66社であったため，基本的な管理会計手法の中では最も導入企業が少ない手法とみることができる。

「損益測定」と「資金管理」については全体の8割の企業が導入しているのに対し，「原価管理」，「予算」，「業績評価（予算実績差異分析）」については5割程度の企業しか導入していない。このことから，基本的な管理会計手法については，「損益管理」と「資金管理」を基本としながら，実施体制の整っている企業においては，「原価管理」，「予算」，「業績評価（予算実績差異分析）」，さらには「原価計算」といった手法を導入している状況がうかがえる。

第14章　燕三条・大田区・東大阪地域の中小企業における管理会計実践に関する実態調査　257

図表14-34　基本的な管理会計手法の導入状況

	燕三条 (40社)	大田区 (64社)	東大阪 (59社)	合　計 (163社)
予算	21	38	29	88
業績評価（予算実績差異分析）	19	33	27	79
損益測定	34	52	49	135
原価計算	31	46	45	122
原価管理	25	32	32	89
資金管理	34	48	48	130

10　むすび

　本調査を通じて，回答企業を見る限りは，基本的な管理会計手法について，比較的多くの企業が導入している状況を確認することができた。また，少数ではあるが，新しい管理会計手法を導入している企業が存在することも確認することができた。さらに，見直しや導入が必要な管理会計分野があると考えている企業が相当数存在することも確認できた。

　ただ，今回の調査については，管理会計を活用していない，もしくは，管理会計に対する理解が乏しい企業の多くが回答せず，回答企業が管理会計を活用している企業に偏っている可能性が考えられる。そのため，今回の調査結果，特に，基本的な管理会計手法の導入状況がそのまま調査対象地域の全般的な傾向を示すかについては疑問が残る。

　また，今回の調査では，「管理会計の導入の有無」に対する回答内容（図表14-15（導入済み106社））と「管理会計手法の導入状況」に対する回答内容（図表14-34（「損益測定」135社，「資金管理」130社））との食い違い，「管理会計手法の見直し・導入の必要性」に対する回答内容（図表14-16（見直し・導入の必要性あり57社））と「見直しや導入が必要な管理会計分野」に対する回答内容（図表14-33（「原価管理」64社，「原価計算」59社））との食い違い，「予算の導入状況」に対する回答内容（図表14-17）と「業績評価（予算実績

差異分析)」に対する回答内容（図表14-20）との食い違いといった，回答内容間の食い違いがいくつかみられた。

　この理由の一つとして，本調査にあたって，管理会計とはどのようなものなのか，各管理会計手法はどのようなものかといった，管理会計や管理会計手法についての説明を回答企業に対して行っていないことが考えられる。本来であれば，調査内容と併せて説明を提示し，調査内容への理解を深めてもらったうえで回答してもらうほうが，信頼性の高い回答を得られる可能性が高いと考えられる。ただ，今回は，パイロットテストでいただいた助言や研究メンバーからの意見を踏まえ，回答率を上げるためにページ数をできるだけ少なくすることを重視し，説明を作成しなかった。

　今後は，導入した管理会計手法はどのような特徴を有するのか，どの程度有効に機能しているのかといった点について，掘り下げて分析するために，回答していただいた企業のうち，聞き取り調査に応じてくれる企業を対象に追跡調査を行い，管理会計の実践状況を精査していく必要がある。

[参考文献]

関根慎吾・豊島義一・大塚裕史・佐々木万亀夫．2000．「石巻地域の中小企業における簿記会計の電算化の実態に関する調査報告」『石巻専修大学経営学研究』12(1): 81-117.

飛田努．2011．「熊本県内中小企業の経営管理・管理会計実践に関する実態調査」『産業経営研究』（熊本学園大学付属産業経営研究所）30：29-42.

飛田努．2012a．「中小企業における経営管理・管理会計実践に関する実態調査〜福岡市内の中小企業を調査対象として」『会計専門職紀要』（熊本学園大学専門職大学院会計専門職研究科）3：57-69.

飛田努．2012b．「中小企業のマネジメントコントロールシステムと組織成員の動機付けに関する実証研究―熊本県・福岡市内の中小企業を対象として―」『産業経営研究』（熊本学園大学付属産業経営研究所）31：113-130.

豊島義一・大塚裕史．2003．「石巻地域中小企業における原価計算・原価管理の普及と利用に関する実態調査報告」『石巻専修大学経営学研究』14(2): 111-131.

成田博・中村知子．1997．「中小企業における会計業務のコンピュータ化の現状―いわき市内の企業に対するアンケート調査に基づいて―」『東日本国際大学研究紀要』3(1): 53-81.

成田博・山田恵・三浦秀樹・中村知子. 1997. 「いわき市内企業における会計業務の電算化の現状について」『東日本国際大学研究紀要』2(2): 71-96.

山口直也. 2016.「第2章　燕三条・大田区・東大阪地域の中小企業における管理会計実践に関する実態調査」『中小企業における管理会計の総合的研究〈最終報告書〉』(日本管理会計学会スタディ・グループ)：12-33.

(付記)
　本章は，山口（2016）を再編集したものである。

(山口直也)

第15章

北海道苫小牧地域の中小企業における管理会計実践に関する実態調査

1　はじめに

　中小企業庁が公表した『2018年版中小企業白書』[1]によると，全国の中小企業者数は約381万者で企業全体の99.7％を，また，従業者数は約3,361万人で企業全体の70.1％を占めている。他方，北海道の中小企業者数は約15万者で道内企業全体の99.8％を，また，従業者数は約127万人で道内企業全体の84.8％を占めている。地域経済を活性化するためには，中小企業に対する支援が必要であり，中小企業に有効な管理会計の手法を普及させる必要がある。そのためには，北海道苫小牧地域の中小企業における管理会計の導入状況を明らかにし，経営改善のために管理会計手法を積極的に活用している中小企業を探索することを通じて管理会計実践の課題を把握することが重要となる。

　本章は，中小企業に有効な管理会計手法の解明を目的としている。そのため，中小企業において，管理会計手法の利用がどの程度進んでいるのか，また，どのような管理会計手法が導入されているのかという実態調査が必要である。そこで，2016年度の日本管理会計学会スタディ・グループ最終報告書『中小企業における管理会計の総合的研究』（研究代表者：水野一郎（関西大学））において，共同研究者の山口（2016）が「第2章　燕三条・大田区・東大阪地域の中

1　『2018年版中小企業白書』では総務省「平成26年経済センサス―基礎調査」における2014年7月時点の統計資料が使用されている。

小企業における管理会計実践に関する実態調査」において使用したアンケート調査手法（以下「山口モデル」という）に依拠して，苫小牧地域の中小企業に対して郵便質問票という形式でアンケート調査を実施した。

山口モデルには，①会社概要（業種，創業・設立年数，従業員数，資本金額，総資産額，売上高，製造業における顧客と製品の特徴），②経営課題，③経営管理手法の導入状況，④経理体制，⑤管理会計手法の導入の有無，⑥管理会計手法の導入の必要性，⑦管理会計手法の導入状況（予算，損益測定，原価計算，原価管理，資金管理，その他の管理会計手法），⑧見直しや導入が必要な管理会計分野という管理会計手法全般にわたる質問項目が設定されている。したがって，山口モデルは，中小企業の管理会計実践に関する全国規模での実態調査に際して，比較可能な回答結果をデータベース化するのに適している。

ただし，山口（2016）も指摘するように，中小企業を研究する場合，設立経緯，業績特性，経営資源の制約による地域内企業との高い相互依存性，地域内顧客への高い依存性の要因によって，経営管理システム及び管理会計システムの成熟度や特徴に違いがあることが想定されている。当該調査対象企業の位置する地域性や取引の特殊性，そして，経営者（社長）の管理会計に関する理解度や関与の程度にも留意する必要がある。そのため，アンケート調査ののちに，ヒアリング調査（聞取調査）を行うことが重要となる。

以上の観点から，本章では，まず苫小牧地域における産業構造の特徴を整理している。次いで，山口モデルによるアンケート調査の回答結果に基づいて，苫小牧地域の中小企業における管理会計の導入状況を明らかにし，経営改善のために管理会計手法を積極的に活用している中小企業を探索することを通じて管理会計の実践事例を考察している。

2　苫小牧地域における産業構造の特徴

苫小牧市は，人口が17万1,743人（2018年6月末時点）であり，道南地域に位置する工業都市である。1910（明治43）年に王子製紙が苫小牧工場を操業して以来，いわゆる「王子製紙の企業城下町」として発展してきた。その後，1963（昭和38）年には，世界初の内陸掘込港湾の苫小牧工業港が開港し，非鉄

金属，石油精製，自動車，化学工業等の企業進出が加速した。最近では，トヨタ自動車北海道に関連する自動車部品メーカーの集積化も進んでいる。現在，苫小牧港は，港湾取扱貨物量が1億トンを超えて国内4位となり，北海道における港湾取扱貨物量の50％超を占めている。

このような状況のもとで，苫小牧地域は，新聞用紙の生産量が国内1位の王子製紙苫小牧工場を起点として出光興産北海道製油所，トヨタ自動車北海道という3つの大手企業を中心に経済成長を遂げている。

2-1 苫小牧地域の事業所数と従業者数

苫小牧市（2014）が公表した「平成24年経済センサス―活動調査結果概要」によると，2012年の苫小牧地域における事業所数は7,459事業所，従業者数は7万7,452人である。これを経営組織別にみると，事業所数は「会社」が60.2％で，「個人」が32.4％であり，他方，従業者数は「会社」が79.1％で，「個人」が8.6％である。

従業者規模別に事業所数と従業者数をみると，従業者数「1人～4人」の事業所が54.0％で最も多く，次いで，「5人～29人」が39.1％となっている。従

図表15−1 苫小牧地域の従業者規模別の事業所数と従業者数（2012年）

従業者規模別	事業所数		従業者数	
	総数	構成比（％）	総数（人）	構成比（％）
1人～4人	4,030	54.0	8,631	11.1
5人～29人	2,915	39.1	31,770	41.0
30人～49人	247	3.3	9,250	11.9
50人～99人	142	1.9	9,768	12.6
100人以上	7	1.0	18,033	23.3
出向・派遣のみ	53	0.7	—	—
合　計	7,459	100.0	77,452	100.0

（出所）　苫小牧市（2014）「平成24年経済センサス―活動調査結果概要」より一部修正。

業者数30人未満の事業所が全体の93.1％を占めている。また，従業者数「5人～29人」の事業所に従事する従業者が41.0％で最も多く，次いで，「100人以上」が23.3％となっている。従業者数30人未満の事業所に従事する従業者が全体の52.1％を占めている（図表15－1を参照）。

産業別に事業所数と従業者数をみると，事業所数では「卸売業・小売業」の事業所が23.2％で最も多く，次いで，「宿泊業・飲食サービス業」が14.1％，「建設業」が13.4％となっている。また，従業者数では「卸売業・小売業」の事業所に従事する従業者が18.7％で最も多く，次いで，「製造業」が14.2％，「建設業」が11.7％，「運送業・郵便業」が11.6％，「医療・福祉」が11.2％となっている。事業所数の割合よりも「製造業」と「医療・福祉」に従事する従業者数の割合が多い。

2－2　製造業に係る事業所数と従業者数

苫小牧市（2016）が公表した「平成26年工業統計調査―調査結果概要」によると，従業者4人以上の製造業を営む事業所について，2014年の苫小牧地域における事業所数は208事業所，従業者数は1万1,114人，製造品出荷額等は1兆3,913億円である。

従業者規模別に事業所数，従業者数，製造品出荷額等をみると，従業者数「4人～9人」の事業所が36.1％で最も多く，次いで，「10人～19人」が28.8％となっている。従業者数30人未満の事業所が全体の77.9％を占めている。また，従業者数「300人以上」の事業所に従事する従業者が50.7％で最も多く，次いで，「100人～299人」が18.1％となっている。さらに，製造品出荷額等では従業者数「300人以上」の事業所が83.3％で最も多く，次いで，「100人～299人」の事業所が5.6％となっている（図表15－2を参照）。

産業別に事業所数，従業者数，製造品出荷額等をみると，事業所数では「金属製品」の事業所が16.4％で最も多く，次いで，「窯業・土石製品」が10.1％，「食料品」が9.1％，「木材・木製品」が8.7％となっている。また，従業者数では「輸送用機械機具」の事業所に従事する従業者が49.0％で最も多く，次いで，「パルプ・紙・紙加工品」が15.2％，「食料品」が4.4％となっている。さらに，

製造品出荷額等では「石油製品・石炭製品」の事業所が60.2％で最も多く，次いで，「輸送用機械機具」が17.2％，「パルプ・紙・紙加工品」が10.4％となっている。苫小牧市における製造品出荷額等では，この上位3つの製造業種で全体の87.8％を占めている。

なお，2014年の製造品出荷額等は北海道全体で6兆6,728億円であり，このうち，苫小牧市が20.9％で最も多く，次いで，室蘭市19.5％，札幌市7.9％，千歳市3.7％，釧路市2.9％の順となっている。

図表15－2　苫小牧地域の従業者規模別の製造業の状況（2014年）

従業者規模別	事業所数		従業者数		製造品出荷額等	
	総数（件）	構成比（％）	総数（人）	構成比（％）	金額（百万円）	構成比（％）
4人～9人	75	36.1	485	4.4	17,221	1.2
10人～19人	60	28.8	844	7.6	32,352	2.3
20人～29人	27	13.0	677	6.1	30,750	2.2
30人～49人	18	8.7	741	6.7	52,616	3.8
50人～99人	10	4.8	716	6.4	22,198	1.6
100人～299人	12	5.8	2,011	18.1	77,898	5.6
300人以上	6	2.9	5,640	50.7	1,158,300	83.3
合　計	208	100％	11,114	100％	1,391,335	100％

（注）　従業者4人以上の事業所を対象としている。
（出所）　苫小牧市（2016）「平成26年工業統計調査―調査結果概要」より一部修正。

3　アンケート調査の概要

本章では，苫小牧地域の中小企業における管理会計の導入状況を明らかにし，経営改善のために管理会計手法を積極的に活用している中小企業を探索することを通じて管理会計実践の課題を考察している。

そのため，山口モデルによるアンケート調査にもとづいて，①会社概要（業

種,創業・設立年数,従業員数,資本金額,総資産額,売上高,製造業における顧客と製品の特徴),②経営課題,③経営管理手法の導入状況,④経理体制,⑤管理会計手法の導入の有無,⑥管理会計手法の導入の必要性,⑦管理会計手法の導入状況(予算,損益測定,原価計算,原価管理,資金管理,その他の管理会計手法),⑧見直しや導入が必要な管理会計分野,という管理会計手法全般に関する実態調査を実施した。

アンケート調査では,苫小牧商工会議所のご協力を得て抽出した苫小牧地域157社の中堅企業に対して郵便質問票の形式でアンケート調査用紙を発送した。中小企業において創業・設立年数,従業員数,売上高の規模によってはアンケートの回答結果が得られない可能性を考慮した。2017年3月7日にアンケート調査用紙を発送し,同年3月22日を回答期限とした。この結果,アンケートの回収状況としては,送付社数157社に対して,回答社数47社で回答率(回収率)は29.9%であった(図表15-3を参照)。

図表15-3 送付先数・回答社数・回答率

送付社数	回答社数	回答率(回収率)
157社	47社	29.9%

4 アンケート調査の回答結果

4-1 会社概要

4-1-1 製造業および非製造業の業種区分

アンケート調査では,回答期限までに47社から回答結果を得ることができた。このうち,製造業は16社(34%)で,非製造業は31社(66%)であった(図表15-4を参照)。

図表15-4 製造業・非製造業の別

製造業	非製造業	合　計
16社（34%）	31社（66%）	47社（100%）

　アンケートの送付先としては，製造業種が30社で，非製造業種が127社であった。また，苫小牧地域の中小企業においては，図表15-2で示したように，従業者数30人以上の製造業の事業所数は46社であり，従業者数300人以上の大手の事業所6社[2]を除くと，実際上は40社となる。今回のアンケートでは，このうち30社に送付し16社から回答を得ていることとなり，苫小牧地域の製造業についての回答率は53.3%となる。

4-1-2　業種分類

　製造業において回答を寄せた16社のうち，「食料品」が4社で最も多く，次いで，「窯業・土石製品」が2社，「一般機械器具」が2社であり，「その他」が3社であった（図表15-5を参照）。

図表15-5 製造業種30社に対するアンケートの送付先とその回答結果

業　種	送付数	回答数	業　種	送付数	回答数
食料品	4	4	窯業・土石製品	4	2
木材・木製品	4	1	金属製品	3	1
家具・建具	1	0	一般機械器具	3	2
紙・紙類似品	1	1	輸送用設備	5	1
印刷・出版	1	0	その他	—	3
化学工業	4	1	合　計	30社（100%）	16社（53.3%）

（注）「繊維・繊維製品」「石油・石炭製品」「ゴム製品」「皮革・皮革製品」「第一次金属」「電気機械器具」「精密機械器具」に係る製造業種にはアンケートを送付していない。

2　大手の事業所6社は，トヨタ自動車北海道，王子製紙苫小牧工場，ダイナックス苫小牧工場，いすゞエンジン製造北海道，アイシン北海道，出光興産北海道製油所である。

他方，非製造業において回答を寄せた31社のうち，「運送業」が10社で最も多く，次いで，「卸売・小売業」が4社，「飲食・宿泊業」が2社，「医療・福祉」が2社であり，「その他」が11社であった（図表15－6を参照）。

図表15－6　非製造業種127社に対するアンケートの送付先とその回答結果

業種	送付数	回答数	業種	送付数	回答数
電気・ガス・熱供給・水道業	4	0	飲食・宿泊業	10	2
情報通信業	2	1	医療・福祉	8	2
運送業	36	10	教育・学習支援業	3	0
卸売・小売業	14	4	その他	47	11
金融・保険業	1	0	合　計	127社(100%)	31社(24.4%)
不動産業	2	1			

（注）　アンケート調査の発送に際して，業種の回答記入欄を設定しなかった「鉱業・砕石業」1社と「建設業」23社は非製造業の「その他」に含めている。

4-1-3　創業・設立年数，従業員数，資本金額，総資産額，売上高，顧客と製品の特徴

4-1-3-1　創業・設立からの年数

創業・設立からの年数では，「50年超」の企業が24社（51%）で最も多く，このうち，製造業が9社で，非製造業が15社であった。25年超の企業は全体で45社（96%）を占めている（図表15－7を参照）。

図表15－7　創業・設立からの年数

	製造業	非製造業	合　計
1年未満	0	0	0
1年超～5年以内	0	0	0

5年超～10年以内	1	0	1
10年超～25年以内	0	1	1
25年超～50年以内	6	15	21
50年超	9	15	24
合　計	16社	31社	47社

4-1-3-2　従業員数

　従業員数では，「100名超」の企業が16社（34％）で最も多く，このうち，製造業が8社で，非製造業が8社であった。中小企業者の定義にもよるが，従業員数30名以上の企業は全体で45社（96％）を占めている（図表15-8を参照）。

図表15-8　従業員数

	製造業	非製造業	合　計
30名未満	0	2	2
30名超～50名以内	4	8	12
50名超～70名以内	2	5	7
70名超～100名以内	2	8	10
100名超	8	8	16
合　計	16社	31社	47社

4-1-3-3　資本金額

　資本金額では，中小企業者の定義にもよるが，「1千万円以上～5千万円未満」の企業が29社（62％）で最も多く，このうち，製造業が7社で，非製造業が22社であった（図表15-9を参照）。

第15章　北海道苫小牧地域の中小企業における管理会計実践に関する実態調査

図表15－9　資本金額

	製造業	非製造業	合　計
1千万円未満	0	3	3
1千万円以上～5千万円未満	7	22	29
5千万円以上～1億円未満	6	4	10
1億円以上	3	2	5
合　計	16社	31社	47社

4-1-3-4　総資産額

総資産額では，「5億円以上」の企業が28社（60％）で最も多く，このうち，製造業が9社で，非製造業が19社であった。1億円以上の企業は全体で39社（83％）を占めている（図表15－10を参照）。

図表15－10　総資産額

	製造業	非製造業	合　計
1千万円未満	1	0	1
1千万円以上～1億円未満	2	3	5
1億円以上～5億円未満	3	8	11
5億円以上	9	19	28
未回答	1	1	2
合　計	16社	31社	47社

4-1-3-5　売上高

売上高では，「10億円以上」の企業が30社（64％）で最も多く，このうち，製造業が12社で，非製造業が18社であった。売上高が1億円未満の企業はなかった（図表15－11を参照）。

図表15-11 売上高

	製造業	非製造業	合計
5千万円未満	0	0	0
5千万円以上～1億円未満	0	0	0
1億円以上～5億円未満	2	7	9
5億円以上～10億円未満	1	6	7
10億円以上	12	18	30
未回答	1	0	1
合計	16社	31社	47社

4-1-3-6 製造業における顧客と製品の特徴

製造業16社における顧客の特徴では,「顧客の大半は企業であり,顧客企業に占める元請業者以外の割合が高い(企業／元請業者以外)」の企業が6社(38％)で最も多く,次いで,「顧客の大半は企業であり,顧客企業に占める元請業者の割合が高い(企業／元請業者)」の企業が5社(31％)であり,「顧客の大半は個人である」の企業が3社(19％)であった。

また,製造業16社における製品の特徴では,「自社で標準仕様を定めた量産品の割合が高い(量産品)」の企業が8社(50％)であり,「製品仕様を顧客の

図表15-12 製造業における顧客と製品の特徴

顧客の特徴	製造業	製品の特徴	製造業
企業／元請業者	5	個別受注生産	6
企業／元請業者以外	6	量産品	8
企業／半々	0	その他	1
個人	3	未回答	1
未回答	2	合計	16社
合計	16社		

要望に合わせる個別受注型製品の割合が高い（個別受注生産）」の企業が6社（38％）であった（図表15-12を参照）。

4-2　経営課題，経営管理手法の導入状況，経理体制

4-2-1　経営課題

　経営課題では，複数回答で，「優秀な人材確保」の企業が39社（83％）で最も多く，次いで，「新規顧客の開拓」の企業が30社（64％），「既存顧客の維持」の企業が28社（60％）であった。アンケート調査の送付先が中堅企業であったことから，多くの企業が経営資源の鍵となる優秀な人材の確保と従業員の技術力の維持・向上，収益基盤の維持・拡大を重要な経営課題として認識している。

　また，製造業16社の観点からは，「全社レベルでのコスト低減」の企業が9社（56％），「製造原価の引き下げ」の企業が8社（50％），「技術力の維持・向上」の企業が8社（50％）であり，コストマネジメントも経営課題として認識

図表15-13　経営課題（複数回答）

	製造業（16）	非製造業（31）	合計（47）
事業の多角化	3	4	7
元請に依存しない	0	4	4
新規顧客の開拓	11	19	30
既存顧客の維持	13	15	28
製造原価の引き下げ	8	4	12
全社レベルでのコスト低減	9	13	22
研究開発力の維持・向上	5	4	9
技術力の維持・向上	8	8	16
優秀な人材確保	12	27	39
事業承継	2	8	10
その他	0	0	0

している（図表15-13を参照）。

4-2-2　経営管理手法の導入状況

　経営管理手法の導入状況では，「年度計画」の企業が41社（87％）で最も多く，次いで，「目標管理」の企業が40社（85％）であった。全般的に高い割合で経営管理手法の導入がなされており，「年度計画」や「目標管理」のような短期的なマネジメントのための経営管理手法が採用されている。他方，「中（長）期経営計画」や「戦略」のような長期的なマネジメントのための経営管理手法を採用する企業は，特に非製造業で少なかった（図表15-14を参照）。

図表15-14　経営管理手法の導入状況

	製造業（16）	非製造業(31)	合計（47）
経営理念・社訓・社是	13	25	38
ビジョン	12	25	37
中（長）期経営計画	12	20	32
戦略	14	22	36
年度計画	14	27	41
方針管理	12	27	39
目標管理	13	27	40

4-2-3　経理体制

　経理体制では，複数回答で，「経理部署を設置しており，複数の職員を経理専任業務に配置している（経理部署／複数職員）」の企業が38社（81％）で最も多かった。なお，非製造業のみでは，「親族等が1名で経理業務を遂行している（親族等の1名）」の企業が6社で，「会計事務所」の企業が3社であった（図表15-15を参照）。

図表15-15 経理体制（複数回答）

	製造業	非製造業	合　計
経理部署／複数職員	14	24	38
親族等の１名	0	6	6
会計事務所	0	3	3
その他	2	1	3
合　計	16（16）	34（31）	50（47）

（注）「その他」は，「１人の職員が経理専任で従事している」「経理専任ではなく業務部が担当している」「未回答」であった。

4-3　管理会計手法の導入の有無と必要性

4-3-1　管理会計手法の導入の有無

　管理会計手法の導入の有無では，「何らかの管理会計手法を導入している（導入済み）」の企業が45社（96％）であり，他方，「管理会計手法を導入していない」の企業が２社（輸送用設備製造業１社，運送業１社）であることから，ほぼすべての企業が導入済みであった（図表15-16を参照）。

図表15-16 管理会計手法の導入の有無

	製造業	非製造業	合　計
導入済み	15	30	45
未導入	1	1	2
合　計	16社	31社	47社

4-3-2　管理会計手法の導入・見直しの必要性

　管理会計手法の導入・見直しの必要性では，「何らかの管理会計手法を導入している（導入済み）」と回答した45社のうち，「既存の手法を見直したり，新たな手法を導入する必要性を感じている（見直し・導入の必要性あり）」の企

業が13社(29%)であった。また,「管理会計を導入していない(未導入)」と回答した2社のうち,「管理会計手法を導入する必要性を感じている(導入の必要性あり)」の企業が1社であった。

以上の結果として,「導入済み」および「未導入」と回答した47社のうち,未回答12社を除いて,「見直し・導入の必要性あり」と回答した企業が14社(30%)であった。このうち,製造業16社については,未回答2社を除いて,「見直し・導入の必要性あり」の企業が4社(25%)で,「見直し・導入の必要性なし」の企業が10社(63%)であった。他方,非製造業31社については,未回答10社を除いて,「見直し・導入の必要性あり」の企業が10社(32%)で,「見直し・導入の必要性なし」の企業が11社(35%)であった(図表15-17を参照)。

図表15-17 管理会計手法の導入・見直しの必要性

	製造業	非製造業	合 計
■導入済み	15社	30社	45社
見直し・導入の必要性あり	3	10	13
見直し・導入の必要性なし	10	11	21
未回答	2	9	11
■未導入	1社	1社	2社
導入の必要性あり	1	0	1
導入の必要性なし	0	0	0
未回答	0	1	1
■導入済み+未導入			
見直し・導入の必要性あり	4社(25%)	10社(32%)	14社(30%)
見直し・導入の必要性なし	10社(63%)	11社(35%)	21社(45%)

4-4 管理会計手法の導入状況

　管理会計手法の導入状況に関する概要は図表15-18のとおりである。以下では，①予算，②損益測定，③原価計算，④原価管理，⑤資金管理に区分して，その回答結果を明らかにする。

図表15-18　管理会計手法の導入状況に関する概要

管理会計手法	製造業（15社）	非製造業（30社）	合計（45社）
①　予　　算	14社（ 93％）	28社（ 93％）	42社（ 93％）
②　損益測定	15社（100％）	30社（100％）	45社（100％）
③　原価計算	15社（100％）	24社（ 80％）	39社（ 87％）
④　原価管理	14社（ 93％）	17社（ 57％）	31社（ 69％）
⑤　資金管理	14社（ 93％）	27社（ 90％）	41社（ 91％）

（注）「原価計算」には，財務諸表作成目的のみの導入も含んでいる。

4-4-1　予　算

4-4-1-1　予算の導入状況

　予算の導入状況では，「予算を作成・導入している」の企業が42社（93％）であった。このうち，製造業が14社（93％）で，非製造業が28社（93％）であった。具体的には，「会社全体としての予算に加え，事業単位の予算も作成している（全体＋事業）」の企業が13社（29％）であり，同様に「会社全体の予算に加え，事業単位，製品・サービス単位及び，部署単位（工場・営業所・店舗等）の予算も作成している（全体＋事業＋製品・サービス＋部署）」の企業が13社（29％）で最も多い。これに対して，「会社全体の予算に加え，事業単位，製品・サービス単位の予算も作成している（全体＋事業＋製品・サービス）」の企業が4社（9％）と低くなっている（図表15-19を参照）。

図表15-19　予算の導入状況

	製造業	非製造業	合　計
会社全体のみ	4	8	12
全体＋事業	4	9	13
全体＋事業＋製品・サービス	2	2	4
全体＋事業＋製品・サービス＋部署	4	9	13
「予算導入済み」の小計	14社(93％)	28社(93％)	42社(93％)
予算を作成していない	1	2	3
合　計	15社	30社	45社

4-4-1-2　予算の対象期間

　予算の対象期間では，予算を作成していない3社を除いて，「年度予算に加え，半期予算，四半期予算及び，月次予算も作成している（年度＋半期＋四半期＋月次）」の企業が21社（50％）で最も多く，次いで，「年度予算のみ作成している（年度予算のみ）」の企業が12社（29％）であった。このように，月次予算まで作成している企業が多い傾向がうかがえる（図表15-20を参照）。

図表15-20　予算の対象期間

	製造業	非製造業	合　計
年度予算のみ	2	10	12
年度＋半期	4	3	7
年度＋半期＋四半期	0	0	0
年度＋半期＋四半期＋月次	8	13	21
年度＋半期＋四半期＋月次＋週次	0	1	1
未回答	0	1	1
合　計	14社	28社	42社

4-4-1-3 予算の種類

予算の種類では，予算を作成していない3社を除いて，「損益予算のみ作成している」の企業が15社（36％）で最も多い。製造業では「損益予算に加え，資金予算（キャッシュ・フロー予算），および資本予算（投資資本）も作成している（損益予算＋資金予算＋資本予算）」の企業が8社（57％）で最も多く，他方，非製造業では「損益予算のみ作成している（損益予算のみ）」の企業と，「損益予算に加え，資金予算（キャッシュ・フロー予算）も作成している（損益予算＋資金予算）」の企業がそれぞれ11社（39％）で最も多い（図表15－21を参照）。

図表15－21　予算の種類

	製造業	非製造業	合　計
損益予算のみ	4	11	15
損益予算＋資金予算	2	11	13
損益予算＋資金予算＋資本予算	8	5	13
未回答	0	1	1
合　計	14社	28社	42社

4-4-1-4　業績評価（予算実績差異分析）

業績評価（予算実績差異分析）では，予算を作成していない3社を除いて，「会社全体の業績のみ予算と比較分析を行い，予算の達成度を評価している（全体業績のみ）」の企業と，「会社全体の業績に加え，事業単位の業績についても予算と比較分析を行い，予算の達成度を評価している（全体＋事業）」の企業がそれぞれ11社（26％）で最も多い（図表15－22を参照）。

図表15-22 業績評価（予算実績差異分析）

	製造業	非製造業	合計
全体業績のみ	2	9	11
全体＋事業	4	7	11
全体＋事業＋製品・サービス	3	4	7
全体＋事業＋製品・サービス＋部署	3	7	10
予算との比較分析は行っていない	2	1	3
合計	14社	28社	42社

4-4-2 損益測定

4-4-2-1 損益の測定状況

損益の測定状況では，「会社全体の損益に加え，事業単位の損益も測定している（全体＋事業）」の企業が21社（47％）で最も多く，このうち，製造業が9社（60％）であり，非製造業が12社（40％）であった。次いで，「会社全体としての損益のみを測定している（会社全体のみ）」の企業が10社（33％）であるが，これはすべて非製造業であった（図表15-23を参照）。

図表15-23 損益の測定状況

	製造業	非製造業	合計
会社全体のみ	0	10	10
全体＋事業	9	12	21
全体＋事業＋製品・サービス	3	1	4
全体＋事業＋製品・サービス＋部署	3	7	10
合計	15社	30社	45社

4-4-2-2 損益測定の対象期間

損益測定の対象期間では,「年度単位に加え,半期単位,四半期単位及び,月次単位の損益も測定している（年度＋半期＋四半期＋月次)」の企業が36社（80％）で最も多かった。製造業15社はすべてこの損益測定に係る対象期間を設定していた（図表15-24を参照)。

図表15-24 損益測定の対象期間

	製造業	非製造業	合　計
年度単位のみ	0	5	5
年度＋半期	0	1	1
年度＋半期＋四半期	0	0	0
年度＋半期＋四半期＋月次	15	21	36
年度＋半期＋四半期＋月次＋週次	0	1	1
年度＋半期＋四半期＋月次＋週次＋日次	0	2	2
合　計	15社	30社	45社

4-4-3 原価計算

4-4-3-1 原価計算の導入状況

原価計算の導入状況では,「財務諸表を作成する目的の原価計算とは別に,製品・サービス単位で原価計算を行っている（財務諸表＋製品・サービス単位)」の企業が26社（58％）で最も多く,次いで,「財務諸表を作成する目的でのみ原価計算を行っている（財務諸表作成目的のみ)」の企業が13社（29％）であった。

原価計算については,すべての製造業が製品・サービス単位で原価計算を行っているのに対して,非製造業では財務諸表を作成する目的で原価計算を行っている回答が多い（図表15-25を参照)。

図表15-25 原価計算の導入状況

	製造業	非製造業	合計
財務諸表作成目的のため	0	13	13
財務諸表＋製品・サービス単位	15	11	26
「原価計算導入済み」の小計	15社（100%）	24社（80%）	39社（87%）
原価計算を行っていない	0	4	4
未回答	0	2	2
合計	15社	30社	45社

4-4-3-2 原価計算の実施方針

原価計算の実施方針では，複数回答で，「現在実施している原価計算のままでよい」の企業が18社（40%）で最も多く，次いで，「将来的には，さらに原価管理に役立つ原価計算を導入したい」の企業が10社（22%）となっている（図表15-26を参照）。

図表15-26 原価計算の実施方針（複数回答）

	製造業(15)	非製造業(30)	合計（45）
現在のままでよい	8	10	18
価格設定に役立つ原価計算の導入	2	3	5
損益把握に役立つ原価計算の導入	4	4	8
原価管理に役立つ原価計算の導入	3	7	10
今後も導入なし	0	4	4

4-4-3-3 原価計算の目的

原価計算の目的では，複数回答で，「製品・サービス単位での損益状況の把握に役立てる」の企業と，「原価管理に役立てる」の企業がそれぞれ15社

(58％) で最も多く，次いで，「製品サービスの価格設定に役立てる」の企業が12社 (46％) となっている（図表15-27を参照）。

図表15-27　原価計算の目的（複数回答）

	製造業(15)	非製造業 (11)	合計 (26)
製品・サービスの価格設定	7	5	12
製品・サービス単位での損益把握	9	6	15
原価管理	8	7	15
その他	1	0	1

（注）「その他」の回答は「人事評価」であった。

4-4-3-4　原価計算の方法

原価計算の方法では，「部材の原価，直接労務費に加え，複数の製品・サービスに共通して発生する原価（機械の減価償却費，工場事務員の給与等）（間接費）も集計する」の企業が9社（35％）で最も多く，次いで，「材料費，部品費や外注加工費など製品を構成する部材の原価のみを集計している」の企業が8社（31％）で，「部材の原価（材料費，部品費，外注加工費等）に加え，製品の製造やサービスの提供に直接従事する従業員の人件費（直接労務費）も集計している」の企業が7社（27％）となっている（図表15-28を参照）。

図表15-28　原価計算の方法

	製造業	非製造業	合　計
部材の原価のみを集計	3	5	8
部材の原価＋直接労務費	3	4	7
部材の原価＋直接労務費＋製造間接費	8	1	9
その他	0	1	1
未回答	1	0	1
合　計	15社	11社	26社

(注)「その他」の回答は,「医療機関における医師の収益効率,看護師・技師の人件費効率の計算」であった。

4-4-3-5　間接費の配賦方法

　間接費の配賦方法では,上記の設問で,「間接費も集計する(部材の原価＋直接労務費＋製造間接費)」と回答した9社を構成する製造業8社と非製造業1社を対象としている。複数回答で,配賦方法では「実際配賦」が7社で最も多く,配賦率では「複数の配賦率」が7社で最も多く,配賦基準では「労務費」が7社,「作業時間」と「生産量」がそれぞれ6社であった。

4-4-4　原価管理

4-4-4-1　原価管理の導入状況

　原価管理の導入状況では,「製品・サービスだけでなく,販売部門,管理部門等を含め,全社的に原価管理を行っている(全社的な原価管理)」の企業が22社(49％)で最も多い(図表15-29を参照)。

図表15-29　原価管理の導入状況

	製造業	非製造業	合計
製品・サービス単位での原価管理	3	6	9
全社的な原価管理	11	11	22
「原価管理の導入済み」の小計	14社(93％)	17社(57％)	31社(69％)
原価管理を行っていない	1	7	8
未回答	0	6	6
合計	15社	30社	45社

4-4-4-2 導入している原価管理手法

導入している原価管理方法では，複数回答で，「予算に基づく原価管理」の企業が19社（61％）で最も多く，次いで，「標準原価計算に基づく原価管理」の企業が15社（48％），「原価改善」の企業が6社（19％）となっている。一方で，「原価企画」の企業が2社，「活動基準原価計算に基づく原価管理」の企業が1社であることから，中小企業に導入するための環境整備が整っていないことが考えられる（図表15-30を参照）。

図表15-30 導入している原価管理手法（複数回答）

	製造業(14)	非製造業(17)	合計（31）
原価企画	1	1	2
標準原価計算に基づく原価管理	9	6	15
原価改善	3	3	6
予算に基づく原価管理	9	10	19
活動基準原価計算に基づく原価管理	0	1	1
特殊原価調査に基づく原価管理	2	2	4
その他	0	0	0

4-4-5 資金管理（キャッシュ・フロー管理）

4-4-5-1 資金収支の測定状況

資金収支の測定状況では，「会社全体としての資金収支のみを測定している（会社全体のみ）」の企業が24社（53％）で最も多く，次いで，「会社全体の資金収支に加え，事業単位の資金収支も測定している（全体＋事業）」の企業が10社（22％）となっている（図表15-31を参照）。

図表15-31 資金収支の測定状況

	製造業	非製造業	合　計
会社全体のみ	5	19	24
全体＋事業	6	4	10
全体＋事業＋製品・サービス	2	1	3
全体＋事業＋製品・サービス＋部署	1	3	4
「資金収支を測定している」の小計	14社（93％）	27社（90％）	41社（91％）
資金収支を測定していない	1	1	2
未回答	0	2	2
合　計	15社	30社	45社

4-4-5-2 資金収支測定の対象期間

　資金収支測定の対象期間では，「年度単位に加え，半期単位，四半期単位及び，月次単位の資金収支も測定している（年度＋半期＋四半期＋月次）」の企業が29社（71％）で最も多く，次いで，「年度単位の資金収支のみ測定している（年度単位のみ）」の企業が8社（20％）となっている。損益測定と同様に，

図表15-32 資金収支測定の対象期間

	製造業	非製造業	合　計
年度単位のみ	1	7	8
年度＋半期	0	1	1
年度＋半期＋四半期	0	0	0
年度＋半期＋四半期＋月次	13	16	29
年度＋半期＋四半期＋月次＋週次	0	1	1
年度＋半期＋四半期＋月次＋週次＋日次	0	1	1
未回答	0	1	1
合　計	14社	27社	41社

多くの企業が短い期間で資金収支を測定している（図表15－32を参照）。

4－4－6　その他の管理会計手法

その他の管理会計手法では，複数回答で，「導入していない」の企業が22社（49%）で最も多い。導入しているものとしては，「設備投資の経済性計算」の企業が7社（16%）で，「品質原価計算・品質コスト管理」の企業が3社（7%）となっている。

なお，「設備投資の経済性計算」と回答した製造業種は，「紙・紙類似品」1社，「金属製品」1社，「化学工業」1社，「その他製造業」1社であり，他方，非製造業種は，「運送業」2社，「その他（自動車整備業）」1社であった。「バランスト・スコア・カード」と回答した製造業種は，「食料品」1社と「その他製造業」1社であった。「活動基準原価計算」と回答した非製造業種は「卸売・小売業」1社であった。「スループット会計」と回答した非製造業種は「その他（自動車整備業）」1社であった。「品質原価計算，品質コスト管理」と回答した非製造業種は，「その他（設備工事業，自動車整備業）」2社と「情報通信業者」1社であった。「ライフサイクル・コスティング」と回答した非

図表15－33　その他の管理会計手法（複数回答）

	製造業(15)	非製造業(30)	合計（45）
設備投資の経済性計算	4	3	7
バランスト・スコア・カード	2	0	2
活動基準原価計算	0	1	1
スループット会計，付加価値会計	0	1	1
マテリアル・フロー・コスト会計	0	0	0
品質原価計算，品質コスト管理	0	3	3
ライフサイクル・コスティング，ライフ・サイクル・コスト管理	0	1	1
その他	1	0	1
導入していない	8	14	22
未回答	0	9	9

（注）　「その他」の回答は，「自社基準」であった。

製造業種は「その他(ビルメンテナンス業)」1社であった(図表15-33を参照)。

4-5　見直しや導入が必要な管理会計分野

見直しや導入が必要な管理会計分野では,複数回答で,「予算編成」の企業が12社で最も多く,次いで,「業績評価」11社,「戦略管理」11社,「損益測定」9社,「原価計算」8社となっている。

なお,図表15-17において,管理会計手法について「導入・見直しの必要あり」と回答したのは製造業4社と非製造業10社であった。しかしながら,「導入・見直しの必要なし」と回答した企業が含まれていることに注意が必要である(図表15-34を参照)。

図表15-34　見直しや導入が必要な管理会計分野(複数回答)

	製造業	非製造業	合計
予算編成	1	11	12
損益測定	2	7	9
業績評価	3	8	11
原価計算	5	3	8
原価管理	3	2	5
資金管理	1	5	6
投資意思決定	1	2	3
戦略管理	5	6	11
その他	0	0	0

5　むすび

　アンケート調査の回答結果を要約すると，以下のようになる。

　北海道苫小牧地域の中小企業における管理会計の導入状況に関する実態調査では，アンケート調査の実施に先立って，売上高の規模，従業員数，創業・設立年数を考慮して，調査対象先を中堅企業157社に限定して実施した。その結果，アンケートの回答企業47社（回答率29.9％：製造業16社・非製造業31社）では，会社概要について，概ね創業・設立年数25年超，従業員数30名以上，資本金額1千万円以上，総資産額1千万円以上，売上高1億円以上であった。

　経営課題については，「優秀な人材の確保」「新規顧客の開拓」「既存顧客の維持」が上位を占めていた。他方，「元請に依存しない」「事業の多角化」「研究開発力の維持・向上」は下位であり，市場競争力が低い北海道の土地柄が影響しているかもしれない。経営管理手法の導入状況については，「年度計画」「目標管理」のような短期的なマネジメントの手法が多く，他方，「中（長）期経営計画」のような長期的なマネジメント手法は特に非製造業で少なかった。経理体制については，大半が「経理部署／複数職員」であり，記帳代行を含めて経理業務を会計事務所に任せていると回答したのは非製造業の3社のみであった。

　管理会計手法の導入の有無では，中堅企業が調査対象先であったためか，概ね導入済みであった。管理会計手法の導入の必要性については，既存の手法を見直したり，新たな手法を導入する必要性を感じていると回答した企業は，製造業4社（25％），非製造業10社（32％）であり，全体で14社（30％）という低い結果に留まった。管理会計手法の導入状況については，①予算，②損益測定，③原価計算，④原価管理，⑤資金管理を調査項目として設定した結果，製造業は概ね100％で導入済みであったが，非製造業は業界特性から「原価管理」が57％の導入状況であった。

　実践事例では，①予算について，対象では「全体＋事業」「全体＋事業＋製品・サービス＋部署」が29％，期間では「年度＋半期＋四半期＋月次」が50％，種類では「損益予算のみ」が36％，業績評価では「全体業績のみ」「全体＋事

業」が26％で最も多かった。②損益測定について，対象では「全体＋事業」が47％，期間では「年度＋半期＋四半期＋月次」が80％で最も多かった。③原価計算について，対象では「財務諸表＋製品・サービス単位」が58％，実施方法では「現在のままでよい」が40％，目的では「製品・サービス単位での損益把握」「原価管理」が58％，方法では「部材の原価＋直接労務費＋製造間接費」が35％で最も多かった。また，間接費の配賦方法では「実際配賦」が，配賦率では「複数の配賦率」が，配賦基準では「労務費」がそれぞれ最も多かった。④原価管理について，対象では「全社的」が49％，導入手法では「予算に基づく原価管理」が61％で最も多かった。⑤資金管理について，対象では「会社全体のみ」が53％，期間では「年度＋半期＋四半期＋月次」が67％で最も多かった。

　なお，その他の管理会計手法については，「導入していない」が49％で最も多く，次いで，「設備投資の経済性計算」が16％であった。

　最後に，見直しや導入が必要な管理会計分野については，「予算編成」が12社で最も多く，次いで，「業績評価」「戦略管理」が11社，「損益測定」が9社，「原価計算」が8社であった。

　さて，本章では，北海道苫小牧地域の中堅企業157社に対して郵便質問票の形式で実施したアンケート調査の回答結果に基づいて中小企業における管理会計手法の導入状況とそこでの実践事例を明らかにした。ヒアリング調査は，時間的な制約があるものの，アンケート調査の回答結果に反映されなかった経営者（社長）の考え方や経営方針，経営者の管理会計に対する理解度，管理会計手法の導入をめぐる社内の状況と組織体制，さらには，当該中小企業に係る地域性や取引の特殊性などを面談によって確認できる点で実施が望まれる。ただし，本橋（2017）が指摘するように，ヒアリング調査を通じて得られた情報については，当該企業にとって秘密情報である可能性があるため，中小企業の事例研究を行う場合には，何を明らかにするのかを事前に検討して実施しなければならない。

　なお，ヒアリング調査については，K社（卸売・小売業），D社（設備工事業），M社（汎用機械器具製造業）の3社で実施したが，本章では紙幅の関係で割愛している。このうち，M社については，本書の第10章において中小企業

管理会計の実践事例を詳述している。

今後の課題は，中小企業の管理会計に関する実態調査の地域を拡大することにある。アンケート調査については，山口モデルの精緻化を通じて，アンケートに回答する経営者等が理解しやすい質問項目を設定する必要がある。同時に，アンケートの回答結果から当該地域の優良企業を探索し，ヒアリング調査を行うことが重要となる。また，中小企業の経営者における会計教育歴や職歴に応じて管理会計に関する理解度に差異が予想される。したがって，その差異に留意しながら，管理会計に関する中小企業と税理士・公認会計士などの会計事務所との関わり合いの度合いを調査することも必要となる。

[参考文献]

川島和浩．2018．「苫小牧地域の中小企業における管理会計の導入状況」『苫小牧駒澤大学紀要』33：1-32．

独立行政法人 中小企業基盤整備機構 経営支援情報センター．2011．「中小企業の管理会計システム―キャッシュ・フロー経営の視点から」『中小機構調査研究報告書』3(2)：1-49．

飛田努．2011．「熊本県内中小企業の経営管理・管理会計実践に関する実態調査」『産業経営研究（熊本学園大学附属産業経営研究所）』30：29-42．

飛田努．2012．「中小企業における経営管理・管理会計実践に関する実態調査―福岡市内の中小企業を調査対象として」『会計専門職紀要（熊本学園大学専門職大学院会計専門職研究科）』3：57-69．

苫小牧市．2014．「平成24年経済センサス―活動調査結果概要」『統計とまこまい』：106．

苫小牧市．2016．「平成26年工業統計調査―調査結果概要」『統計とまこまい』：109．

水野一郎．2015．「中小企業の管理会計に関する一考察」『関西大学商学論集』60(2)：23-41．

本橋正美．2015．「中小企業管理会計の特質と課題」『会計論叢（明治大学）』10：51-69．

本橋正美．2017．「中小企業管理会計の事例研究アプローチ」『会計論叢（明治大学）』12：29-47．

山口直也．2016．「第2章　燕三条・大田区・東大阪地域の中小企業における管理会計実践に関する実態調査」日本管理会計学会スタディ・グループ（研究代表者 水野一郎）『中小企業における管理会計の総合的研究（最終報告書）』：13-33．

(付記)
　本章は，川島（2018）を再編集したものである。

(川島和浩)

第 16 章

中小企業に対する管理会計の導入・活用支援に関する実態調査:税理士を対象として

1 はじめに

　第14章では,新潟県燕三条地域,東京都大田区,大阪府東大阪地域の3つの産業集積地域における中小企業を対象として,郵送質問票調査を行い,経営管理・管理会計の導入状況について分析を行った。その結果,基本的な管理会計手法について,比較的多くの中小企業が導入しているとともに,少数ではあるが,新しい管理会計手法を導入している中小企業が存在することを確認できた。
　一方で,中小企業が管理会計を導入・活用するうえで,中小企業の経営を支援する機関(税理士事務所・地域金融機関等)が果たす役割は非常に高いと考えられる。そのため,中小企業における管理会計の導入・活用の実態を解明するためには,これら支援機関による支援の実態を明らかにすることが重要であると考えられる。
　そこで,中小企業の経営を支援する機関として主体的な役割を果たしている税理士事務所に対し,中小企業の経営管理・管理会計に対する支援状況について郵送質問票調査を実施した。本章は,本質問調査の単純集計結果をもとに,税理士事務所の取組状況について分析を行う。

2　質問票調査の概要

本質問票調査は，メルコ学術振興財団2017年度研究助成（研究2017009号）の支援を受けて実施した。

本調査では，全国の税理士を対象として調査を行うこととしたが，税理士登録者は2018（平成30）年3月末日現在で77,327名いるため，全員に対して質問票調査を実施することは，研究資源の制約から到底不可能である。そこで，本調査では，調査対象を限定して質問票調査を行った。調査対象については，経営支援を行っている税理士は経営管理・管理会計に関する支援を行っている傾向が強いと考えられるため，2017（平成29）年12月時点において，「税理士情報検索サイト」(https://www.zeirishikensaku.jp/sch/zs_sch0.asp) に登録されている税理士の中から，主要取扱業種のうち，大分類「経営相談等」>小分類「経営に関する相談」を主要取扱業種として登録している税理士とした。なお，上記対象者のうち，同一所在地（住所）の税理士については重複回答（同一人物についての回答が複数返送されてしまう）のリスクがあるため，1名だけを対象とした。

2018（平成30）年1月29日に発送し，同年2月末日を回答期限とした。送付者数2,977，回答者数587，回答率は19.72％であった。なお，送付対象者について，税理士会による地域別内訳を示したものが図表16－1である。東京税理士会が633名と最も多く，次いで，近畿税理士会（621名），関東信越税理士会（312名），東海税理士会（295名）といった順で多かった。

図表16－1　送付対象者の地域別内訳

北海道	84	北陸	53	東京地方	244	近畿	621	九州北部	100
東北	66	千葉県	99	東海	295	中国	118	南九州	75
関東信越	312	東京	633	名古屋	211	四国	48	沖縄	18

本調査では，①ご自身の現状，②管理会計に関する学習経験，③中小企業

(含:個人企業)に対する経営管理手法の導入・活用支援,④中小企業に対する管理会計手法の導入・活用支援,⑤中小企業に対する管理会計手法の導入・支援を行ううえでの課題,⑥管理会計に関する学習の必要性,⑦学習が必要な管理会計分野と学習の方法,について調査を行った。なお,⑦のうち,「学習の方法」については設問に不備があったため,集計を行わなかった。

3　回答者の概要

3-1　所属する事務所・税理士法人の都道府県と認定機関か否か

回答者が所属する事務所・税理士法人の都道府県は,図表16-2のとおりであった。図表16-1の送付対象者の地域別内訳と同様に,関東と近畿の事務所・税理士法人からの回答が多かった。

図表16-2　所属する事務所・税理士法人の都道府県

北海道	8	埼玉県	16	岐阜県	12	鳥取県	0	佐賀県	4
青森県	1	千葉県	17	静岡県	26	島根県	0	長崎県	2
岩手県	1	東京都	65	愛知県	49	岡山県	6	熊本県	4
宮城県	3	神奈川県	25	三重県	8	広島県	14	大分県	3
秋田県	2	新潟県	5	滋賀県	3	山口県	6	宮崎県	4
山形県	2	富山県	4	京都府	14	徳島県	3	鹿児島県	7
福島県	3	石川県	4	大阪府	71	香川県	6	沖縄県	5
茨城県	6	福井県	5	兵庫県	24	愛媛県	7	未回答	76
栃木県	12	山梨県	8	奈良県	6	高知県	2		
群馬県	11	長野県	6	和歌山県	6	福岡県	15		

2012(平成24)年8月30日に「中小企業経営力強化支援法」が施行され,中小企業に対して専門性の高い支援事業を行う経営革新等支援機関を認定する制度が創設された。認定支援機関か否かについては,図表16-3のとおりであっ

た。回答者の85.34％が認定支援機関であった。

図表16-3　認定支援機関か否か

| 認定支援機関である | 501 | 認定支援機関でない | 69 | 未回答 | 17 |

3-2　年齢，業務年数，税理士資格を取得してからの経過年数

　年齢，会計関連の業務年数，税理士資格を取得してからの経過年数はそれぞれ，図表16-4，図表16-5，図表16-6のとおりであった。

　年齢については，「60歳以上」が228名と最も多く，以下，「51歳〜60歳」(181名)，「41歳〜50歳」(144名）の順で多かった。「41歳以上」が全体の94.20％，「51歳以上」が69.62％を占めていた。

　会計関連の業務年数については，「30年超」(240名)，「20年超30年以内」(191名)，「10年超20年以内」(125名）の順で多かった。「10年超」が全体の94.72％，「20年超」が73.42％を占めていた。一方，税理士資格を取得してからの経過年数は「10年超20年以内」(205名)，「20年超30年以内」(154名)，「30年超」(147名)の順で多かった。当然ながら，会計関連の業務年数よりも短いとの回答が多かったもものの，「10年超」が全体の86.20％，「20年超」が51.28％を占めていた。

図表16-4　年　　齢

| 30歳以下 | 1 | 31歳〜40歳 | 32 | 41歳〜50歳 | 144 | 51歳〜60歳 | 181 |
| 60歳以上 | 228 | 未回答 | 1 | | | | |

図表16-5　会計関連の業務年数

| 5年以内 | 6 | 5年超10年以内 | 21 | 10年超20年以内 | 125 |
| 20年超30年以内 | 191 | 30年超 | 240 | 未回答 | 4 |

第16章 中小企業に対する管理会計の導入・活用支援に関する実態調査　295

図表16－6　税理士資格を取得してからの経過年数

| 5年以内 | 25 | 5年超10年以内 | 54 | 10年超20年以内 | 205 |
| 20年超30年以内 | 154 | 30年超 | 147 | 未回答 | 2 |

3－3　所属，税理士数，従業員数

　所属，所属事務所・税理士法人の税理士数と従業員数はそれぞれ，図表16－7，図表16－8，図表16－9のとおりであった。

図表16－7　所　属

| 個人事務所の所長 | 439 | 税理士法人の社員 | 129 | | |
| 個人事務所の勤務税理士 | 12 | 税理士法人の勤務税理士 | 6 | 未回答 | 1 |

図表16－8　所属事務所・税理士法人の税理士数

| 1名 | 321 | 2名～5名 | 217 | 6名～10名 | 30 |
| 11名～20名 | 12 | 21名以上 | 2 | 未回答 | 5 |

図表16－9　所属事務所・税理士法人の従業員数

| 1名 | 281 | 2名～5名 | 147 | 6名～10名 | 126 |
| 11名～20名 | 13 | 21名以上 | 10 | 未回答 | 10 |

　所属については，「個人事務所の所長」が439名と全体の74.79％を占めて最も多く，次いで「税理士法人の社員」が129名（21.98％）と多かった。
　所属事務所・税理士法人の税理士数と従業員数については，所属についての傾向を反映しており，人数が少ない事務所・税理士法人が多かった。税理士数については，「1名」が321名と最も多く，次いで「2名～5名」が217名と多かった。「5名以内」が全体の91.65％を占めていた。従業員数については，「1名」が281名と最も多く，次いで，「2名～5名」（147名），「6名～10名」（126名）の順で多かった。「10名以内」が全体の94.38％を占めていた。

3-4 主な担当企業・法人，主な業務，中小企業の担当企業数（関与件数）

主な担当企業，主な業務，中小企業の現在の担当企業数（関与件数）はそれぞれ，図表16-10，図表16-11，図表16-12のとおりであった。

主な担当企業・法人については上位3つ以内を回答してもらった。その結果，「中小企業非製造業（資本金4,000万円未満）」（449名），「個人企業（法人格を有しない）」（448名），「中小企業製造業（資本金4,000万円未満）」（425名）の順で多かった。上位3つについてはそれぞれ全体の7割を越えていた。一方で，「大企業製造業（資本金1億円以上）」は15名，「大企業非製造業（資本金1億円以上）」が22名であったことから，回答者の大半は，規模の小さい企業を主に担当しているといえる。

図表16-10 主な担当企業・法人（上位3つ以内を回答）

個人企業（法人格を有しない）	448
中小企業製造業（資本金4,000万円未満）	425
中小企業製造業（資本金4,000万円以上1億円未満）	73
大企業製造業（資本金1億円以上）	15
中小企業非製造業（資本金4,000万円未満）	449
中小企業非製造業（資本金4,000万円以上1億円未満）	64
大企業非製造業（資本金1億円以上）	22
医療法人・社会福祉法人	110
その他法人	75
未回答・回答不備	8

主な業務については1つだけ回答するように求めていたが，実際には複数回答（28名が複数回答）もあった。図表16-11では，回答状況をそのまま集計している。その結果，「法人課税」が536名と全体の91.31％を占めて最も多かった。

図表16−11　主な業務（複数回答あり）

| 個人課税 | 48 | 法人課税 | 536 | 資産課税 | 38 | その他 | 7 | 未回答 | 3 |

図表16−12　中小企業（個人企業を含む）の現在の担当企業数（関与件数）

10者以内	34	11者以上30者以内	97	31者以上50者以内	100
50者以上	346	未回答	10		

　中小企業の現在の担当企業数については，「50者以上」が346名と全体の58.94％を占めて最も多く，次いで，「31者以上50者以内」（100名），「11者以上30者以内」（97名）の順で多かった。なお，本設問について，「者」は「社」の誤りではないかとの指摘が回答者から複数寄せられたが，本調査では，中小企業について法人格を有しない個人企業を含めて定義していることから，「者」という用語を使用した。

4　管理会計に関する学習経験

　管理会計に関する学習経験の有無については図表16−13のとおりであった。「学習経験あり」が470名と全体の80.07％を占めていた。

図表16−13　管理会計に関する学習経験

| あり | 470 | なし | 111 | 未回答 | 6 |

　「学習経験あり」と回答した方を対象に，学習の方法と学習した内容について回答してもらった結果はそれぞれ，図表16−14と図表16−15のとおりであった。
　管理会計に関する学習の方法については，該当するものすべてを回答してもらった。その結果，「税理士会以外の機関（大学・大学院を除く）が主催する研修会等で学習した」が256名（54.47％）と最も多く，次いで，「本・新聞・雑誌・インターネット等の情報を活用し，独学で学習した」（250名（53.19％）），「大学に入学し，学習した」（205名（43.62％）），「税理士会が主催する研修会等で学習した」（155名（32.98％））の順で多かった。上位2つは回答者数の半

図表16-14 管理会計に関する学習の方法（複数回答あり）

大学に入学し，学習した。	205
大学院に入学し，学習した。	70
大学・大学院の科目等履修生制度を活用し，学習した。	29
大学・大学院が主催する短期の教育プログラムで学習した。	16
税理士会が主催する研修会等で学習した。	155
税理士会以外の機関（大学・大学院を除く）が主催する研修会等で学習した。	256
所属する事務所・税理士法人の教育・研修プログラムで学習した。	81
本・新聞・雑誌・インターネット等の情報を活用し，独学で学習した。	250
その他	72
○「その他」の回答内容： 「公認会計士試験」（23名），「専門学校」（5名），「TKC」（4名），「以前勤めていた企業での実務」（4名），「公認会計士としての実務」（3名），「日商簿記検定試験」（3名），「以前勤めていた企業での研修」（3名），「以前勤めていた企業において」（2名），「中小企業診断士試験」（2名），「税務大学校」（2名），「会計士の専門学校で教えていた」（1名），「税務調査で上場企業の管理会計を学習」（1名），「監査法人での株式公開支援業務」（1名），「独学」（1名），「日商簿記1級，FPの受験勉強のため」（1名），「公認会計士試験準備及び同実務」（1名），「コンサルタント会社」（1名），「公認会計士試験（原価計算），日商簿記検定」（1名），「簿記一級，原価計算」（1名），「ミロク情報サービスなど民間のセミナー」（1名），「USCPA受験を通じて」（1名），「専門学校・資格試験」（1名），「ITC・中小企業診断士として使っている」（1名），「日商簿記1級・建設業経理検定」（1名），「公認会計士試験やその講師として」（1名），「税理士会理事として主催したプロジェクト」（1名），「自身の経営の実体験」（1名），「大学教員」（1名），「実務」（1名）	

数を超えており，多くの方がこれら学習方法を活用していることがうかがえる。また，4割強の方が大学の正規課程で学習した経験があった。

「その他」の回答では，「公認会計士試験」が23名と最も多く，これ以外に，日商簿記検定試験，中小企業診断士試験，FP技能検定試験，米国公認会計士試験，建設業経理検定試験の勉強を通じて学習したとの回答があった。また，「専門学校」（5名）という回答もあったが，これも試験勉強のためと考えられる。試験勉強の次に多かったのが，企業での実務や公認会計士としての実務等，

第16章 中小企業に対する管理会計の導入・活用支援に関する実態調査　299

図表16－15 管理会計に関して学習した内容と回答数（複数回答あり）

○内　容

予算管理	376	原価計算	357	標準原価管理	206
CVP分析	354	業績評価	191	財務分析	447
経済性計算	125	バランスト・スコアカード	205	活動基準原価計算	76
原価企画	30	スループット会計，付加価値会計	44	マテリアル・フロー・コスト会計	11
品質原価計算，品質コスト管理	26	ライフサイクル・コスティング，ライフサイクル・コスト管理	42	アメーバ経営	85
企業評価	88	レベニュー・マネジメント	12	運転資本管理，CCC	51
固定収益会計，固定収益マネジメント	19	その他			10

○「その他」の回答内容（すべて1名ずつ）：
「特性要因図」，「マネジメント・ゲーム」，「利益計画（1年），中期計画（3年）」，「経済性工学」，「一倉定　社長学」，「環境会計」，「名称ほとんどおぼえておりません」，「生産管理」，「資金会計理論」

○回答数（平均値：5.86，標準偏差：3.12）

1個	12	2個	35	3個	62	4個	62	5個	71	6個	67
7個	51	8個	37	9個	25	10個	12	11個	11	12個	7
13個	4	14個	4	15個	2	16個	2	17個	3	19個	2
20個	1										

各種実務を通じて学習したとの回答であった。

なお，「税理士会以外の機関（大学・大学院を除く）が主催する研修会等で学習した」という選択肢を提示していたが，「その他」の回答として，「TKC」（4名）や「以前勤めていた企業での研修」（3名）という回答もあった。

管理会計に関して学習した内容については，「財務分析」が447名（95.11％）と最も多く，次いで，「予算管理」（376名（80％）），「原価計算」（357名

(75.96％)），「CVP分析」（354名（75.32％）），「標準原価管理」（206名（43.83％）），「バランスト・スコアカード」（205名（43.62％）），「業績評価」（191名（40.64％）），「設備投資の経済性計算」（125名（26.60％））の順で多かった。

「財務分析」は全体の約95％と大半の方が学習しており，「予算管理」，「原価計算」，「CVP分析」についても75％から80％程度の方が学習していた。一方，比較的新しい内容としては，「バランスト・スコアカード」を学習した方が多かった。

また，内容で提示したものをいくつ学習したことがあるか（「その他」を含めて20個）を集計したところ，平均個数は約5.86個（標準偏差は約3.12）であった。内訳をみると，「5個」が71名と最も多く，次いで，「6個」（67名），「4個」・「3個」（62名），「7個」（51名）の順で多かった。また，少数ではあるが，「11個以上」を学習した経験があると回答した方もいた。なお，「18個」という回答はなかった。

5　中小企業に対する経営管理手法の導入・活用支援

経営管理手法の導入・活用支援の実施状況については図表16-16のとおりであった。「実施している」は326名と全体の55.54％であった。また，「以前実施したことはあるが，現在は実施していない」は89名（15.16％）であった。

図表16-16　経営管理手法の導入・活用支援

実施している	326	実施したことはあるが，現在は実施していない	89
実施したことはない	156	未回答	16

「実施している」と回答した方を対象に，中小企業の担当件数に占める導入・活用支援の割合，導入・活用支援を行うきっかけ，導入・活用を支援している経営管理手法の内容について回答してもらった結果はそれぞれ，図表16-17，図表16-18，図表16-19のとおりであった。

導入・活用支援の割合については，「10％以上30％未満」が100名（30.67％）

と最も多く,次いで,「10％未満」(78名 (23.93％)),「30％以上50％未満」(55名 (16.87％)) の順で多かった。「30％未満」が全体の54.60％,「50％未満」が71.47％を占めており,担当件数に占める割合がそれほど高くないとの回答が多かったものの,「50％以上」との回答が全部で91名あり,経営管理手法の導入・活用支援を広範に行っている方も少数ながら存在することがうかがえる。

図表16－17 中小企業の担当件数に占める導入・活用支援の割合

10％未満	78	10％以上30％未満	100	30％以上50％未満	55
50％以上70％未満	39	70％以上90％未満	30	90％以上	22
未回答	2				

経営管理手法の導入・活用支援を行うきっかけについては,「顧客の状況に応じて,有用と思われる経営管理手法を積極的に提案する」が206名と全体の63.19％を占めていた。「その他」の回答では,「TKCシステムの活用」(4名) が多かった。

図表16－18 経営管理手法の導入・活用支援を行うきっかけ

積極的に提案する	206	顧客から相談を受ければ,提案する	99
その他	17	未回答・回答不備	4

○「その他」の回答内容:
「TKCシステムの活用」(4名),「「積極的に提案する」と「顧客から相談を受ければ,提案する」の中間」(1名),「補助金の申請時」(1名),「借入時」(1名),「金融機関へ提出する書類の作成」(1名),「税理士業務の付加価値増」(1名),「黒字化支援のため,すべての顧客企業に行っている」(1名),「必要に応じて(1名),「会計ソフトウェアの導入を通じて」(1名),「経営改善計画策定を通じて」(1名),「個別のセミナーを開催し,そこから継続させる」(1名),「経営を永続きさせるため」(1名),「PDCAサイクルを廻すよう,事務所自身はもちろん,関与先に対しても支援し,実行してもらうようにしている」(1名)

導入・活用を支援している経営管理手法の内容については,「中期(長期)経営計画」が272名(83.44%)と最も多く,次いで,「年度計画」(256名(78.53%)),「目標管理」(156名(47.85%)),「SWOT分析」(137名(42.02%))の順で多かった。経営計画(中長期・短期)策定支援の比率が高く,全体の8割前後の方が導入・活用を支援していた。一方で,「方針管理」は45名と全体の13.80%に過ぎなかった。これは,顧客企業の規模が小さいため,方針管理が経営管理手法として有効に機能しにくいことが一つの理由として考えられる。

図表16-19 導入・活用を支援している経営管理手法の内容(複数回答あり)

○内　容

中期(長期)経営計画	272	SWOT分析	137	戦略	78
年度計画	256	方針管理	45	目標管理	156
その他	10	未回答	3		

○「その他」の回答内容(すべて1名ずつ):
　「部門別予算管理」,「予算計画,比較分析を月次で行う」,「変動P/L」,「TKCシステムの変動損益計算書でCVP分析」,「ビジネスモデル,価値提案の設計」,「行動予定(計画)の実践状況,状況の変化を毎月モニタリングしている」,「財務分析」,「月次でのPDCA」,「BSC」,「財務分析値の見方・活かし方。総論・一般論的なMBA理論は,個々に特性の異なる中小企業には当てはまらないため。」

○回答数(平均:2.95,標準偏差:1.39)

1個	49	2個	84	3個	88	4個	57	5個	21	6個	23

また,内容で提示したものをいくつ導入・活用支援しているか(「その他」を含めて7個)を集計したところ,平均個数は約2.95個(標準偏差は約1.39)であった。内訳をみると,「3個」が88名と最も多く,次いで,「2個」(84名),「4個」(57名),「1個」(49名)の順で多かった。なお,「7個」という回答はなかった。

6 中小企業に対する管理会計手法の導入・活用支援

　管理会計手法の導入・活用支援の実施状況については図表16−20のとおりであった。「実施している」は305名（全体の51.96％）と，経営管理手法の導入・活用支援を実施しているとの回答より若干少ないものの，ほぼ同様の傾向がみられた。また，「以前実施したことはあるが，現在は実施していない」は81名（13.80％）と，これも経営管理手法とほぼ同様の傾向がみられた。

図表16−20　管理会計手法の導入・活用支援

実施している	305	実施したことはあるが，現在は実施していない	81
実施したことはない	174	未回答	27

　「実施している」と回答した方を対象に，中小企業の担当件数に占める導入・活用支援の割合，導入・活用支援を行うきっかけについて回答してもらった結果はそれぞれ，図表16−21，図表16−22のとおりであった。

図表16−21　中小企業の担当件数に占める導入・活用支援の割合

10％未満	72	10％以上30％未満	91	30％以上50％未満	48
50％以上70％未満	40	70％以上90％未満	28	90％以上	23
未回答	3				

　導入・活用支援の割合についても，経営管理手法と同様の傾向がみられた。「10％以上30％未満」が91名（29.83％）と最も多く，次いで，「10％未満」（72名（23.61％）），「30％以上50％未満」（48名（15.74％）），「50％以上70％未満」（40名（13.11％））の順で多かった。「30％未満」が全体の53.44％，「50％未満」が69.18％を占めており，担当件数に占める割合がそれほど高くないとの回答が多かったものの，「50％以上」との回答が全部で91名あり，管理会計手法の導入・活用支援を広範に行っている方も少数ながら存在することがうかがえる。

管理会計手法の導入・活用支援を行うきっかけについても，経営管理手法と同様の傾向がみられ，「顧客の状況に応じて，有用と思われる管理会計手法を積極的に提案する」が206名と全体の67.54％を占めていた。

「その他」の回答では，「TKCシステムの活用」（3名）が多かった。この3名はいずれも，図表16-18において，「TKCシステムの活用」と回答した方である。

図表16-22　管理会計手法の導入・活用支援を行うきっかけ

積極的に提案する	206	顧客から相談を受ければ，提案する	82
その他	13	未回答・回答不備	4
○「その他」の回答内容：			
「TKCシステムの活用」（3名），「「積極的に提案する」と「顧客から相談を受ければ，提案する」の中間」（1名），「決算報告書に添付」（1名），「会計ソフトウェアの導入，金融機関への説明を通じて」（1名），「出会いの時点でTKCの会計システムを導入して，変動損益の確認と部門管理を指導している」（1名），「PDCAサイクルを廻すよう，事務所自身はもちろん，関与先に対しても支援し，実行してもらうようにしている」（1名），「補助金の申請」（1名），「財務会計ソフト導入・立上支援時に管理会計機能の操作・運用を指導」（1名）			

さらに，「実施している」と回答した方を対象に，中小企業において導入・活用が必要と考えている管理会計分野と，実際に導入・活用を支援している管理会計手法の内容を回答してもらった結果はそれぞれ，図表16-23，図表16-24のとおりであった。

図表16−23 導入・活用が必要と考えている管理会計分野（複数回答あり）

○内　容

予算編成	226	損益測定	184	業績評価	175	原価計算	118
原価管理	119	資金管理	202	投資意思決定	78	戦略管理	48
その他	1	未回答					4
○「その他」の回答内容：財務分析（同業他社比較）							

○回答数（平均：3.82，標準偏差：1.65）

1個	14	2個	46	3個	87	4個	71	5個	32	6個	29
7個	10	8個	12								

　導入・活用が必要と考えている管理会計分野については，「予算編成」が226名（74.10％）と最も多く，次いで，「資金管理」（202名（66.23％）），「損益測定」（184名（60.33％）），「業績評価」（175名（57.38％）），「原価管理」（119名（39.02％）），「原価計算」（118名（38.69％））の順で多かった。一方，「投資意思決定」（78名（25.57％））と「戦略管理」（48名（15.74％））はそれほど多くなかった。この理由としては，顧客企業の規模が小さいことと，元請依存度が高く，自律的な投資意思決定や戦略策定・実行を行うことが難しい顧客企業が多く存在することが影響しているものと考えられる。

　また，いくつの分野について導入・活用が必要と考えているか（「その他」を含めて9個）を集計したところ，平均個数は3.82個（標準偏差は約1.65）であった。内訳をみると，「3個」が87名と最も多く，次いで，「4個」（71名），「2個」（46名），「5個」（32名），「6個」（29名）の順で多かった。なお，「9個」という回答はなかった。

図表16-24　実際に導入・活用を支援している管理会計手法の内容（複数回答あり）

○内　容

予算管理	240	原価計算	121	標準原価管理	30
CVP分析	171	業績評価	128	財務分析	268
経済性計算	45	バランスト・スコアカード	63	活動基準原価計算	5
原価企画	1	スループット会計，付加価値会計	3	マテリアル・フロー・コスト会計	1
品質原価計算，品質コスト管理	0	ライフサイクル・コスティング，ライフサイクル・コスト管理	4	アメーバ経営	11
企業評価	15	レベニュー・マネジメント	0	運転資本管理，CCC	24
固定収益会計，固定収益マネジメント	6	その他			3

○「その他」の回答内容（1名ずつ）：
　「変動P/L」，「資金別貸借対照表を用いた財務分析」

○回答数（平均：3.73，標準偏差：1.81）

1個	18	2個	58	3個	88	4個	57	5個	34	6個	29
7個	11	8個	4	9個	3	10個	2	13個	1		

　導入・活用を支援している管理会計手法の内容については，「財務分析」が268名（87.87％）と最も多く，次いで，「予算管理」（240名（78.69％）），「CVP分析」（171名（56.07％）），「業績評価」（128名（41.97％）），「原価計算」（121名（39.67％））の順で多かった。図表16-15と比較すると，学習経験のある方が多かった「財務分析」，「予算管理」，「CVP分析」，「原価計算」については，導入・活用支援を実施している方も多かった。

　また，内容で提示したものをいくつ導入・活用支援しているか（「その他」を含めて20個）を集計したところ，平均個数は約3.73個（標準偏差は約1.81）であった。学習経験のある学習内容の平均値が5.87個であることから，学習し

た数よりも少ない数を導入・支援している傾向がみられた。

7 管理会計手法の導入支援を行ううえでの課題

　管理会計手法の導入・活用支援を実施しているか否かにかかわらず，全員に対して，中小企業において管理会計手法の導入支援を行ううえでの課題について回答してもらった結果は，図表16－25のとおりであった。

図表16－25　管理会計手法の導入支援を行う上での課題（複数回答あり）

顧客企業が管理会計の有用性を理解してくれない	199
顧客企業に管理会計情報を作成・管理する体制が整っていない	370
顧客企業が管理会計情報を活用しない	214
その他	57
特になし	57
未回答	36
○「その他」の回答内容（多かったもの）： 　「事務所・職員の知識不足・能力不足」（14名），「報酬がもらえない」（12名），「導入コストに効果が見合わない」（6名），「必要性を感じられない」（4名），「経営者の理解不足」（3名），「適当な管理会計ソフト・ツールの不足」（2名）	

　「顧客企業に管理会計情報を作成・管理する体制が整っていない」が370名（63.03％）と最も多く，次いで，「顧客企業が管理会計情報を活用しない」（214名（36.46％）），「顧客企業が管理会計の有用性を理解してくれない」（199名（33.90％））の順で多かった。

　「その他」の回答では，「事務所・職員の知識不足・能力不足」（14名），「報酬がもらえない」（12名），「導入コストに効果が見合わない」（6名）といった，税理士事務所側の課題を挙げたものが多かった。

8　管理会計に関する学習の必要性

　管理会計手法の導入・活用支援を実施しているか否かに関わらず，全員に対して，管理会計に関する学習の必要性について回答してもらった結果は，図表16－26のとおりであった。

　「中小企業の支援に有用な管理会計についてはある程度理解しているが，現在の知識のみでは不十分であり，新たな管理会計手法を学習したり，管理会計について学び直す必要性を感じている」（b）が262名（44.63％）と最も多く，次いで，「管理会計に関する理解が不十分であり，新たな管理会計手法を学習したり，管理会計について学び直す必要性を感じている」（c）が150名（25.55％）と多かった。

　「学ぶ必要あり」（b＋c）が合計で412名（70.19％）と約7割を占めており，管理会計についての学習ニーズが高いことがうかがえる。

図表16－26　管理会計に関する学習の必要性

a．中小企業支援に有用な管理会計を十分に理解しており，学ぶ必要性なし	52
b．中小企業支援に有用な管理会計をある程度理解しているが，学ぶ必要性あり	262
c．管理会計に関する理解が不十分であり，学ぶ必要性あり	150
d．管理会計に関する理解は不十分であるが，学ぶ必要性なし	80
未回答・回答不備	43

　「学ぶ必要あり」（b＋c）と回答した方を対象に，学習が必要な管理会計分野と管理会計手法の内容について回答してもらった結果はそれぞれ，図表16－27，図表16－28のとおりであった。

　学習が必要な管理会計分野については，「戦略管理」が221名（53.64％）と最も多く，次いで，「業績評価」（190名（46.17％）），「資金管理」（172名（41.75％）），「予算編成」・「投資意思決定」（162名（39.32％）），「原価管理」（155名（37.62％）），「原価計算」（125名（30.34％）），「損益測定」（111名

(26.94％))の順で多かった。

　図表16-23と比較すると，導入・活用が必要と考えている管理会計分野としてはそれほど人数が多くなかった「投資意思決定」と「戦略管理」について，学習が必要と回答する方が多かった。特に，「戦略管理」は221名と最も人数が多かった。また，「原価管理」についても，導入・活用が必要と考えている管理会計分野と比較すると，比較的人数が多かった。

　また，内容で提示したものをいくつ学習する必要があると考えているか（「その他」を含めて9個）を集計したところ，平均個数は3.24個（標準偏差は約1.85）であった。内訳をみると，「2個」が135名と最も多く，次いで，「3個」（96名），「4個」（55名），「1個」（43名）の順で多かった。

図表16-27　学習が必要な管理会計分野（複数回答あり）

○内　容

予算編成	162	損益測定	111	業績評価	190	原価計算	125
原価管理	155	資金管理	172	投資意思決定	162	戦略管理	221
その他	6	未回答					9

○「その他」の回答内容（すべて1名ずつ）：
「「予算編成」～「戦略管理」を机上の空論で終わらせないための自己の体験」，「実務への運用」，「中長期経営計画」，「CCC以降の新理論をやっていないので。財務会計への理解が進まない社長への説明方法。」，「社長に分かりやすく伝える技術」，「最近の管理手法」

○回答数（平均：3.24，標準偏差：1.85）

1個	43	2個	135	3個	96	4個	55	5個	25	6個	13
7個	9	8個	26	9個	1						

　学習が必要な管理会計手法の内容については，「業績評価」（173名（41.99％））が最も多く，次いで，「予算管理」（171名（41.50％）），「財務分析」（166名（40.29％）），「原価計算」（134名（32.52％）），「設備投資の経済性計算」（129名（31.31％）），「CVP分析」（108名（26.21％）），「バランスト・スコアカード」（91名（22.09％））の順で多かった。

図表16－28　学習が必要な管理会計手法の内容

○内　容

予算管理	171	原価計算	134	標準原価管理	93
CVP分析	108	業績評価	173	財務分析	166
経済性計算	129	バランスト・スコアカード	91	活動基準原価計算	45
原価企画	37	スループット会計，付加価値会計	61	マテリアル・フロー・コスト会計	38
品質原価計算，品質コスト管理	54	ライフサイクル・コスティング，ライフサイクル・コスト管理	61	アメーバ経営	65
企業評価	64	レベニュー・マネジメント	51	運転資本管理，CCC	86
固定収益会計，固定収益マネジメント	48	その他	10	未回答	26

○「その他」の回答内容（すべて1名ずつ）：
　「中小個人企業でも使える簡易な資金管理手法，資金繰表など」，「正直なところ，分からない用語が多く，答えきれない」，「手法だけでなく，現場でどう実行性あるものにしていくかが大事ではないか」，「戦略管理」，「どれが妥当かよくわからない」，「資金会計」，「STRAC」，「ローカルベンチマーク」，「全般基礎から」

○回答数（平均：4.38，標準偏差：3.47）

1個	39	2個	87	3個	69	4個	60	5個	43	6個	24
7個	20	8個	8	9個	6	10個	6	11個	3	12個	4
13個	5	14個	1	18個	2	19個	8				

　図表16-15と比較すると，回答主体に若干の違いはあるものの，伝統的な管理会計手法については，「予算管理」，「原価計算」，「標準原価管理」，「CVP分析」，「業績評価」，「財務分析」では，学習経験があると回答した人数よりも，学習が必要と考えていると回答した人数のほうが少なかった。これに対し，「設備投資の経済性計算」では，前者よりも後者のほうが若干多かった。これは，図表16-23のとおり，「投資意思決定」と「戦略管理」について学習が必

要と回答するほうが多かったこととと関係していると考えられる。

一方，比較的新しい管理会計手法については，「原価企画」，「スループット会計，付加価値会計」，「マテリアル・フロー・コスト会計」，「品質原価計算，品質コスト管理」，「ライフサイクル・コスティング，ライフサイクル・コスト管理」，「企業評価」，「レベニュー・マネジメント」，「運転資本管理，キャッシュ・コンバージョン・サイクル（CCC）」，「固定収益会計，固定収益マネジメント」では，学習経験があると回答した人数よりも，学習が必要と考えていると回答した人数のほうが多かった。

このことから，学習が必要な管理会計手法については，伝統的な管理会計手法について学び直したいと考えている方が多いとともに，新しい管理会計手法についても学んでみたいと考えている方が一定数存在することがうかがえる。

また，内容で提示したものをいくつ学習する必要があると考えているか（「その他」を含めて20個）を集計したところ，平均個数は約4.38個（標準偏差は約3.47）であった。図表16-15の学習経験がある個数と比較すると，1.5個程度少なかった。内訳をみると，「2個」が87名と最も多く，次いで，「3個」（69名），「4個」（60名），「5個」（43名），「1個」（39名）の順で多かった。なお，「15個」，「16個」，「17個」，「20個」という回答はなかった。

9　むすび

本章では，「経営に関する相談」を主要取扱業種としている全国の税理士を対象として実施した郵送質問票調査に基づき，中小企業に対する管理会計の導入・活用支援の状況についての分析を行った。本調査では，研究資源の制約を踏まえ，「経営に関する相談」を主要取扱業種として登録している税理士を対象として実施したことから，経営管理手法や管理会計手法の導入・活用支援を積極的に実施している方が多いと事前に想定されたが，想定以上に導入・活用を支援している方が多かった。

主な結果を整理すれば，以下のとおりである。
- 回答者全体の約8割が，管理会計に関する学習経験を有していた。
- 回答者全体の約56％が，現在，経営管理手法の導入・活用支援を実施してい

た。以前実施した経験がある方を含めると，約7割が経営管理手法の導入・活用支援の経験を有していた。

- 経営管理手法の導入・活用支援について，平均で約3個の手法を導入・支援していた。内容については，「中期（長期）経営計画」が最も多く，次いで，「年度計画」，「目標管理」，「SWOT分析」の順で多かった。特に，経営計画（中長期・短期）策定支援の比率が高く，8割前後が導入・活用を支援していた。一方で，「方針管理」は約14％に過ぎなかった。
- 回答者全体の約52％が，現在，管理会計手法の導入・活用支援を実施していた。以前実施した経験がある方を含めると，約66％が管理会計手法の導入・活用経験を有していた。
- 導入・活用が必要と考えている管理会計分野については，「予算編成」が最も多く，次いで，「資金管理」，「損益測定」，「業績評価」，「原価管理」，「原価計算」の順で多かった。「予算編成」については約74％が導入・活用の必要性ありと回答し，「資金管理」，「損益測定」，「業績評価」についても6割弱から7割弱が導入・活用の必要性ありと回答した。一方で，「投資意思決定」と「戦略管理」はそれほど多くなかった。
- 管理会計手法の導入・活用支援について，平均で約4個弱の手法を導入・支援していた。内容については，「財務分析」が最も多く，次いで，「予算管理」，「CVP分析」，「業績評価」，「原価計算」の順で多かった。特に，「財務分析」は約88％が，「予算管理」は約79％が導入・活用を支援していた。
- 管理会計手法の導入支援を行ううえでの課題について，「顧客企業に管理会計情報を作成・管理する体制が整っていない」が最も多く，次いで，「顧客企業が管理会計情報を活用しない」，「顧客企業が管理会計の有用性を理解してくれない」の順で多かった。
- 回答者全体の約7割が，今後，管理会計について学ぶ必要があると回答した。
- 学習が必要な管理会計分野については，「戦略管理」が最も多く，次いで，「業績評価」，「資金管理」，「予算編成」・「投資意思決定」，「原価管理」，「原価計算」，「損益測定」の順で多かった。
- 学習が必要な管理会計手法について，平均で約4個強の手法を学習する必要性があると回答した。内容については，「業績評価」が最も多く，次いで，

「予算管理」,「財務分析」,「原価計算」,「設備投資の経済性計算」,「CVP分析」,「バランスト・スコアカード」の順で多かった。

　本調査を通じて,多くの税理士が経営管理手法と管理会計手法について,中小企業に対する導入・活用支援を実施している状況を確認することができた。

　また,少数ではあるが,比較的新しい管理会計手法の導入・活用支援を実施している税理士が存在することも確認することができた。さらに,今後,管理会計についてさらなる学習を行う必要があると考えている税理士が非常に多いことも確認できた。

　今後は,どのような方法で導入を支援しているのか,導入・活用した管理会計手法はどのような特徴を有するのか,どの程度有効に機能しているのかといった点について,掘り下げて分析するために,回答していただいた税理士のうち,聞き取り調査に応じてくれる方を対象に追跡調査を行い,管理会計の導入・活用の支援状況を精査していく必要がある。特に,管理会計手法の導入支援を行ううえでの課題について,顧客企業の姿勢や対応を課題として挙げている方が多いことから,顧客企業に管理会計手法を活用してもらうために,どのような支援を行っているのかについて,聞き取り調査を通じて明らかにしていく必要がある。

[参考文献]

山口直也. 2016.「第2章　燕三条・大田区・東大阪地域の中小企業における管理会計実践に関する実態調査」『中小企業における管理会計の総合的研究〈最終報告書〉』(日本管理会計学会スタディ・グループ):12-33.

(山口直也・水野一郎・香山忠賜・山本清尊)

索　引

英数

- 1958年報告 ······ 7, 8
- 5段階のライフサイクル・モデル ······ 24
- ECOM WAY ······ 131
- HACCP ······ 114
- IOCM ······ 208, 210
- ISO9001 ······ 161
- PDCAサイクルの活用 ······ 169
- SWOT分析 ······ 311
- TKC経営指標 ······ 86
- VE（バリュー・エンジニアリング） ······ 167, 221
- VEリーダー ······ 170

あ行

- アーカイブデータ ······ 193
- 青色申告制度 ······ 50
- 青柳文司 ······ 9
- アメリカ会計学会 ······ 7
- 安全在庫量 ······ 119
- 安全性の分析 ······ 67
- 伊丹敬之 ······ 176
- インセンティブ機能 ······ 203, 205
- 売上高利益率 ······ 65
- 影響システム ······ 205
- エクセレント・カンパニー ······ 26
- 王子製紙の企業城下町 ······ 261
- 岡本清 ······ 10
- オンリーワン技術 ······ 158

か行

- 会計による管理 ······ 3
- 会社経営のツール ······ 59
- 会社標本調査 ······ 6
- 階層的サプライヤー・システム ······ 208
- 外注管理 ······ 118
- 外注計画 ······ 124
- 外部効果 ······ 152, 155
- 価格決定権 ······ 197
- 確定決算 ······ 58
- 家族主義 ······ 180
- 活用支援 ······ 307
- 株式会社エコム ······ 130
- 河﨑照行 ······ 12
- 管理会計施策 ······ 45
- 管理会計手法の導入 ······ 307
- 管理会計手法の導入状況 ······ 164, 275
- 管理会計手法の導入・見直しの必要性 ······ 273
- 管理会計の役割・機能 ······ 28
- 管理のための会計 ······ 3
- 企業会計原則 ······ 51
- 企業の収益力 ······ 57
- 企業の寿命（ライフサイクル） ······ 22
- 企業評価 ······ 299, 306, 310
- 技術・技能承継の問題 ······ 170
- 技術・技能人材の育成 ······ 170
- 期中統制機能 ······ 120
- 技能教育 ······ 201
- 技能継承 ······ 200
- 技能習得 ······ 200, 203, 205
- 逆機能 ······ 211
- 境界システム ······ 149
- 業種別原価計算諸例 ······ 52
- 業績管理システム ······ 133
- 業績測定要素 ······ 192
- 業績評価（予算実績差異分析） ······ 244, 300, 310, 312
- 京セラアメーバ経営 ······ 180
- 京セラフィロソフィ ······ 181
- 京都試作ネット ······ 140, 141

索 引

クラスター……………………………… 140, 153
経営改革………………………………………… 111
経営革新等支援機関……………………… 293
経営革新等認定支援機関…………………… 82
経営管理手法………………………………… 238
経営共同体…………………………………… 180
経営実態……………………………………… 56
経営分析……………………………………… 64
経営理念……………………………………… 217
経常付加価値………………………………… 179
ケイパビリティ…………………… 147, 154
経理社員制度………………………………… 181
原価管理システム…………………………… 135
原価企画……………… 204, 209, 210, 221, 299
原価企画の順機能…………………………… 210
原価企画のソフト面………………………… 224
原価企画連鎖………………………………… 212
原価計画……………………………………… 122
原価計算……………………………………… 247
原価計算基準………………………………… 52
原価低減……………………………… 199, 204
原価割れ……………………………………… 197
権限移譲……………………………………… 116
源流管理……………………………………… 223
コア事業転換………………………………… 192
江洲金属株式会社…………………………… 216
工程計画……………………………………… 199
工程原価……………………………… 199, 202, 205
工程原価計算………………………………… 204
工程単価……………………………………… 199
行動規範……………………………………… 217
高度化改善作戦……………………………… 170
購買管理……………………………………… 116
購買計画……………………………………… 124
国際会計基準………………………………… 11
個別生産……………………………………… 123
混流生産……………………………………… 123

さ 行

在庫管理……………………………………… 120
財政状態……………………………………… 58
差異分析……………………………………… 120
財務諸表……………………………………… 56, 57
材料計画……………………………………… 124
坂本光司……………………………………… 177
作業の平準化………………………………… 121
サプライヤーの疲弊………………………… 211
産業集積……………………………… 228, 229, 291
事業構造の転換……………………… 171, 191, 192
事業承継……………………………………… 202
事業性評価…………………………………… 90
事業部制組織………………………………… 112
資金管理（キャッシュ・フロー管理）
 ……………………………… 168, 242, 252
資金収支……………………………………… 252
事後統制機能………………………………… 120
指針……………………………………………… 4, 10
事前統制機能………………………………… 120
下請サプライヤー…………………… 214, 222
実際原価……………………………………… 220
自動車部品の金型技術……………………… 172
シャウプ勧告………………………………… 50
社会貢献活動………………………………… 218
収益性の分析………………………………… 65
収益力………………………………………… 58
従業員の熟練度……………………………… 171
熟練工………………………………… 114, 196
主力事業の変更……………………………… 192
主力製品の転換……………………………… 196
主力製品の変更……………………… 191, 197, 205
小規模企業………………………………………… 5
小規模事業者……………………………………… 6
抄紙機の据付………………………………… 157
少品種多量生産……………………………… 122
職能給………………………………………… 200
職能別組織…………………………………… 112
人材育成……………………………………… 201
信条システム………………………… 146, 149, 154
診断型統制システム………………………… 149
人本主義……………………………………… 176

人本主義管理会計·················· 188
人本主義企業······················ 175
人本主義のオーバーラン············· 178
水平分業ネットワーク··············· 140
諏訪田製作所·················· 191, 194
生産管理·························· 122
生産性の分析······················· 66
生産性運動の3原則················ 188
製造原価·························· 220
製造工業原価計算要綱··············· 52
製造予算·························· 125
成長性···························· 68
税理士······················· 291, 292
税理士会························· 292
税理士事務所················· 291, 307
税理士法人······················· 293
洗浄機の設計・製作················ 161
戦略マップ······················· 152
早期経営改善計画··················· 89
双方向型統制システム·········· 149, 151
組織間関係のコンテクスト··········· 214
組織間管理会計··················· 208
組織間コスト・マネジメント········· 208
損益····························· 61
損益測定··················· 245, 305

た行

ターゲット価格·················· 220
貸与図メーカー················ 213, 222
高橋荒太郎······················· 180
地域金融機関等··················· 291
中規模企業························· 5
中小会社経営簿記要綱··············· 51
中小企業基本法····················· 48
中小企業業種別原価計算············· 52
中小企業経営力強化支援法·········· 293
中小企業施策······················ 45
中小企業政策······················ 45
中小企業庁························ 46
中小企業における管理会計の要否····· 34

中小企業の原価計算要領············· 52
中小企業のための原価計算··········· 52
中小企業の定義····················· 5
中小企業の発展段階················· 22
中小企業の発展段階に関する諸説····· 23
中小企業のライフサイクルに対応させた
　業績管理システム················ 39
中小企業への管理会計の適用の限界··· 34
中小企業簿記要領·················· 51
長寿企業（老舗企業）の比較尺度····· 29
長寿企業の特徴···················· 29
直接原価率······················· 133
辻厚生····························· 9
津曲直躬··························· 8
定性的情報························ 55
定量的情報························ 55
適正在庫数量····················· 121
手待ち時間······················· 121
独自ケイパビリティ··········· 147, 155
独占禁止法························ 46
苫小牧地域における産業構造の特徴··· 261

な行

二重構造論························ 47
日本的管理会計··················· 223
入札····························· 116
認定支援機関····················· 83
ネットワーク・プロトコル·········· 212
年次生産計画····················· 124
年度計画························· 238

は行

ハイアール······················· 176
ハイアールの自主経営体············ 176
バッチ生産······················· 123
バッファ························· 121
刃物製造業······················· 196
ビジネス・モデル············· 146, 154
ビジョナリー・カンパニー······ 18, 27, 177
人を大切にする経営················ 177

標準原価計算·····················204
品質管理·························218
ファシリティマネジメント··········93
付加価値························179
付加価値会計····················179
付加価値管理会計··········175, 180
負荷計画························124
プッシュ戦略····················197
物量管理························118
部門別採算制度··················181
不利差異···················120, 124
プル戦略························197
フロント・ローディング化····213, 223
法人事業概況説明書········56, 58, 64
簿記要領····················12, 15
北海道苫小牧地域の中小企業······260
ボトルネック····················198

ま行

松下幸之助·················176, 180
マネジメント・コントロール····140, 146, 149, 154
見える化························56
見積····························220
メタ組織···················140, 146
目標原価の設定・細分化··········210
目標原価の達成··················211

や行

山口モデル······················261
山口モデルによるアンケート調査····264
郵送質問票調査············228, 291
優良企業（長寿企業）と管理会計システムとの関連性··················28
優良企業に関する企業観··········26
要領·······················4, 10, 12
予算····························242
予算管理························166
予算管理システム················133
予実管理························119

ら行

ライフサイクル・コスティング······92
ライフサイクル・コスト············92
ライフサイクルマネジメント········99
ランダム化比較試験（Randomized Controlled Trial：RCT）·······44
利益稼得能力····················58
レジリエント・カンパニー··········27
連続生産························122
ローカルベンチマーク··············84
労働者協同組合··················186
労働集約的······················205
ロット生産······················123

【執筆者紹介】

水野　一郎（みずの　いちろう）　第1章，第11章，第16章
　＊編著者紹介を参照

本橋　正美（もとはし　まさみ）　第2章，第8章
　明治大学専門職大学院会計専門職研究科教授

成川　正晃（なりかわ　まさてる）　第3章
　東北工業大学ライフデザイン学部教授

香山　忠賜（こうやま　ただし）　第4章，第16章
　税理士
　神戸学院大学経営学部非常勤講師

山本　清尊（やまもと　きよたか）　第5章，第16章
　税理士法人クリアパートナーズ代表社員，税理士
　兵庫県立大学大学院会計研究科特任教授

中島　洋行（なかじま　ひろゆき）　第6章
　明星大学経営学部教授

宗田　健一（そうた　けんいち）　第7章
　鹿児島県立短期大学第二部商経学科教授

山口　直也（やまぐち　なおや）　第9章，第14章，第16章
　青山学院大学大学院会計プロフェッション研究科准教授

川島　和浩（かわしま　かずひろ）　第10章，第15章
　苫小牧駒澤大学国際文化学部教授

大串　葉子（おおぐし　ようこ）　第12章
　椙山女学園大学現代マネジメント学部教授

大槻　晴海（おおつき　はるみ）　第13章
　明治大学経営学部准教授

【編著者紹介】

水野　一郎（みずの　いちろう）　関西大学商学部教授

〔略歴〕
　大阪市立大学卒業後，関西大学大学院，大阪市立大学大学院，鹿児島大学助教授，佐賀大学教授を経て，1998年より現職。1994年中国社会科学院，2003年〜2004年オークランド大学および中国社会科学院客員研究員。2009年〜2013年関西大学経済・政治研究所長，2012年〜2016年公認会計士試験委員。2007年より学校法人浪商学園（大阪体育大学）監事，2017年より日本管理会計学会会長，2018年より日本会計研究学会理事，2018年より日本生産性本部フェロー。

〔主要著書〕
単　著：『現代企業の管理会計―付加価値管理会計序説』白桃書房。
共編著：『持株会社と企業集団会計』同文舘出版，『原価計算テキスト』創成社，『上海経済圏と日本企業』関西大学出版部，『中国経済・企業の多元的展開と交流』関西大学出版部。
共訳書：『企業の社会報告―会計とアカウンタビリティー』白桃書房，『会計とアカウンタビリティー』白桃書房。
その他，管理会計および中国会計に関する論文多数。

メルコ学術振興財団研究叢書11
中小企業管理会計の理論と実践

2019年2月1日　第1版第1刷発行

編著者	水　野　一　郎
発行者	山　本　　　継
発行所	㈱中央経済社
発売元	㈱中央経済グループ パブリッシング

〒101-0051　東京都千代田区神田神保町1-31-2
電　話　03(3293)3371（編集代表）
　　　　03(3293)3381（営業代表）
http://www.chuokeizai.co.jp/
印刷／東光整版印刷㈱
製本／誠製本㈱

©2019　Printed in Japan

＊頁の「欠落」や「順序違い」などがありましたらお取り替えいたしますので発売元までご送付ください。（送料小社負担）

ISBN978-4-502-28691-9 C3034

JCOPY〈出版者著作権管理機構委託出版物〉本書を無断で複写複製（コピー）することは，著作権法上の例外を除き，禁じられています。本書をコピーされる場合は事前に出版者著作権管理機構（JCOPY）の許諾を受けてください。
JCOPY〈http://www.jcopy.or.jp　eメール：info@jcopy.or.jp　電話：03-3513-6969〉

メルコ学術振興財団研究叢書

メルコ学術振興財団研究叢書 1
戦略をコントロールする―管理会計の可能性
クリストファー・チャップマン(編著)　澤邉紀生・堀井悟志(監訳)
<A5判・272頁>

メルコ学術振興財団研究叢書 3
分権政治の会計―民主的アカウンタビリティの国際比較
マムード・エザメル／ノエル・ハインドマン／オーゲ・ヨンセン／
アーバイン・ラプスリー(編著)　藤野雅史(訳)　<A5判・272頁>

メルコ学術振興財団研究叢書 4
インタンジブルズの管理会計
櫻井通晴(編著)　<A5判・312頁>

メルコ学術振興財団研究叢書 5　日本会計研究学会太田・黒澤賞受賞
自立的組織の管理会計―原価企画の進化
諸藤裕美(著)　<A5判・412頁>

メルコ学術振興財団研究叢書 6　日本原価計算学会賞受賞
医療管理会計―医療の質を高める管理会計の構築を目指して
衣笠陽子(著)　<A5判・344頁>

メルコ学術振興財団研究叢書 7
管理会計の変革―情報ニーズの拡張による理論と実務の進展
中村博之・高橋賢(編著)　<A5判・284頁>

メルコ学術振興財団研究叢書 8
企業再生と管理会計
―ビジネス・エコシステムからみた経験的研究
吉川晃史(著)　<A5判・228頁>

メルコ学術振興財団研究叢書 9
販売費及び一般管理費の理論と実証
安酸建二・新井康平・福嶋誠宣(編著)　<A5判・200頁>

メルコ学術振興財団研究叢書 10　日本管理会計学会賞受賞
原価企画とトヨタのエンジニアたち
小林英幸(著)　<A5判・256頁>

中央経済社